Endlich gut mit Geld

In Erinnerung an Maria Klingenheben

HEY ♥ MARIA! Tanz mit mir!

»Wir sollten nie vergessen,
dass Zeit, nicht Geld,
die deutlich wertvollere Ressource ist.«

NIKOLAUS BRAUN

ENDLICH GUT MIT GELD

FINANZKOMPETENZ IN 12 WOCHEN

Campus Verlag
Frankfurt/New York

FSC® www.fsc.org
MIX
Papier | Fördert gute Waldnutzung
FSC® C089473

ISBN 978-3-593-52128-2 Print
ISBN 978-3-593-46255-4 E-Book (PDF)
ISBN 978-3-593-46254-7 E-Book (EPUB)

Umschlaggestaltung: studioheyhey.com
Illustrationen im Innenteil: © Carl Richards/Behavior Gap (mit Ausnahme der Illustration auf S. 208 © Dr. Nikolaus Braun)
Satz: inpunkt[w]o, Wilnsdorf (www.inpunktwo.de)
Druck und Bindung: Beltz Grafische Betriebe GmbH, Bad Langensalza
Beltz Grafische Betriebe ist ein Unternehmen mit finanziellem Klimabeitrag (ID 15985–2104-1001)
Printed in Germany
Campus Verlag® / www.campus.de

Inhalt

Warum Sie sich selbst um Ihre finanzielle Gesundheit kümmern müssen. . . . 11

TEIL 1
Wie Sie ein gutes Verhältnis zu Geld bekommen 17

WOCHE 1
Wer bin ich und was hat das mit Geld zu tun? 18

MONTAG	Identität. . . .	19
DIENSTAG	Geld und meine Kindheit	21
MITTWOCH	Wie mächtig die finanzielle Prägung aus unserer Kindheit ist	23
DONNERSTAG	Wie soziales Vergleichen unglücklich macht. . . .	25
FREITAG	Denkpause	28
SAMSTAG	Zweimal Veronika	28
SONNTAG	Ergebnissicherung. . . .	31

WOCHE 2
Wie Sie Ihren Umgang mit Geld in Einklang mit Ihren Werten bringen. . . . 34

MONTAG	Unterschiedliche Geldtypen	35
DIENSTAG	Vier Fragen zu Geld und Werten	40
MITTWOCH	Warum ist Geld wichtig für mich?. . . .	43

DONNERSTAG Ihr persönlicher Finanzkompass 46
FREITAG Denkpause 51
SAMSTAG Jonas' Höllenfahrt 51
SONNTAG Ergebnissicherung 55

WOCHE 3
Wie Sie verhindern, dass Geld Ihre Beziehungen gefährdet 58
MONTAG Wie Geld zum Gift in Familien wird 59
DIENSTAG Geld und Geschlechterrollen 61
MITTWOCH Über Geld reden (1): Theorie 64
DONNERSTAG Über Geld reden (2): Praxis 66
FREITAG Denkpause 69
SAMSTAG Papas kleines Mädchen 69
SONNTAG Ergebnissicherung 72

TEIL 2
Wie Sie die wichtigsten Grundlagen für ein gelungenes Finanzleben schaffen 77

WOCHE 4
Wie Sie essenzielle Lebensrisiken absichern 78
MONTAG Die sieben wichtigsten Grundregeln bei der Absicherung 79
DIENSTAG Beispiel Unfallversicherung: Grundregeln anwenden, Fehlentscheidungen verhindern 81
MITTWOCH Die wichtigsten Schutzschilde für Ihre finanzielle Lebensplanung (1): Versicherungen 84
DONNERSTAG Die wichtigsten Schutzschilde für Ihre finanzielle Lebensplanung (2): Verträge 88
FREITAG Denkpause 91
SAMSTAG Blinde Flecken in der Notfallplanung: Das Schicksal von Anja und Michael 92
SONNTAG Ergebnissicherung 94

WOCHE 5
Warum Schulden so gefährlich sind 98
MONTAG Auslöser und Folgen von Verschuldung erkennen und verhindern 99
DIENSTAG Wie Sie Schulden abbauen oder gleich vermeiden (1): der Haushaltsplan 103
MITTWOCH Gute Schulden, schlechte Schulden? 105
DONNERSTAG Wie Sie Schulden abbauen oder gleich vermeiden (2): die Vermögensbilanz 107
FREITAG Denkpause 111
SAMSTAG Wie die Sparkasse ihrem Schuldner Matteo Conti das Fell über die Ohren zog 111
SONNTAG Ergebnissicherung 116

WOCHE 6
Wie Sie richtig sparen 119
MONTAG Sparen – muss das sein? Warum wir uns beim Sparen oft selbst im Weg stehen 120
DIENSTAG Der kleine Horrorshop der Finanzindustrie – eine Versicherung ist kein Sparprodukt! 122
MITTWOCH Mit diesen fünf einfachen Tricks werden Sie zur erfolgreichen Sparerin 124
DONNERSTAG Welche Spartöpfe Sie brauchen und wie Sie diese befüllen 126
FREITAG Denkpause 130
SAMSTAG Wie einmal falsch Abbiegen den finanziellen Spielraum einer Familie beschneidet 130
SONNTAG Ergebnissicherung 134

TEIL 3
Wie Sie Geld klug investieren 139

WOCHE 7
Wie Sie Irrwege beim Investieren vermeiden 140
MONTAG Zehn klassische (aber vermeidbare) Fehler beim Investieren am Kapitalmarkt 141

DIENSTAG	Das Märchen vom genialen Fondsmanager	144
MITTWOCH	Warum Market Timing zum Scheitern verurteilt ist	147
DONNERSTAG	Risikomanagement: Weshalb der Versuch, sich vor Verlusten zu schützen, zu Verlusten führt	149
FREITAG	Denkpause	152
SAMSTAG	Angst, Gier und gerissene Verkäufer: Die blutige Lernkurve der Familie Wandler	152
SONNTAG	Ergebnissicherung	155

WOCHE 8
Wie Sie richtig investieren 159

MONTAG	Sie entscheiden selbst: Wollen Sie den Kapitalmarkt als Casino oder als Wohlstandsmaschine nutzen?	160
DIENSTAG	Wie Sie die weltweite Marktwirtschaft in Ihr Depot bekommen	162
MITTWOCH	Wie mische ich Risiko- und Sicherheitsbaustein richtig?	165
DONNERSTAG	Die letzten Schritte zur konkreten Umsetzung	167
FREITAG	Denkpause	169
SAMSTAG	Endlich finanziell frei – und dann?	169
SONNTAG	Ergebnissicherung	173

WOCHE 9
Wie Sie trotz Kursschwankungen gelassen bleiben 177

MONTAG	Warum es (fast) unmöglich ist, in Kapitalmarktkrisen gelassen zu bleiben	179
DIENSTAG	Crash – was tun? Ihr Notfallplan für gruselige Kapitalmärkte	181
MITTWOCH	Gier und Hybris: Wie es Ihnen gelingt, auf dem Teppich zu bleiben	184
DONNERSTAG	Kognitive Verzerrungen für Fortgeschrittene: falsche Referenzpunkte	185

FREITAG Denkpause ... 189
SAMSTAG Wenn die Realität keine Rücksicht auf das eigene Ego nimmt: Warum Unternehmer oft schlechte Kapitalanleger sind ... 189
SONNTAG Ergebnissicherung ... 193

TEIL 4
Wie Geld zu einem gelungenen Leben beiträgt ... 197

WOCHE 10
Wie Geld ein Zuhause schaffen kann ... 198
MONTAG Die eigenen vier Wände: NICHT die beste Investition der Welt ... 199
DIENSTAG Warum die Nachteile einer Immobilieninvestition oft gut für Sie sind ... 201
MITTWOCH Die emotionale Rendite der eigenen vier Wände ... 203
DONNERSTAG Wie Sie es schaffen, sich mit einer Immobilie unglücklich zu machen ... 205
FREITAG Denkpause ... 208
SAMSTAG Was tun mit dem geerbten Elternhaus? ... 209
SONNTAG Ergebnissicherung ... 212

WOCHE 11
Wie Sie Geldausgeben zufriedener macht ... 216
MONTAG Warum Kapitalverbrauch eine Zumutung ist ... 217
DIENSTAG Wie Verlustaversion und Finanzvertrieb Ihren finanziellen Spielraum im Alter beschneiden ... 218
MITTWOCH In vier Schritten zur konkreten Entnahmestrategie: eine Gebrauchsanweisung ... 220
DONNERSTAG Haben oder Sein: Wie Ihnen kluge Konsumausgaben helfen, glücklicher zu werden ... 225
FREITAG Denkpause ... 227

SAMSTAG Georg auf dem Holzweg: Warum der Wunsch nach hundertprozentiger Sicherheit jede Menge Lebensqualität kosten kann 228
SONNTAG Ergebnissicherung 232

WOCHE 12
Geld und Zeit: Wann Sie als Familie den maximalen Nutzen aus Ihrem Geld ziehen 235
MONTAG Wie Sie richtig Zeit in Geld und Geld wieder in Zeit tauschen 236
DIENSTAG Was Sie tun sollten, wenn Sie einmal reich und tot sind 239
MITTWOCH Warum Sie versuchen sollten, pleite zu sterben 241
DONNERSTAG Wann ist der richtige Zeitpunkt, Geld an seine Kinder zu verschenken? 243
FREITAG Denkpause 246
SAMSTAG Zeit oder Geld? Was ich aus einem verschwendeten Nachmittag gelernt habe ... 247
SONNTAG Ergebnissicherung 249

Geld, Glück und erfülltes Leben 252
Leistung und Flow 252
Sinn und Spiritualität 253
Selbstbestimmung und Kontrolle 254
Positive Emotionen und Vergnügen 256
Soziale Beziehungen 257
Zeit und Gesundheit 258

Anmerkungen 260
Literaturverzeichnis 267
Über den Autor 271

Warum Sie sich selbst um Ihre finanzielle Gesundheit kümmern müssen

Wenn mir irgendetwas in den letzten Jahren eine tiefgehende Freude bereitet hat, dann war es, wenn mir Menschen erzählt oder geschrieben haben, dass sie aufgrund meiner Bücher, Blogs oder Kolumnen ganz konkret etwas in ihrem Leben verändert haben – sich um eine Vorsorgevollmacht oder solide Rücklagen gekümmert haben, die geerbte Problemimmobilie in Posemuckel verkauft haben, ihre Kinder und Enkel auf eine (irrational teure) Reise eingeladen haben, ihrem »Pinocchio-Banker« den Rücken gekehrt haben – noch besser: mit Geld nicht mehr gestresst sind.

Und deshalb habe ich dieses Buch geschrieben: Um Sie dazu zu bewegen, konkret etwas zu verändern und endlich ein gesundes Verhältnis zu Ihrem Geld zu entwickeln. Ich möchte Ihnen helfen, in Zukunft selbstbestimmt und gelassen bei den wesentlichen Geldthemen zu entscheiden und kontraproduktive Verhaltensweisen zu beenden.

Warum müssen Sie sich um dieses lästige Geldthema selbst kümmern? Ihr Bad fliesen Sie doch auch nicht selbst. Mit Ihrer Steuererklärung gehen Sie zum Steuerberater und bei juristischen Problemen nehmen Sie sich einen Anwalt, statt sich selbst durch Gesetzestexte zu quälen, die Sie ohnehin nicht verstehen. Geld ist doch wichtig, betrifft jeden. Da muss es doch jemanden geben, der Ihnen da hilft; besser: der das für Sie macht. Theoretisch: Ja. Praktisch: Nein.

Der Grund für diesen Missstand heißt Provision, respektive Finanzlobby, respektive Politikversagen. Denn anders als Ihren Fliesenleger, Steuerberater oder Anwalt bezahlen Sie Ihren Finanzberater nicht selbst. Er bekommt sein Geld vom Hersteller der Produkte, die er Ihnen verkauft. Ihr Fliesenleger wird vom Hersteller der Kacheln, Ihr Steuerberater vom Finanzamt und Ihr Anwalt von Ihrem zukünftigen Exmann bezahlt. Merken Sie was? Wie wird Ihr Badezimmer nachher aussehen? Wie hoch wird Ihre Steuerlast sein? Und wer wird nach der Scheidung das Haus oder das Sorgerecht bekommen? Das nennt man vornehm Interessenkonflikt.

Wenn Sie in eine Bank oder zu einem sogenannten unabhängigen Finanzberater gehen, treffen Sie nicht auf einen Berater, sondern auf einen Verkäufer. Wenn Sie Lebensmittel, Schuhe oder Autos kaufen, können Sie im Regelfall die Qualität eines Produkts ganz gut beurteilen. Sie wissen, was Sie wollen, und wichtiger: was Sie brauchen. Und bei komplexeren Produkten bekommen Sie eine Garantie. Im Finanzbereich ist das komplett anders:

1. Allein das Konstrukt Finanzprodukt ist weitgehend eine Erfindung der Finanzlobby. Denn am Ende haben Sie nicht mehr als vier Möglichkeiten, Ihr Geld zu investieren:
   - Sie beteiligen sich an einem Unternehmen (Aktie, Private Equity).
   - Sie leihen jemandem Geld (Sparbuch, Festgeld, Anleihe).
   - Sie erwerben eine Immobilie (wohnen dort oder vermieten sie) oder
   - Sie kaufen eine Sache und spekulieren, dass sie im Wert steigt (Gold, Rohstoffe, Kunst, Oldtimer …).

   Alles andere ist mal nötige, meist aber unnötige Verpackung und Komplexität, sprich: Kosten für Sie, Gewinn für die Finanzindustrie.

2. Sie können die Kosten und Funktionsweise der angebotenen Produkte meist nicht beurteilen. Viele Privatkunden merken erst nach Jahren, manchmal Jahrzehnten, dass man sie eher *ver*raten als *be*raten hat. Etwa wenn in der angepriesenen Lebensversicherung nach einem Jahrzehnt immer noch weniger Geld drin ist als das, was Sie bisher eingezahlt haben.

3. Häufig ist das, was Sie im Finanzbereich wollen, gar nicht das, was Sie brauchen. Wenn Ihr »Berater« in Ihrem Interesse handeln würde, müsste er Sie regelmäßig von schlechten Ideen oder schädlichem

Verhalten abhalten. Sie in Krisenzeiten etwa darin bestärken, Ihre Investments durchzuhalten, statt sie in vermeintlich sichere Anlagen zu tauschen. Ist das realistisch, wenn Ihr Verkäuferberater von seinem Vorgesetzten wöchentliche Vorgaben erhält, wie viel Umsatz er machen muss? Würden Sie zu einem Arzt gehen, der Ihnen bei Blutdruckproblemen empfiehlt, mehr zu essen und sich bloß nicht zu bewegen? Eine Europalette Chips habe er sogar in seinem Lagerraum. Zufällig zum Sonderpreis.

Sie sehen: Ihren Banker aufzusuchen, ist nicht nur sinnlos. Es gefährdet Ihre finanzielle Gesundheit und damit Ihre zukünftige Lebensqualität. Und deshalb bleibt es dabei:

Solange die Finanzlobby mit jährlich über 42 Millionen Euro von allen Branchen das höchste Lobbybudget in Deutschland hat, solange sich im provisionsgetriebenen Produktverkauf viel mehr Geld verdienen lässt als mit Beratung, solange sich Spitzenpolitiker – bis hin zu ehemaligen Bundeskanzlern – damit brüsten, ihr Geld auf dem Sparbuch liegen zu haben, solange wird es in Deutschland keinen Befreiungsschlag durch ein Provisionsverbot geben, wie etwa in Großbritannien, den Niederlanden oder Australien. Und solange müssen Sie sich selbst um Ihre finanzielle Gesundheit kümmern.

Versprechen Sie mir bitte, dass Sie NIE WIEDER in eine Bank oder zu einem provisionsorientierten Verkäufer gehen in der naiven Annahme, dass der Ihnen doch nur helfen mag, weil er gar so nett ist und »ja auch ein Interesse daran hat, dass ich zufrieden bin und wiederkomme«. Das ist ein Irrglaube!

Die gute Nachricht: Es ist gar nicht so kompliziert, selbstbestimmt mit Geld umzugehen, wenn Sie sich auf das Wesentliche konzentrieren. Wenn Sie mit diesem Buch täglich fünf bis zehn Minuten in Ihre finanzielle Allgemeinbildung investieren, haben Sie nach zwölf Wochen eine solide Basis, um selbst zu entscheiden und sicherzustellen, dass Ihr Umgang mit Geld zu einem erfüllten Leben beiträgt. Dass Sie endlich gut mit Geld sind.

Warum ein Zwölf-Wochen-Kurs und nicht einfach eine Gebrauchsanweisung? Konventionelle Finanzratgeber, die Ihnen einfach erklären, »wie es geht«, laufen meiner Überzeugung nach oft ins Leere – ähnlich wie Ratgeber, die versuchen, Sie über ein umfangreiches Regelwerk an Ge- und Verboten zu einem gesünderen Lebenswandel zu bewegen. Das bringt doch nichts! Solange Sie nicht verstehen, woher Ihre ungesunde Lebensweise kommt, warum Sie keine Freude an Bewegung, Sport oder gesundem Essen entwickeln, werden Sie Ihr Verhalten nicht dauerhaft ändern. Entsprechend möchte ich, dass Sie verstehen, woran es liegt, dass, vielleicht auch Sie, bezogen auf Ihre Finanzen, einem Übergewichtigen ähneln, der abends auf dem Sofa seine Pizza verzehrt. Und ich möchte Ihnen zeigen, dass der Weg zu gesunden Finanzen keine Quälerei ist, sondern Ihre Lebensfreude und Ihr Wohlbefinden spürbar verbessert.

Und weil das so ist, stürzen wir uns zu Beginn des Kurses auch nicht auf Finanzmärkte, Zinseszinsrechnungen, Budgets oder Investments, sondern wir fangen in der ersten Woche mit Ihnen als Mensch an. Was hat Sie in Bezug auf Geld geprägt? Welche Glaubenssätze schleppen Sie – vermutlich meist unbewusst – mit sich herum? Wovor haben Sie Angst? Wenn Sie verstanden haben, wo Sie herkommen, verstehen Sie auch besser, wo Sie hinwollen.

In der zweiten Woche helfe ich Ihnen herauszufinden, warum Geld wichtig für Sie ist. Klingt trivial? Ist doch für alle gleich? Geld ist einfach Geld. Nein, ist es definitiv nicht. Im Gegenteil. Damit Sie am Ende Erfolg haben, müssen Sie verstehen, dass es nicht in erster Linie um Ihr Geld geht, sondern um Ihr Leben: Ihre Sicherheit, Ihre Autonomie, Ihren Gestaltungsspielraum und Ihren inneren Frieden. Sie lernen, Ihren eigenen Finanzkompass zu entwickeln, eine Finanzmission zu definieren und mit konkreten Zielen und Maßnahmen zu unterlegen. Und weil Geldsorgen und Geldstress hochgefährliche Beziehungskiller sind, setzen wir uns in der dritten Woche damit auseinander, wie Geld zu gelungenen Beziehungen beitragen kann und wie Sie gute Gespräche über Geld führen.

Erst wenn Sie Klarheit über sich und die Rolle, die Geld für Ihre Identität, Werte und Beziehungen spielt, haben, ergibt es Sinn, sich in den Wochen 4 bis 6 mit den finanztechnischen Grundlagen für ein gutes Leben mit Geld zu beschäftigen: elementare Lebensrisiken abdecken, Schulden loswerden und sinnvoll sparen.

In den darauffolgenden drei Wochen lernen Sie, wie Sie Vermögen am einfachsten langfristig aufbauen: durch Investieren am Kapitalmarkt. Klingt gefährlich und kompliziert? Kompliziert, nein. Gefährlich, ja. Aber die meisten Gefahren lassen sich ausschalten, wenn Sie konsequent Irrwege vermeiden (Woche 7), sich an die Grundregeln rationalen Investierens halten (Woche 8) und – am wichtigsten – lernen, mit Ihren Ängsten, kognitiven Verzerrungen, Gier und Selbstüberschätzung fertig zu werden (Woche 9). Die gute Nachricht: Mit den (Selbst-)Erkenntnissen aus den ersten drei Wochen wird es deutlich leichter, Kurs zu halten.

Von da kommen wir wieder auf die Ebene zurück, mit der wir vor gut zwei Monaten den Kurs begonnen haben – auf die Frage, was Geld mit Ihrem Leben zu tun hat. In der 10. Woche schauen wir uns dazu der Deutschen Lieblingsinvestition an: die Immobilie. Dabei blicken wir nicht nur auf die finanziellen Eckdaten, sondern fragen uns auch: Wann sind die eigenen vier Wände eine sinnvolle Investition in Lebensqualität – und wann belasten sie Ihre Lebensplanung? In Woche 11 geht es ums Geldausgeben: Ich zeige Ihnen, wie Sie sicherstellen, dass Ihnen das Geld im Alter nicht ausgeht, und welche Konsumausgaben Sie zufriedener, bestenfalls glücklicher, machen. In der letzten Woche helfe ich Ihnen dabei, zu klären, was für Sie wann den höheren Grenznutzen hat: mehr Geld oder mehr Zeit? Wie können Sie den Nutzen von Geld über den Verlauf Ihres Lebens optimieren? Und wann und wie geben Sie Vermögen am besten an die nächste Generation weiter?

Was erwartet Sie konkret in jeder Woche?

Von Montag bis Donnerstag lernen Sie neue Inhalte kennen. Von Freitag bis Sonntag denken Sie über das Gelernte nach und sichern es ab. Dazu bekommen Sie am Freitag eine pointierte Grafik meines Lieblings-Finanzcoachs Carl Richards. Am Samstag erzähle ich Ihnen eine Geschichte aus meiner Beratungspraxis, die Ihnen zeigt, welche Konsequenzen das besprochene Thema für Ihre Lebensqualität haben kann, wenn Sie es vermasseln. Sie lernen also an einem (meist) abschreckenden Beispiel. Und am Sonntag erhalten Sie die wichtigsten Punkte als Checkliste, Fragen zur Selbstreflexion, konkrete Handlungsempfehlungen sowie nützliche Links und weiterführende Leseempfehlungen. Auf der Webseite: www.neunundvierzig.com/gut-mit-geld habe ich Ihnen dazu weitere Beiträge von mir und anderen Autoren, weiterführende Fragen sowie Arbeitshilfen zusammengestellt.

Und noch ein Warnhinweis: Das Zitat zu Beginn einer jeden Woche ist eine Falle, ein Denkfehler, ein Hinweis auf etwas, das schiefgeht – keine positive Orientierung. Spätestens am Ende einer jeden Woche sollten Sie verstehen, warum.

Sie können das Buch in einem Rutsch durchlesen. Ich bin mir aber sicher: Sie haben eine wesentlich höhere Aussicht darauf, Ihr Verhalten zu ändern, wenn Sie sich an das Tempo des Zwölf-Wochen-Plans halten und sich die Zeit geben, für eine Weile täglich über Geld nachzudenken.

Ich verspreche Ihnen: Ich werde es Ihnen so leicht wie möglich, aber auch so schwer wie nötig machen. Und: Ich werde mit aller Kraft sicherstellen, dass Sie verstehen: Es geht um Ihr Leben, nicht nur um Ihr Geld. Versprochen.

Teil 1

Wie Sie ein gutes Verhältnis zu Geld bekommen

Die meisten Finanzratgeber beginnen damit, wie Sie Schulden abbauen, ein Haushaltsbuch führen, einen Sparprozess organisieren oder richtig investieren. Es geht um Zahlen, Daten und Fakten. Das ist wichtig, greift aber viel zu kurz: Erst wenn Sie verstanden haben, welche Glaubenssätze Sie bezogen auf Geld geprägt haben, was Geld mit Ihrer Identität, Ihren Werten und Ihren Beziehungen zu tun hat, erst dann bekommen alle diese fachlichen Fragen eine Relevanz für Ihr Leben. Und erst wenn Sie hier klarsehen, wird es Ihnen gelingen, dauerhaft erfolgreich und selbstbestimmt mit Geld umzugehen.

WOCHE 1

Wer bin ich und was hat das mit Geld zu tun?

»Weißt du, entweder kümmerst du dich um Menschen oder du kümmerst dich um Geld – beides geht nicht.«
Gudrun K. (45), Verwaltungsangestellte

Geld beeinflusst meine Identität? Dürfen Sie sich diese Frage überhaupt stellen? Ja, Sie müssen es sogar. Deshalb erkläre ich Ihnen heute, warum es so fatal ist, dass die meisten Menschen nie gelernt haben, darüber nachzudenken. Am Dienstag erzähle ich Ihnen dann von der finanziellen Prägung in meiner eigenen Kindheit, um Ihnen am Mittwoch ein Instrumentarium an die Hand zu geben, mit dem Sie Ihre eigenen (vermutlich unreflektierten) Glaubenssätze zu Geld hinterfragen können. Wie Sie verhindern, dass soziales Vergleichen Sie unglücklich macht, erkläre ich Ihnen am Donnerstag. Die Geschichte am Samstag hat zwei unterschiedliche Ausgänge – welcher wohl wahr ist? Und am Sonntag gibt es ein erstes Mal Ergebnissicherung. Los geht's!

Drei Fragen zum Warmwerden

1. Was fällt Ihnen als Erstes zu Geld ein? Denken Sie nicht nach, sprechen Sie es einfach aus. »Geld ist/macht ...« – »Reiche Menschen sind ...«
2. Welche Person hat Sie beim Thema Geld am stärksten beeinflusst?
3. Beobachten Sie sich heute, wenn Sie Geld ausgeben. Wie fühlen Sie sich dabei? Glücklich? Schuldig? Genervt? Sie nehmen gar nichts wahr? Warum?

MONTAG **Identität**

George Kinder ist einer der ungewöhnlichsten und zugleich wichtigsten Finanzphilosophen der USA. Sein Denken kreist nicht primär darum, wie man seine Finanzen optimiert, sondern wie ein kluger Umgang – genauer: ein friedvolles Verhältnis mit Geld – zu einem erfüllten Leben beitragen kann. An den Anfang seines einflussreichsten Werkes *The Seven Stages of Money Maturity* stellt er einen Dialog mit einem Vermögensverwalter, der finanziell ausgesprochen erfolgreich und dennoch innerlich zerrissen und unglücklich ist.

»›Ich weiß, wie man Geld verdient‹, sagte er. […] ›Jetzt habe ich mehr als genug, um für den Rest meines Lebens davon zu leben, […] aber irgendetwas fehlt mir. Ich weiß nicht, was es ist. Ich weiß nur, dass ich nicht glücklich bin. […]‹

›Dieses Unbehagen, das du in dir spürst, dieser Schmerz – ist da, um dich wachzurütteln‹, sagte ich. ›[…] Es ist ein Signal, ein Alarmsignal. Es sagt dir ganz klar, dass es Zeit ist, herauszufinden, wer du wirklich bist in Bezug auf Geld. Du hast die ganze Zeit gedacht, es gäbe nur eine einzige Frage zum Thema Geld – Wie viel?‹, fuhr ich fort. ›Aber die wirklich wichtige Frage lautet: Was hat Geld mit dem zu tun, der ich bin? Du denkst, du bist finanziell erfolgreich, aber deine Gefühle sagen dir etwas anderes. Sie sagen dir: Wenn es um Geld geht, bist du ein Versager.‹«[1]

Wow! Jemand hat mehr Geld, als er je brauchen wird, und ist bezogen auf Geld trotzdem ein Versager? Noch irritierender: Wie kann etwas so Oberflächliches, tendenziell Unmoralisches wie Geld damit zusammenhängen, wer ich bin? Mit meiner Identität? Und ist Identität im spirituellen und religiösen Kontext nicht auch ein anderes Wort für Seele? Geld und Seele? Öffnen sich da nicht die Pforten der Hölle?

Unsinn! Stopp! Haben Sie gemerkt, was ich Ihnen mit obiger Argumentation zeigen wollte? Das Thema Geld ist vermint mit moralisierenden Glaubenssätzen, die wir uns meist unreflektiert von unseren Eltern abgeschaut haben und die oft jede rationale und produktive Auseinandersetzung mit Geld im Keim ersticken. Insofern ist die obige Überlegung auch keine Argumentations-, sondern eine Assoziationskette.

Diese unreflektierten Glaubenssätze werden nicht besser, wenn wir sie (oft) in Rebellion gegen das eigene Elternhaus aus unserem sozialen Umfeld übernommen haben: vom finanziell erfolgreichen Onkel oder von der sozial engagierten Mutter des besten Freundes. Was sich so anfühlt, als ob wir uns unsere eigenen Gedanken gemacht haben, ist intellektuell meist genauso schlicht. Noch tiefer in unsere Hirnwindungen graben sich Glaubenssätze ein, wenn sie nicht einfach nebenbei aufgenommen wurden, sondern an Traumata gekoppelt sind: das Wegfallen der finanziellen Existenz der Familie, eine Scheidung der Eltern, Armut und finanzielle Instabilität in der Kindheit oder durch einen mehr oder minder tyrannischen Patriarchen, der seine Familie über sein Geld regiert hat. Sich davon wieder zu befreien, ist ohne fremde Hilfe fast aussichtslos.

Der Stillstand beim Nachdenken über Geld hat zwei mächtige Verbündete. Der wichtigste ist die (Un-)Weisheit: »Über Geld spricht man nicht.« Auch das ist so ein Glaubenssatz – und ein besonders raffinierter. Denn einmal akzeptiert, garantiert er doch dauerhaft den Status quo beim Nicht-nachdenken-Müssen über Geld. Denn über das, was ich nicht in Worte fassen kann, kann ich auch nicht nachdenken. Und wie soll ich beim Thema Geld handlungsfähig werden, ohne nachzudenken?

Fast so schlimm wie das Schweigen über Geld ist das Reden, besser: das Geschwätz über Geld. Menschen, meist Männer, die sich am Rande von Partys über ihre letzten Börsenspekulationen oder Immobiliendeals unterhalten, um sich mit diesem präpotenten Imponiergehabe einen Platz in der sozialen Hackordnung zu sichern. Diese Art von Interesse an Geld wird von einer Heerschar von Finanzseiten im Netz, Börsenzeitschriften und zweifelhaften Investmentratgebern befeuert. Im wahrsten Sinne dumm ist nur: In diesen Blättern stehen überwiegend Finanzpornografie, Jargon und Binsenweisheiten, geschrieben, um Auflage zu machen und dem Leser das Gefühl zu geben, Teil einer gut informierten Gruppe zu sein. Das Ergebnis ist auf beiden Seiten der Abgrenzung tragisch: Der Insider bekommt konsequent die falschen Antworten auf die falschen Fragen. Den Outsider beschleicht die (unberechtigte) Vermutung, das Ganze sei unglaublich kompliziert, und das (berechtigte) Gefühl, (diese Art) über Geld nachzudenken, sei etwas für Hohlköpfe. Entsprechend gelte: »Über Geld spricht man nicht.« Und hier schließt sich der Kreis.

Zeit, einen selbstbestimmten und reflektierten Blick auf das zu entwickeln, was *Geld mit dem zu tun hat, wer Sie sind.* Sonst bleiben auch Sie in Bezug auf Geld ein Versager – egal, wie viel Geld Sie haben. Und nein, Sie müssen Ihre Seele nicht dem Teufel verkaufen. Das Thema Geld und Identität geht auch zwei Nummern kleiner. Fangen wir in der Kindheit an.

DIENSTAG Geld und meine Kindheit

Vor eineinhalb Jahren hat mich meine damals sechzehnjährige Tochter in bestem Denglisch gefragt: »Papa, wie kann man nur so passionate über Geld sein?« Ich hätte ihr sagen können, dass Geld – wie sonst nur Gesundheit – jeden früher oder später einholt, egal, ob man sich darum kümmert oder nicht. Dass Geld immens viel mit Freiheit, Sicherheit und Gestaltungsspielräumen, sozialer Teilhabe, Bildung und so weiter zu tun hat. Aber das ist vermutlich nicht der Grund für meine Passion, was ja gleichermaßen Begeisterung und Leiden heißt. Der Grund ist, dass auch mein Blick auf Geld durch meine Kindheit geprägt wurde. Und umgekehrt: meine Kindheit ein gutes Stück durch das Thema Geld.

Für meinen Vater war finanzieller Erfolg – neben Bildung und harter Arbeit – die wichtigste Säule seiner Selbstdefinition. Es war das, was ihm persönliche Sicherheit gab, ein Beweis, dass seine Arbeit, seine Anstrengungen etwas wert waren, dass er ein guter Familienvater war, der für seine Frau und seine Kinder sorgte. Im Hintergrund lief dazu das Narrativ der einst vermögenden Familie, die nach dem Krieg »alles« im Osten verloren hatte, der nichts geblieben war als ihr Verstand und ihr Fleiß. Was mein Vater neben der Armut aus der Kindheit und seinen finanziellen Erfolgen im Büro über Geld erzählte, war … nichts. Also fast nichts. Ab und zu bekam ich mit, wie sehr ihn offenbar die Schulden für den Hauskauf belasteten. Auch in unserer Familie bestanden das Reden und das Nachdenken über Geld weitgehend aus Schweigen. Hörbar dagegen war das Klagen meiner Mutter über die langen Arbeitstage meines Vaters, der unter der Woche meist spät nach Hause kam und am Wochenende oft stundenlang Verträge diktierte.

Als Kind reimte ich mir daraus Folgendes zusammen: Geld ist schuld, dass ich meinen Papa so wenig sehe und Mama unglücklich ist. Geld ist meinem Papa wichtiger als die Familie. Geld ist schuld, dass mein Vater so viel Stress und Sorgen hat. Geld macht unglücklich.

Dazu kam: Verglichen mit dem zwar soliden, aber bescheideneren finanziellen Hintergrund meiner Kindergarten- und Grundschulfreunde waren meine Eltern deutlich wohlhabender. Meine Freunde wohnten zur Miete, wir im Eigenheim. Sie fuhren mit dem VW-Käfer zum Campen in den Urlaub, wir mit dem Mercedes ins Hotel. Und anders als meine liberalen Eltern waren deren Eltern mehr oder minder stramm links: irgendwo zwischen ehemaliger APO, linker SPD, früher Öko- und Friedensbewegung. Dieser Hintergrund führte zu meiner nächsten »Erkenntnis« zu Geld: Es machte mich ein Stück zum Außenseiter unter meinen Freunden, zum Kind des Klassenfeindes. »Habt ihr euren Hund, damit er auf euer vieles Geld aufpasst?« Und da ich ein rebellisches Kind war, war es nicht zuletzt der Wohlstand meiner Eltern, mit dem die Eltern meiner Freunde mein »schlechtes Benehmen« erklärten. »Kein Wunder, wenn einem das Geld so aus dem …«

Ist das nicht faszinierend? Geld war wesentlich daran beteiligt, meine wichtigsten sozialen Beziehungen zu definieren: die zu meinen Freunden, Eltern und auch die zu meinen Geschwistern. Etwa wenn es um die Frage ging, wie gerecht finanzielle *Zuwendungen* unter uns Brüdern verteilt wurden. Und umgekehrt definierten meine Versuche, meine soziale Rolle zu finden, auch, wie ich über Geld (nicht) nachdachte. Und das alles basierend auf weitgehend zufällig zusammengebauten, kaum reflektierten Beobachtungen zum Thema Geld in meiner Kindheit. Beobachtungen, die meine Geschwister ebenso zufällig, aber ganz anders ausgewählt und zusammenmontiert haben.

Kein Wunder, dass ich bei meiner »Montage« finanziellen Wohlstand und Geld erst mal weitgehend als bedenklich bis unwichtig ablehnte und mich auch deshalb für ein »brotloses« Geschichtsstudium entschied … bis mich irgendwann das Thema zwangsläufig einholte: in Form zweier Kinder und einer Frau, für die ich finanziell verantwortlich war – das alles allerdings ohne nennenswertes Einkommen.

MITTWOCH Wie mächtig die finanzielle Prägung aus unserer Kindheit ist

Wenn Sie glauben, meine finanzielle Prägung als Kind sei besonders pathologisch, muss ich Sie leider enttäuschen. Verglichen mit dem, was ich in meiner beruflichen Praxis laufend erlebe, bin ich ein eher leichter bis mittelschwerer Fall …

Schauen Sie einmal zurück in Ihre Kindheit und Jugend: Wie war das bei Ihnen? Wie wurde über Geld geredet und wie geschwiegen? Was haben Sie beobachtet, aufgeschnappt und sich zusammengereimt? Was schleppen Sie vermutlich bis heute als unreflektierte Glaubenssätze mit sich herum?

Bewerten Sie einmal auf einer Skala von 1 bis 5 (1 = niedrig, 5 = hoch):

- Wie hoch war das Einkommen und Vermögen Ihrer Eltern im Vergleich zu anderen Familien in Ihrem sozialen Umfeld?
- Wie verlässlich war dieses Einkommen: absolut sicher wie bei einem Beamten oder glichen die Einkünfte einer Achterbahnfahrt wie bei vielen Selbstständigen?
- Wie gut hatten Ihre Eltern ihre Finanzen im Griff? Führten sie Buch über alle Ausgaben oder zerrann ihnen das Geld zwischen den Fingern?
- Und zuletzt: Wie großzügig bis geizig oder verschwenderisch bis sparsam waren Ihre Eltern?

Dabei ist es mitnichten so, dass – frei nach Marx – allein das Sein das Bewusstsein prägt. Armut ist ein traumatisierender Faktor. Aber noch entscheidender als die objektive Situation, in der Sie groß geworden sind, ist, was Sie subjektiv wahrgenommen haben: Wie gut Ihre Eltern Stress um Geld von Ihnen abgeschirmt haben; wie viele – potenziell verbal oder sogar körperlich gewalttätigen – Konflikte es deshalb gab; wie viel Angst Sie deshalb hatten.[2] Besonders stark prägen toxische Vorstellungen zu Geld in Familien, in denen Geld verwendet wurde, um Wohlverhalten zu belohnen, Zuwendungen zu verteilen, Abhängigkeiten zu gestalten, in denen Geld auch ein Platzhalter für Liebe und Macht war.

Abhängig davon, wie die Konstellation bei Ihnen war, haben Sie sich Ihre eigenen – in der Regel kontraproduktiven – Glaubenssätze zusammengezimmert. Hier eine kleine Auswahl:

Wir haben nie Glück mit Geld gehabt; Tennis ist was für Bonzen; Geld muss fließen; Easy come, easy go; Geld ist schmutzig; Geld ist die Wurzel allen Übels; Beim Geld hört die Freundschaft auf; Geld macht Streit; Geld muss man machen. Dahinter scheinen nicht zuletzt auch immer wieder halb verschüttete religiöse Muster durch: »Man kann nicht gleichzeitig Gott dienen und dem Mammon.«[3]

Wenn solche Überzeugungen die Grundlage des Umgangs mit Geld sind: Wie wahrscheinlich ist es, dass ein Mensch einmal finanziell erfolgreich ist, sein Vermögen ohne schlechtes Gewissen genießt oder großzügig mit anderen ist? Je einschneidender Ihre Kindheitserlebnisse bezogen auf Geld waren, desto wahrscheinlicher ist es, dass Ihre Überzeugungen fest verankert und wenig hilfreich sind. Denn unsere kindlichen Glaubenssätze erklären uns ein Stück weit, wie die Welt funktioniert und welche Rolle wir darin spielen. Etwa dass wir und unsere Eltern und die Art, wie wir mit Geld umgehen, normal sind. Sie sind damit auch Teil einer kindlichen psychologischen Überlebensstrategie. Die Kehrseite: Das Ganze blockiert wirkungsvoll unsere Chancen, selbst gewählte und produktive Glaubenssätze in Bezug auf Geld zu entwickeln.

Geld ist dabei nicht irgendein beliebiges Thema unter vielen, denn Geld ist auch in einer ganz unmittelbaren Weise eine Frage des Überlebens: unser Ersatz für eine volle Scheune, eine gefüllte Vorratskammer, einen Wintervorrat. Entsprechend ist die Verbindung zwischen Existenzängsten und Geld tief in unserem kulturellen Gedächtnis verwurzelt. In unserem Gehirn findet das »Denken« über Geld eher in unserem für das Überleben zuständigen Stammhirn statt als in dem für das rationale Denken zuständigen präfrontalen Cortex. Wenn wir also meinen, dass wir über Geld nachdenken, denken wir häufig gar nicht, sondern fühlen. Und was wir fühlen, ist irgendeine Form von Angst.

Hoffentlich sind auch Sie, genauso wie ich, nur ein mittelschwerer Fall. Sprich: Sie haben eine gute Chance, sich Ihrer unbewussten Muster bewusst zu werden und Ihren Umgang und das Denken über Geld selbst zu definieren. Leider geht es auch viel schlimmer. In meiner Praxis treffe ich immer wieder auf Familiengeschichten, die so traumatisierend sind, dass sie sich – wenn überhaupt – nur mit professioneller Hilfe auflösen lassen. Als Verursacher dieser Traumata finden sich dabei immer wieder selbstherrliche dominante Patriarchen, die ihre eigenen emotionalen Traumata an die nächste Generation weiterreichen. Ich erlebe hochintelligente, finanziell erfolgreiche und beeindruckende Menschen, die in meinem Büro mit den Tränen kämpfen, wenn sie vierzig oder fünfzig Jahre später daran zurückdenken. Bedauerlich, dass »Financial Therapy« nicht nur in Deutschland noch in den Kinderschuhen steckt.[4]

DONNERSTAG Wie soziales Vergleichen unglücklich macht

Schauen wir uns als Letztes noch eine weitere Ebene an, die uns daran hindert, erwachsen und selbstbestimmt mit Geld umzugehen: die Art und Weise, in der Geld uns unseren Status in der sozialen Hackordnung zuweist und – wenn wir nicht aufpassen – maßgeblich unsere Lebenszufriedenheit (negativ) beeinflusst.

In der Regel besteht der eigene Freundes- und Bekanntenkreis großteils aus Menschen aus derselben sozialen Gruppe. Mit ein paar Ausreißern sind das Personen mit vergleichbaren Einkommens- und Vermögensverhältnissen, die in Städten zusätzlich häufig in denselben Vierteln leben.

Das führt dazu, dass wir in der Tendenz nicht nur auf Menschen mit ähnlichen finanziellen Möglichkeiten, sondern auch mit ähnlichen finanziellen (Konsum-)Gewohnheiten und Werten treffen. Gut und schlecht zugleich: Das macht uns das Leben leichter, weil unser eigenes Verhalten und unsere Denkweisen nicht zu sehr herausgefordert werden.

Denn hier setzt eine weitere Nicht-Denkweise an: Menschen neigen stark dazu, sich zu vergleichen. Und das eben nicht mit Menschen, denen es finanziell deutlich schlechter oder besser geht als einem selbst, sondern mit unserem direkten sozialen Umfeld. Dass Stand 2022 rund 735 Millionen Menschen auf der Erde nicht genug zu essen hatten, macht mich in der Regel nicht dankbarer und bescheidener, und dass Mark Zuckerberg sich im März 2024 eine neue Superjacht für über 275 Millionen Euro gekauft hat, die immer noch neun Meter kürzer ist als die von Jeff Bezos, ist eher ein Fun Fact.[5]

Entscheidend für die eigene Lebens(un)zufriedenheit sind dagegen: Geschwister, Freunde, Bekannte und Nachbarn. Dazu gehört der mitunter abschätzige Blick nach unten: wenig gesund, zumindest kein angenehmer Charakterzug. In der Regel blicken wir aber auf Menschen, denen es *scheinbar* ein klein bisschen besser geht als uns selbst.

Abgesehen davon, dass wir dadurch neidisch und unzufriedener werden, tendieren wir dazu, basierend auf diesen (Fehl-)Annahmen unvernünftige finanzielle Entscheidungen zu fällen. Das Ganze ist gut erforscht, nennt sich »Relative Income Hypothesis« und wurde erstmals 1949 vom Wirtschaftswissenschaftler James Duesenberry beschrieben.[6] Menschen tendieren dazu, mehr Geld auszugeben, weil sie sich an den höheren Ausgaben anderer Menschen orientieren – und das, obwohl sie sich das gar nicht leisten können. Dieses Phänomen ist seit den 1920-Jahren in den USA auch als »Keeping up with the Joneses« bekannt und ist ein wesentlicher Motor der amerikanischen Konjunktur. Auf der Ebene des einzelnen Individuums ist es eine Maschinerie zum Unglücklichwerden.

Schauen wir uns an einem Beispiel an, was da konkret passiert: Stellen Sie sich vor, ein weitläufiger Bekannter oder Nachbar fährt in einem neuen BMW X7 an Ihnen vorbei:

- Schritt 1: Weil er in diesem Fahrzeug sitzt, hat er dieses Fahrzeug gekauft (äußerer Schein = tatsächliche Finanzkraft).
- Schritt 2: Weil er dieses Fahrzeug gekauft hat, ist er reich (Konsumausgaben = Vermögen).
- Schritt 3: Weil er reich ist, ist er glücklich (Vermögen = Glück).

Eine erstaunlich unsinnige Assoziationskette – und das in jedem Schritt. Vielleicht hat er das Auto nur geleast, vielleicht hat er für den Kauf des Autos den letzten Euro zusammengekratzt oder sich verschuldet, und selbst wenn er sehr viel Geld hat: Heißt das wirklich, dass er glücklich ist? Ist das ein Grund, beim nächsten Autokauf selbst höher ins Regal zu greifen, als es Ihnen finanziell guttut? Unsinn – oder?[7]

Soziales Vergleichen ist noch für weitere Trugschlüsse verantwortlich: Es ist eine Tatsache, dass der *relative* Wohlstand entscheidender für das Glücksempfinden ist als der *absolute* Wohlstand. Das führt dazu, dass wir zufriedener in einem sozialen Umfeld sind, in dem wir 50 000 Euro im Jahr zur Verfügung haben, jeder andere aber nur 40 000 Euro, als in einem sozialen Umfeld, in dem wir 75 000 Euro hätten, aber jeder andere 100 000 Euro.[8] Am Ende geht es uns offenbar gar nicht besser, wenn es uns besser geht, sondern wenn es anderen schlechter geht. Weder klug noch sympathisch.

Das Gemeine: Einfach mehr Geld zu verdienen, hilft Ihnen gar nicht, das Problem zu lösen: Dann vergleichen Sie sich eben in Zukunft eine Etage höher und sind so (un-)glücklich wie zuvor. Soziales Vergleichen ist ein bewegliches Ziel und ein Loser's Game. Die Vorstellung, »wenn ich einmal soundso viel haben werde, dann bin ich zufrieden«, ist eine blanke Illusion.[9]

Wenn es darum geht, endlich selbstbestimmt und erwachsen mit Geld umzugehen, dann wird es höchste Zeit, dass wir selbst definieren, wie für uns Geld und Zufriedenheit zusammenhängen – und dass wir uns nicht durch Vergleiche von außen treiben lassen. Das »wenn einmal«, um (finanziell) glücklich und zufrieden zu sein, ist jetzt, sonst kommt es nie.

FREITAG **Denkpause**

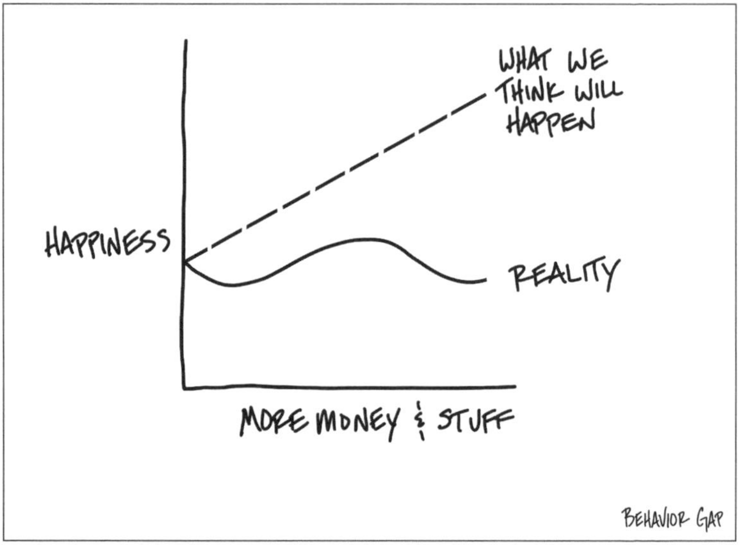

SAMSTAG **Zweimal Veronika**

Menschen lieben Erfolgsgeschichten. Ein Klassiker ist dabei das typische (neo-)liberale Heilsversprechen: die Geschichte einer Heldin, die mit Mut, Optimismus und etwas Glück ihren eigenen Weg geht, die Schatten ihrer Kindheit abschüttelt, sich nach Rückschlägen immer wieder aufrappelt, um am Ende ein glückliches und – ja auch – finanziell erfolgreiches Leben zu führen.

Veronika hat mir so eine Geschichte erzählt – fast. Was Veronika in ihrer Kindheit über Geld gelernt hat, war alles andere als gesund: »Dafür haben wir kein Geld.« – »Wir müssen sparen.« Das galt insbesondere für alles, was Spaß machte, vor allem, wenn es die Kinder betraf. Das Tragische: Sätze wie »Reiten – das können sich andere Leute leisten« waren objektiv gar nicht wahr. Hätten Veronikas Eltern dem offenbar zutiefst deutschen Wunsch nach einem eigenen – bis heute nicht abgezahlten – Haus nicht alles andere untergeordnet, hätten sie mehr als genügend Geld für ein angenehmes Leben gehabt.

Doch obwohl die gefühlte Armut ihrer Kindheit sie bis heute verfolgt, wehrte sich Veronika erstaunlich konsequent und erfolgreich gegen die negativen Botschaften und Glaubenssätze, mit denen sie groß geworden war. Den Reitunterricht finanzierte sie sich durch Zeitungsaustragen und Jobs in der Gastronomie selbst. Und obwohl ihr die Eltern immer wieder geraten hatten, sich für einen soliden und sicheren Job zu entscheiden, machte Veronika ihre Leidenschaft zum Beruf und absolvierte nach dem Abitur 1987 eine Ausbildung zur Fotografin. Doch damit nicht genug: Als Veronika mit einundzwanzig ernüchtert feststellte, dass sie als junge Fotografin eher Hilfsarbeiten durchführen musste, entschloss sie sich, in die USA auszuwandern. Der Klassiker der kapitalistischen Heilsgeschichte: von der Tellerwäscherin zur Millionärin.

Nur, dass Veronika über das Stadium einer Tellerwäscherin nicht hinauskam. Und so kehrte sie kaum sechs Monate später etwas frustriert, aber immer noch voller Optimismus zurück. Wenig später verliebte sich Veronika, heiratete und bekam Zwillinge. Und auch ihre berufliche Laufbahn nahm endlich Fahrt auf: Als »rasende Reporterin« begleitete sie mit ihrer Kamera die Journalisten der örtlichen Regionalzeitung. »Ich habe viel, viel gearbeitet und endlich ordentlich verdient.« Ein anderes Mantra der freien Marktwirtschaft hatte sich offenbar ausgezahlt: »Gib niemals auf.« Doch dann kam es dicke für Veronika: Mit dem Siegeszug der Digitalfotografie wurde ihr Job schrittweise wegrationalisiert. Ihre Ehe ging in die Brüche und als Folge der Scheidung verlor sie ihre gesamten Ersparnisse. Mit Mitte dreißig fand sich Veronika als alleinerziehende Mutter wieder – ohne finanzielle Rücklagen und Einkommen.

Doch wieder gab Veronika nicht auf. Im Gegenteil: Die Digitalisierung, die sie ursprünglich den Job gekostet hatte, machte sie sich zu ihrer Verbündeten. Mit Geld, das sie sich von Freunden geliehen hatte, gründete sie eine Fotoschule, gab Workshops in Digitalfotografie und traf damit den Nerv der Zeit. Wenn jeder Journalist mit einer Digitalkamera auf einmal ein veritabler Fotograf war, dann konnten das ihre Schülerinnen auch. Veronika zahlte ihre Schulden zurück, bildete Rücklagen und war zum ersten Mal in ihrem Leben selbstbestimmt. Die Glaubenssätze und Prägungen ihrer Kindheit – »Such dir einen sicheren Job«, »Bau dir ein Haus« und vor allem »Spare, spare, spare« – waren in weite Ferne gerückt.

Bis Corona kam, sie komplett lahmlegte und ihr der Siegeszug der Künstlichen Intelligenz den Wind aus den Segeln nahm. Wenn digitale und intelligente Bildbearbeitungsprogramme Bilder nach Belieben optimieren konnten, wer brauchte da noch eine Fotoschule? Wem sollte sie erklären, wie er mit einer Digitalkamera umgehen muss, wenn jedes Telefon annähernd gleichwertige Fotos macht?

Doch Veronika machte auch aus diesem Rückschlag ein neues Geschäftsmodell. Mit digitalen Schulungen zu Handyfotografie und zum Umgang mit KI erreichte sie ein Publikum, das weit über ihren Wohnort in Münster hinausging. Ihr Blog, vor allem aber ihr Kanal und ihre immer größer werdende Community auf Instagram wuchsen nach den ersten steinigen Monaten exponentiell. Mehr noch: Veronika begann, zu skalieren: ihre Kurse statt live und in Präsenz als Video-Download anzubieten und das Marketing im Social Web an eine hochprofessionelle Agentur zu vergeben.

Den Umsatz ihres kleinen Unternehmens wird sie dieses Jahr vermutlich von 220 000 Euro auf 400 000 Euro fast verdoppeln. Innerhalb von achtzehn Monaten zahlte sie erst ihre Schulden, dann die Coronahilfen zurück und begann, solide Rücklagen zu bilden. Letzten Herbst hat sie sich von den ersten Ersparnissen den Wunsch nach einem Tiny House erfüllt. Doch so wohl sie sich dort fühlt: Den nächsten Winter möchte sie ihr Homeoffice nach Bali verlegen …

Ist das wirklich so passiert? Oder ging die Geschichte nicht doch ganz anders weiter?

Die Coronakrise war der Zeitpunkt, an dem Veronika endgültig der Mut verließ. Ohne finanzielle Rücklagen, mit dem Rücken zur Wand, fehlte ihr die Fantasie, wie sie den Karren noch einmal aus dem Dreck ziehen sollte. »Jeder Rückschlag, jede Krise ist auch eine Chance«, hatte ihr unlängst jemand erzählt. Wenn es nach ihr ginge, könnte derjenige all ihre Chancen gerne selbst bekommen …

Veronika lebt heute im ungeliebten Elternhaus mit ihrer Mutter und fragt sich, warum sie nie dauerhaft Erfolg hatte. Ob die Glaubenssätze ihrer Kindheit sie doch eingeholt haben? Ihr alter Mut, ihre Energie und ihr Optimismus flackern immer noch auf, wenn man mit ihr spricht, aber für den Moment hat sie keine Kraft mehr, etwas an ihrem Leben zu ändern.

Liebe Veronika,

ich kenne Dutzende finanziell erfolgreiche Menschen, die nicht halb so viel Mut hatten wie Sie. Ich kenne kaum jemanden, der sich so konsequent von den Glaubenssätzen seiner Kindheit freigeschwommen hat wie Sie. Sie haben so vieles, was eine erfolgreiche und selbstbestimmte Unternehmerin ausmacht, und ich würde mir so wünschen, dass die erste Geschichte von Veronika wahr wäre und nicht die zweite. Manchmal ist es nur Pech, die falsche Branche oder die richtige Idee zum falschen Zeitpunkt.

Und ich denke, Ihre Geschichte ist noch nicht zu Ende.

SONNTAG Ergebnissicherung

Die erste Woche ist geschafft. Gratulation und wunderbar, dass Sie drangeblieben sind. Zeit, die wichtigsten Erkenntnisse festzuhalten, Ihnen ein paar Fragen zum Nachdenken und ein paar konkrete Aufgaben zur Umsetzung mitzugeben. Und für die, die noch mehr wissen wollen, gibt es ein paar Hinweise zu weiterführender Literatur, darunter der Hinweis auf ein wunderbares Tutorial von Dani Parthum.

1. Die wichtigsten Erkenntnisse der Woche

- Unsere Grundüberzeugungen über Geld beruhen meist auf nicht weiter reflektierten Glaubenssätzen aus der Kindheit.
- Diese werden von uns eher zufällig zusammenmontiert, eher durch Schweigen als durch Reden vermittelt und blockieren meist eine selbstbestimmte Auseinandersetzung mit Geld.
- Das generelle Nicht-über-Geld-reden-Können garantiert, dass diese Glaubenssätze sich stabilisieren. Dazu kommt der Umstand, dass Geld auch unmittelbar eine Frage des Überlebens und somit oft mit Angst verbunden ist.

- Unsere Zufriedenheit mit unseren finanziellen Verhältnissen beruht, sobald die wichtigsten Bedürfnisse einmal erfüllt sind, weniger darauf, wie es uns *objektiv* geht, sondern darauf, wie wir unsere finanziellen Verhältnisse *subjektiv* im Vergleich mit anderen wahrnehmen.
- Dieses soziale Vergleichen basiert dabei oft auf Annahmen, nicht auf Fakten. Es macht uns in der Regel unzufrieden, neidisch und unglücklich.

2. Fragen zum Nachdenken

- Mit wem aus Ihrem sozialen Umfeld würden Sie gerne tauschen? Wären Sie dann glücklicher?
- Was sind Ihre persönlichen Glaubenssätze zu Geld? Wo kommen die her?
- Wie wurde in Ihrer Familie über Geld geredet und geschwiegen?
- Wurde Geld in Ihrer Familie als Machtinstrument oder Liebesbeweis benutzt?
- Wie viele Konflikte gab und gibt es in Ihrem Leben wegen Geld?

3. Ihre Aufgabe für die laufende Woche

- Formulieren Sie Ihren Geld-Glaubenssatz so um, dass er Ihnen das Leben und einen selbstbestimmten Umgang mit Geld leichter macht. Dazu ein paar Angebote für konstruktivere Glaubenssätze: »Geld ist nicht realisierte Möglichkeit.« – »Ich liebe Probleme, die man mit Geld lösen kann.« – »Geld ist Mittel zum Zweck.« – »Willst du der reichste Mann auf dem Friedhof werden?« – »Geld bedeutet Freiheit oder Unfreiheit.« – Sie entscheiden.
- Lassen Sie am Abend – etwa beim Zähneputzen – Revue passieren, wie Sie im Laufe des Tages über Geld nachgedacht und gefühlt haben. Haben Sie sich mit anderen verglichen, Neid oder Angst gespürt? Verurteilen Sie sich nicht dafür, sondern freuen Sie sich, dass Sie problematische Mechanismen entdeckt haben. Überlegen Sie, wie Sie es morgen besser machen können.

4. **Was Sie sich langfristig angewöhnen sollten**
   - Denken Sie darüber nach, was Sie Ihren Kindern eher unbewusst als bewusst zum Thema Geld mitgeben. Schirmen Sie Geldsorgen und alles, was Angst macht, so gut es geht von ihnen ab.
   - Widersprechen Sie in Ihrem sozialen Umfeld das eine oder andere Mal, wenn jemand unreflektierte Glaubenssätze oder Behauptungen zu Geld von sich gibt. Manchmal tun es da schon ein paar Nachfragen: »Woher weißt du das?« – »Warum ist dir das so wichtig?« – »Warum erzählst du uns das?« – »Was denken deine Partnerin oder deine Kinder darüber?« Oder gehen Sie notfalls in einen anderen Raum.

Weiterführende Literatur & Input

- George Kinder, *The Seven Stages of Money Maturity* (2000).
- Ausgesprochen hilfreich habe ich den Abschnitt zur finanziellen Prägung in Dani Parthums Tutorial *Endlich die eigenen Finanzen im Griff* empfunden.

Unter neunundvierzig.com/gut-mit-geld finden Sie

- Blogartikel von mir und anderen Autoren zum Thema der Woche,
- eine Übersicht zu weiteren Geschichten über toxische Glaubenssätze,
- weitere Fragen und Hinweise zum Nachdenken und
- einen Link auf das empfohlene Tutorial von Dani Parthum.

WOCHE 2

Wie Sie Ihren Umgang mit Geld in Einklang mit Ihren Werten bringen

»Weißt du, solange ich noch 300 000 Euro verdiene,
bin ich ja auch noch was wert.«
Dr. Ludwig M. (83), Jurist

Unser Umgang mit Geld ist also stark durch unreflektierte Glaubenssätze aus unserer Kindheit geprägt. So ist es auch kein Wunder, dass die Art und Weise, wie wir über Geld (nicht) denken, es sparen, investieren und wieder ausgeben, oft nicht im Einklang mit dem steht, was uns am wichtigsten ist. Anders ausgedrückt: Dreh- und Angelpunkt eines selbstbestimmten Lebens mit Geld ist der »Umstieg« von unbewussten, oft toxischen Automatismen auf bewusste Wertentscheidungen.

Wir werden uns dem diese Woche aus mehreren Perspektiven nähern. Heute werde ich Ihnen unterschiedliche »Typen« im Umgang mit Geld vorstellen. Das soll Ihnen helfen, sich zu orientieren, wo Sie heute stehen und welche Alternativen es dazu gibt. Am Dienstag gebe ich Ihnen eine Reihe von Fragen an die Hand, anhand derer Sie überprüfen können, ob Ihr Umgang mit Geld tatsächlich Ihren Zielen, Wünschen und Träumen entspricht. Am Mittwoch gehen Sie der spannendsten Frage im Umgang mit Geld auf den Grund: Warum ist Geld wichtig für mich? Und am Donnerstag lernen Sie, Ihre Erkenntnisse in eine Finanzmission, in konkrete Zielvorstellung und in konkrete Maßnahmen zu übersetzen. Das Ergebnis ist ein Finanzkompass, der Sie nicht nur durch das Buch, sondern auch durch Ihr weiteres Leben begleiten kann. Am Samstag gibt es eine Geschichte mit einem besonders ambivalenten Helden – und am Sonntag wie immer Ergebnissicherung.

Drei Fragen zum Warmwerden

1. Wer aus Ihrem sozialen Umfeld zieht Ihrer Meinung nach am meisten Lebensqualität aus seinem Geld? Woran machen Sie das fest?
2. Wo könnte Geld Ihr Leben dauerhaft verbessern? Wie teuer wäre das?
3. Was beunruhigt Sie beim Thema Geld am meisten?

MONTAG Unterschiedliche Geldtypen

Menschen bezüglich ihres Umgangs mit Geld in Schubladen zu stecken, ist beliebt – nicht nur bei Finanzvertrieben.[1] Und bevor wir morgen genauer hinsehen, machen wir eine Runde mit.

Wenn wir Menschen nach ihrem Umgang mit Geld kategorisieren, können wir uns das wie in einem Koordinatensystem vorstellen. Die einzelnen Achsen verlaufen dabei von

- Kontrolle nach Kontrollverlust,
- von Sparsamkeit nach Großzügigkeit (Verschwendung) und
- von Angst nach Zuversicht.

Wo Sie mit Ihrem Geldverhalten auf diesen unterschiedlichen Koordinaten liegen, hat einen immensen Einfluss – nicht nur auf Ihre Finanzen, sondern auch auf Ihr gesamtes Leben. Schauen wir uns im Folgenden einige Typen an:

Sorglose

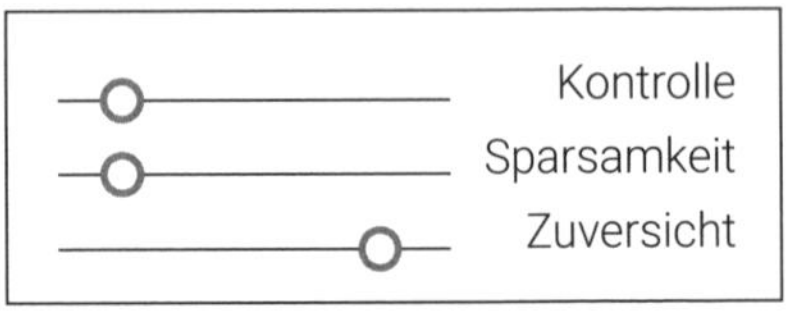

Das Motto der Sorglosen lautet *LIFO* (Last In, First Out), denn »Geld muss fließen«. Sofortige Bedürfnisbefriedigung verhindert den Aufbau notwendiger Reserven, geschweige denn Vermögen. Ihr Dispo: überzogen. Ihre Finanzstrategie: Verdrängung. Ihre finanzielle Prognose: düster. Im zwischenmenschlichen Umgang sind Sorglose dagegen meist unterhaltsam und vor allem spendabel.

Resignierte

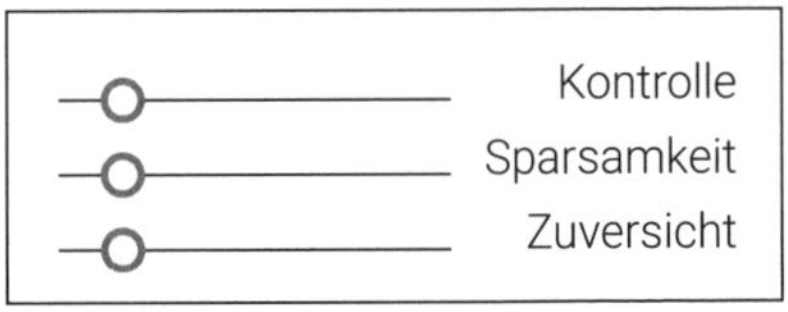

Die Resignierten setzen sich kaum mit Geldthemen auseinander. Aufgrund ihrer geringen finanziellen Mittel sehen sie sich als Opfer von Gesellschaft und Politik. Das Fatale daran: Auch wenn äußere Umstände eine Mitverantwortung an der Misere von »abgehängten« Menschen haben, führt das Verharren in einer Opferrolle und Passivität nur dazu, ihre Situation zu zementieren.

Sparbrötchen

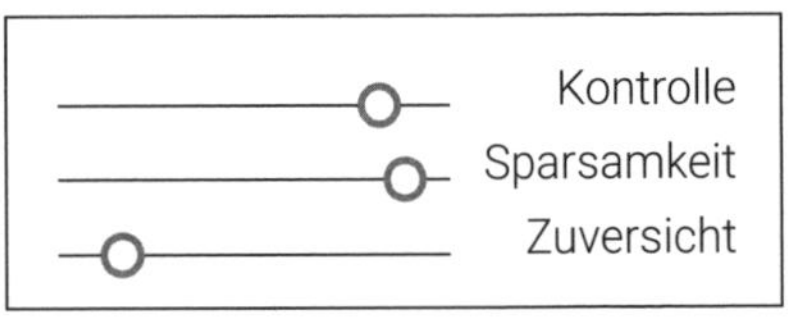

Sparbrötchen sind überzeugt, dass Sparen die beste Garantie ist, um sicher durchs Leben zu gehen. Sie haben ihre Ausgaben streng unter Kontrolle und bilden konsequent Rücklagen. Für sich selbst und ihre Familie können Sparbrötchen dagegen schnell zur Belastung werden, denn ihre

Sparsamkeit ist meist ohne konkretes Ziel und angstgetrieben. Daher sind sie kaum fähig, sich und anderen etwas zu gönnen.

Phobiker

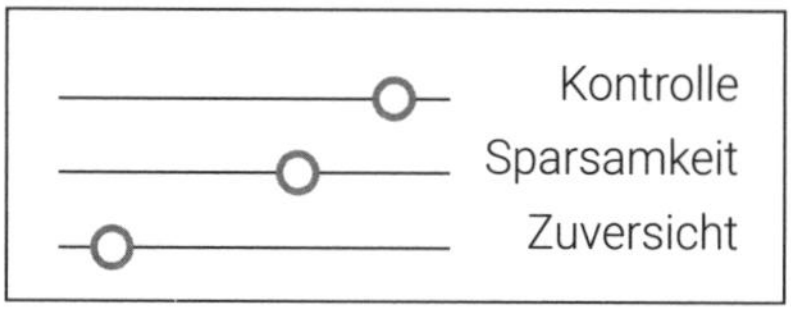

Phobiker zu sein, ist ein Privileg, das nur vermögende Menschen haben – allerdings ein zweifelhaftes, denn Phobiker haben ein tief gespaltenes Verhältnis zu ihrem Vermögen und fühlen sich durch die damit verbundene Verantwortung massiv belastet. Ihre Gedanken kreisen permanent um ihr Geld, ohne dass sie – aus Angst, irgendetwas falsch zu machen – handlungsfähig wären oder Freude daraus ziehen könnten. Häufig ist dies verbunden mit einem schlechten Gewissen, so privilegiert zu sein, und der Angst, andere könnten von ihrem Reichtum erfahren. Sie blockieren sich damit die Möglichkeit, Geld für sich und erst recht für andere in eine bessere Lebensqualität zu tauschen: Was ist, wenn Freunde, Familie oder Kollegen etwas merken?

Ängstliche

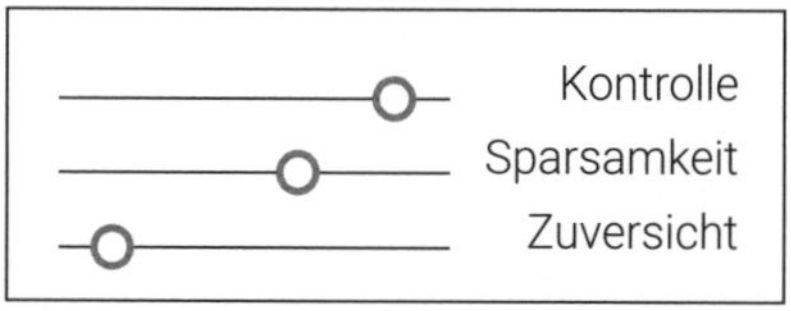

Während Phobiker Angst *vor* ihrem Vermögen haben, haben Ängstliche Angst *um* ihr Vermögen. Vor allem davor, man könne es ihnen wieder wegnehmen: die Regierung, die eigenen Erben, Steuerbehörden, die Linken oder die Grünen, Wirtschaftskrisen, Hyperinflation, Kriege … Die Folge ist, dass Ängstliche nicht in der Lage sind, ihr Vermögen zu genießen. Zwei Dinge sind dabei reichlich absurd. Erstens: Um ihr Vermögen zu schützen, fällen diese Menschen häufig die unsinnigsten Investmententscheidungen. Zweitens: Durch mehr Geld wird ihre Angst nicht geringer, sondern wächst.

Geld-Getriebene

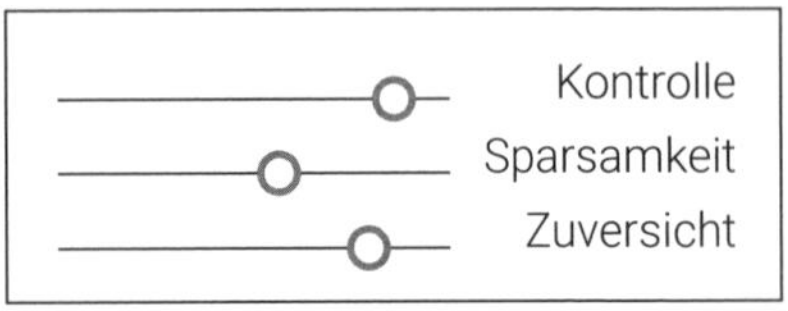

Geld-Getriebene definieren ihren Selbstwert weitgehend über Geld: Wenn Geld nicht Mittel zum Zweck ist, sondern Selbstzweck, ist mehr immer besser. Die Frage, was genug ist und wofür man es braucht, stellt sich ihnen gar nicht. Für Freunde und insbesondere für die Familie sind die emotionalen Defizite der Geld-Getriebenen meist eine Zumutung, zumal sie Geld oft als Instrument nutzen, um ihre Familien zu regieren. Ob es das Geld war, das den Charakter dieser Menschen verdorben hat, sei dahingestellt. Ihrem Charakter gut getan hat es sicher nicht.

Aber auch für den Geld-Getriebenen selbst ist die Kopplung des eigenen Egos an sein Vermögen hochriskant: Denn bei der Fixierung auf die Geldvermehrung drehen sich die Besitztumsverhältnisse schnell um. Dann gehört das Geld nicht mehr dem Vermögenden, sondern der Vermögende ist Untertan seines Geldes. Es nimmt im wörtlichen Sinne Besitz von ihm. Wenn der eigene Selbstwert unmittelbar an der Höhe des Vermögens hängt, dann verliert in einer Kapitalmarktkrise nicht nur das Depot, sondern auch das Ich massiv an Substanz. Wenn ich Liebe und Aufmerksamkeit *nur* durch das verdiene, was ich verdiene, hat dann nicht spätestens in der Zeit nach meiner Berufstätigkeit mein Leben keinen Inhalt mehr?

Wichtigtuer

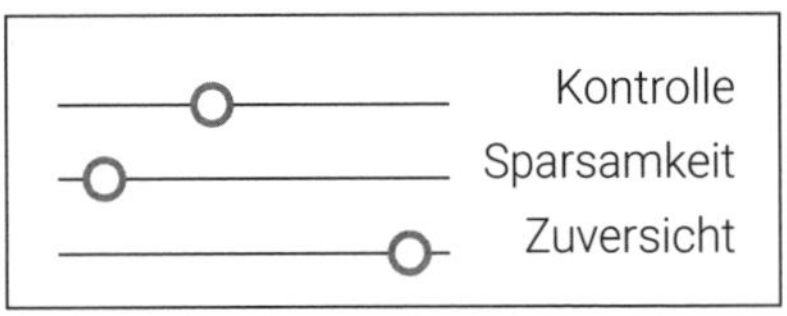

Keine Gruppe prägt das Bild des unangenehmen Reichen so sehr wie die Gruppe dieser (Möchtegern-)VIPs. Für sie sind Status, die richtigen Marken, an den richtigen Orten mit den richtigen Leuten gesehen zu werden, essenziell: Kampen, Kitzbühel, St. Moritz. Sie wollen bewundert und hofiert und als vermögend *wahrgenommen* werden. Dafür müssen sie es nicht einmal unbedingt sein. Denn an einem Kern wirklich vermögender Wichtigtuer hängt oft eine ganze Entourage an parasitären Hochstaplern, Möchtegerns und »Adabeis«.

Nach all diesen unterschiedlich pathologischen Fällen schauen wir noch ein paar positivere Fälle an.

Fürsorgliche

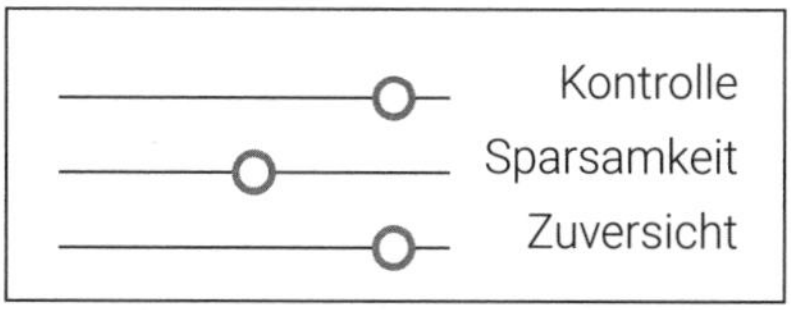

Der Fürsorgliche ist eher ein Patriarch als eine Matriarchin und nutzt sein Geld, um seiner Familie Lebensfreude, Sicherheit und Geborgenheit zu verschaffen. Eine gute (Aus-)Bildung hat dabei einen besonders hohen Stellenwert. Die Schattenseite ist, dass viele Fürsorgliche Geld subtil als Instrument nutzen, um Abhängigkeiten in der Familie zu schaffen. Wenn Vermögen vorhanden ist, versuchen Fürsorgliche, ihren Nachfahren etwas davon zu hinterlassen, so wie sie oft selbst Vermögen von ihren Eltern geerbt haben. Nach außen treten sie meist bescheiden auf und haben auch bei höheren Vermögenswerten immer noch ein Mittelklasse-Mindset. In den USA heißen sie daher »Middle Class Millionaire«. Fürsorgliche gehören im Umgang mit Geld oft zu den zufriedensten Menschen.

Gestalter

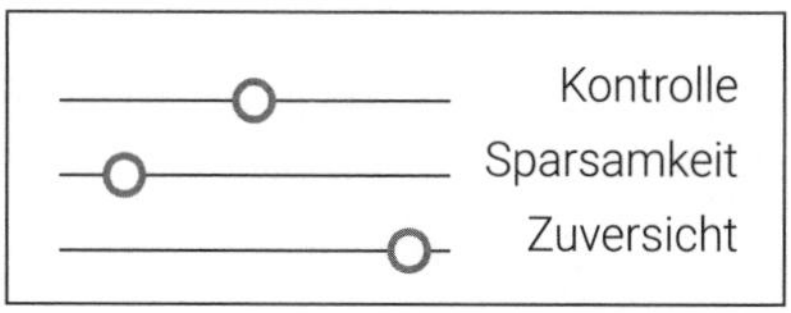

Für Gestalter ist Geld eine Art Brennstoff, um ihre Projekte zu realisieren – seien diese wirtschaftlich, gemeinnützig oder Erlebnisse wie ausgedehnte Reisen. Auch sie kommen gut in den Genuss ihres Geldes, weil sie es als Mittel der Persönlichkeitsentwicklung einsetzen.

Falls Sie sich bisher noch nicht wiedergefunden haben, mache ich Ihnen zum Schluss noch ein letztes Identifikationsangebot:

Ahnungslose

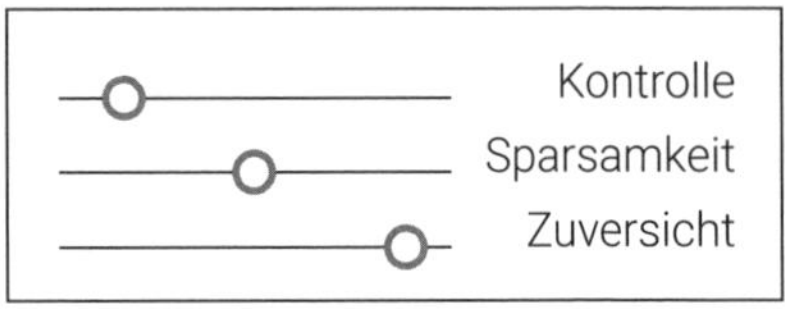

Die Ahnungslosen sind vermutlich die größte Gruppe. Sie kümmern sich kaum um ihr Geld und fühlen sich in finanziellen Fragen oft inkompetent. Allerdings halten sie das für nicht weiter tragisch. Denn Geld – so ihre Überzeugung – sollte die wichtigen Entscheidungen im Leben sowieso nicht beeinflussen. Und: Irgendwie haut es ja auch so hin, zumal Ahnungslose meist nicht über ihre Verhältnisse leben und – in welch ineffizienter Form auch immer – Rücklagen bilden.

Kritisch wird es erst, wenn Ahnungslose mit Geldthemen konfrontiert werden, denen sie nicht ausweichen können. Dann sind sie schnell überfordert und ein leichtes Opfer für Finanzvertriebe. So lassen sie – etwa beim Vermögensaufbau – jede Menge Potenzial liegen und beschränken damit nicht nur ihren Lebensstandard, sondern auch den ihrer Familien.

Am Ende ist das Leben viel bunter als diese Stereotypen und es gibt Hunderte von Mischformen. Hoffentlich hat Ihnen die Typisierung etwas geholfen, sich und Ihre Familie besser zu verorten und Ihre Glaubenssätze sowie Ihre Verhaltensweisen zu hinterfragen.

DIENSTAG Vier Fragen zu Geld und Werten

Ging es Ihnen gestern auch so? Ich bin immer versucht, Menschen nach ihrem unterschiedlichen Geldtypus moralisch zu bewerten. Dabei ist eine andere Frage viel spannender: Welcher dieser Typen gewinnt am meisten Lebensqualität aus seinem Geld? Denn die absolute Höhe des Vermögens scheint dabei ja nur ein Faktor von vielen zu sein. Wer schafft es, sich sein Vermögen Untertan zu machen, den Spielregeln und Werten seines Lebens unterzuordnen – und wer wird von seinem Geld beherrscht, verängstigt oder in Besitz genommen?

Seinen Umgang mit Geld in Übereinstimmung mit den eigenen Werten und Zielen zu bringen, ist keine esoterische oder scheinphilosophische Übung. Es schlägt knallhart auf Ihre Lebensqualität durch. Um dem auf den Grund zu gehen, möchte ich Ihnen eine Reihe von Fragen an die Hand geben, die ich allen Menschen stelle, mit denen ich mich das erste Mal über ihr Geld unterhalte. Es ist ein erster Schritt für Sie, um zu klären, wofür Sie Geld wirklich brauchen, was Sie zu gewinnen und zu verlieren haben und was Ihnen wirklich wichtig ist. Denn erst dann können Sie kluge und selbstbestimmte Entscheidungen zu Geld treffen: wie viel Sie und wofür Sie sparen, wie Sie investieren und auch, wann und wofür Sie Ihr Geld wieder ausgeben. Vielleicht finden Sie so sogar eine Antwort auf die schwierigste aller Geldfragen: Was ist (für Sie) genug?

1. Für wen trage ich finanzielle Verantwortung, wenn nicht juristisch, so doch moralisch?

Es macht einen großen Unterschied, ob Sie nur für sich selbst verantwortlich sind und auf niemanden weiter Rücksicht nehmen müssen, oder ob Ihr Partner und Ihre Kinder finanziell – und damit auch in ihren persönlichen Entwicklungsmöglichkeiten – von Ihnen abhängen. Was viele aus den Augen verlieren: Auch ihre Eltern (oder ihre Schwiegereltern) können finanziell auf Sie angewiesen sein, wenn sie im Alter pflegebedürftig werden. Häufig findet sich eine Konstellation, in der die ältere Generation zwar vermögend ist, aber nicht liquide. Der Klassiker: *house rich, cash poor.* Wenn dann die Eltern im eigenen Haus alt werden wollen, muss die finanzielle Lücke gegebenenfalls erst einmal geschlossen werden – durch Sie (und Ihre Geschwister).

Einige Gesprächspartner nennen mir an dieser Stelle aber auch gemeinnützige Organisationen, und Unternehmer immer wieder die eigenen Mitarbeiter. Auch das kann finanziell erhebliche Implikationen haben: Wenn mir meine Mitarbeiter am Herzen liegen, kann ich zum Beispiel nicht einfach mein Unternehmen an den Höchstbietenden verkaufen.

2. Woher stammt mein Geld?

Menschen denken sehr unterschiedlich über ihr Geld nach, abhängig davon, aus welcher Quelle es stammt. Bei geerbtem Geld besteht häufig eine stark empfundene Verpflichtung, dieses Vermögen für die nächste Generation zu erhalten und zu vermehren. Oft sogar, es genau in der gleichen Form weiterzugeben, in der man es einmal selbst bekommen hat, Stichwort Familienimmobilie. Umgekehrt empfinden es Menschen auch als besonders schmerzhaft, Geld, für das sie hart und viel gearbeitet haben, durch unkluge Investitionen, aber auch durch Konsumausgaben wieder zu verlieren. In beiden Fällen sollten Sie sich selbst hinterfragen: Ist es wirklich wichtig, aus welcher Quelle Sie das Geld bekommen haben? Geht es nicht darum, nach vorne zu blicken und für die Zukunft daraus ein Maximum an Lebensqualität zu generieren – für Sie und die Menschen, die Sie lieben? Auch wenn es fast unmöglich ist: Versuchen Sie zu vergessen, wo es herkam.

3. Wie viel Freude macht mir mein Beruf?

Nicht jeder liebt seinen Beruf. Viele empfinden ihn als »Mühle« oder »Hamsterrad«. Gerade diejenigen, die sehr gut verdienen, sprechen mir gegenüber häufig von »goldenen Handschellen«. Wenn es darum geht, ein möglichst erfülltes und reiches Leben zu haben, und nicht darum, möglichst vermögend zu sterben, dann ist es in so einer Situation klug, darüber nachzudenken, wie Sie mit dem ungeliebten Beruf aufhören können. Sei es, um früher in den Ruhestand zu gehen oder um einen erfüllenderen, aber schlechter bezahlten Beruf zu finden. Finanzielle Reserven, die das ermöglichen oder auch nur das Risiko eines Jobwechsels abpuffern, sind hier eine direkte Investition in zukünftige Lebensqualität.

4. Was macht mir Freude?

Was bereitet Ihnen Freude und wo kann Geld dabei helfen? Was ich hier ab und zu höre, ist der Kauf eines lang ersehnten Luxusguts, etwa ein bestimmtes Auto, eine teure Uhr. Wesentlich häufiger höre ich Dinge wie: Urlaub, Reisen, gutes Essen, Wandern, Fahrrad- oder Skifahren, mit Freunden treffen … Diese Erkenntnis ist besonders da relevant, wo Ihr Budget es nicht zulässt, sich einen bestimmten Wunsch zu erfüllen. Machen Sie sich eines bewusst: Was Sie wollen, ist gar nicht genau *dieser* Urlaub in *diesem* Hotel oder *dieses* Essen in genau *diesem* Restaurant, sondern die dahinterliegende Emotion. Was Sie suchen, ist eine gemeinsame Zeit mit Ihrer Familie am Meer oder ein gemeinsamer Abend mit Ihren Freunden. Und das bekommen Sie auch viel günstiger.

MITTWOCH Warum ist Geld wichtig für mich?

Wenn Sie in Zukunft selbstbestimmt und autonom mit Ihrem Geld und Vermögen umgehen wollen, dann beginnt jetzt die vielleicht härteste, zumindest die wichtigste Arbeit. Heute schauen wir uns die spannendste aller Finanzfragen an: Warum ist Geld wichtig für mich? Wir haben uns mit den vier Fragen von gestern schon angenähert: Für wen trage ich Verantwortung? Woher stammt mein Vermögen? Wie viel Freude bereitet mir mein Beruf? Was bereitet mir Freude?

Wenn ich Menschen die Frage stelle, warum Geld wichtig für sie ist, blicke ich häufig in irritierte Gesichter – ganz offensichtlich überfordert diese Frage viele Gesprächspartner. In der Folge werde ich dann meist mit einem Satz oder einem Schlagwort abgespeist, seltener »Geld spiegelt meinen Erfolg und meinen Status«; öfter »Freiheit«, »Sicherheit«, »Gestaltungsspielraum«, »Unabhängigkeit« – manchmal zitieren Menschen fast wörtlich aus dem Willkommensbuch, das wir im Vorfeld unserer Gespräche verschicken. Als wollten sie eine sozial erwünschte Antwort geben. Das ist genau das Gegenteil von selbst nachdenken. Wenn Sie sich mit der Frage, warum Geld wichtig für Sie ist, auseinandersetzen, dann dürfen Sie es sich nicht zu leicht machen!

Weil Unabhängigkeit, Freiheit, Sicherheit, Gestaltungsspielraum, ja selbst Status für unterschiedliche Menschen unterschiedliche Dinge bedeuten, sollten Sie sich weiter hinterfragen. Warum sind mir diese Dinge wichtig? Verfolgen wir den Pfad mit der Antwort »Freiheit«: Was bedeutet Freiheit für mich und warum ist sie mir wichtig? Hier sind völlig unterschiedliche Antworten denkbar: »Ich möchte nie finanziell abhängig von meinem Lebensgefährten sein« – »In sieben Jahren möchte ich nur noch arbeiten, wenn ich Lust darauf habe« – »Sobald es geht, möchte ich zeitlich und geografisch unabhängig sein« – »Wenn mir mein Chef weiter auf die Nerven geht, möchte ich meinen Job wechseln können, ohne meinen Lebensstandard reduzieren zu müssen«. Sie ahnen es: Auch hier können Sie, nein, *müssen* Sie, immer wieder weiterfragen: Warum? Warum? Warum?

Etwa: Was bedeutet es für Sie, zeitlich und geografisch unabhängig zu sein? Warum ist das wichtig für Sie? Warum erst in sieben Jahren? Wie stellen Sie sich Ihr Leben dabei konkret vor: Wollen Sie permanent herumfahren oder länger an unterschiedlichen Orten bleiben? Wo wollen Sie leben? Oder: Was belastet Sie daran, finanziell von einer anderen Person abhängig zu sein? Wie sähe finanzielle Unabhängigkeit für Sie aus? Sie merken: Mit dem gleichen Schlagwort kommen Sie bei völlig unterschiedlichen Zielen heraus. Der amerikanische Coach für Vermögensberater Bill Bachrach meint, Sie müssen mindestens siebenmal »Warum?« nachfragen, um an die Wurzel der Frage »Warum ist Geld wichtig für mich?« zu kommen.[2]

Den stark vom Buddhismus geprägten amerikanischen Finanzphilosophen George Kinder haben Sie bereits zu Beginn des Buchs kennengelernt. Er empfiehlt Vermögensberatern, der Frage nach dem tieferen Warum von Geld mit drei – für Finanzberater – ausgesprochen unkonventionellen Fragen auf den Grund zu gehen:

1. »Ich möchte, dass Sie sich vorstellen, dass Sie finanziell abgesichert sind, dass Sie genug Geld haben, um jetzt und in Zukunft für Ihre Bedürfnisse zu sorgen. Die Frage ist, wie würden Sie Ihr Leben leben?« Wenn Sie sich Zeit nehmen und sich darauf einlassen, dann kommen Sie ziemlich weit bei der Suche nach Ihrem eigenen »Warum«. In

welcher Form würde Ihnen Geld erlauben, ein erfülltes, glückliches Leben zu führen? Was davon geht schon jetzt?

2. »Sie gehen zu Ihrem Arzt, der Ihnen mitteilt, dass Sie noch fünf bis zehn Jahre zu leben haben. […] Werden Sie Ihr Leben ändern, und wie werden Sie es tun?« Die Frage ist eine Zumutung, aber sie führt direkt ins Herz der Relevanz von Geld für unser Leben: Während konventionelle Finanzberatung Menschen erklärt, wie sie leben müssen, um möglichst reich zu werden, dreht die Frage die Perspektive um: Wie muss ich mit meinem Geld umgehen, um ein möglichst reiches Leben zu haben? Und sie macht bewusst, dass Zeit eine wesentlichere Ressource ist als Geld. Dass Geld nur dann eine Bedeutung für uns hat, wenn wir es recht*zeit*ig nutzen.

3. Wenn Sie die vorige Frage zu heftig fanden, es geht noch drastischer: »Diesmal schockiert Sie Ihr Arzt mit der Nachricht, dass Sie nur noch einen Tag zu leben haben. […] Welche Träume werden unerfüllt bleiben? Was hätte ich gerne noch zu Ende gebracht? Und wer wäre ich lieber gewesen? Was wünschte ich, ich hätte es getan? Habe ich etwas verpasst?« Wir wissen aus der Glücksforschung, dass die Reue, die Menschen auf dem Sterbebett fühlen, ein großartiger Wegweiser zu dem ist, was ein erfülltes Leben ausmacht. Die gute Nachricht: Sie müssen nicht warten, bis Sie sterben, um darüber nachzudenken.[3]

   Von meinem Urgroßvater heißt es, nichts sei ihm so bitter gewesen, wie nach den Vermögensverlusten durch den Zweiten Weltkrieg vor seinem Tod nicht noch einmal Millionär geworden zu sein. Die meisten Menschen bereuen am Ende ihres Lebens dagegen anderes: nicht mehr Zeit mit ihren Familien verbracht zu haben, sich einen großen Traum nicht erfüllt zu haben oder im richtigen Moment ihres Lebens nicht den Mut für eine Veränderung gehabt zu haben. Geld hätte bei all diesen Dingen helfen können – es kann bei all diesen Dingen helfen. Jetzt.

Mit Ihrem *Warum* entwickeln Sie eine tiefe, ja »liebevolle« Verbindung zwischen sich und Ihrem Geld. Sie erleichtert es Ihnen, sich von schmerzhaften sozialen Vergleichen zu verabschieden, unreflektierte Glaubenssätze über Bord zu werfen und damit einen bewussten und selbstbestimmten Weg zu gehen. Es ist Ihre Chance, toxische Automatismen zu durchbrechen. Denn Sie können sich selbst eine neue Geschichte schreiben, Ihren eigenen Glaubenssatz formulieren, wofür und warum Geld für Sie wichtig ist. Und damit verbunden und genauso wichtig: warum nicht?

Dabei wirken sich die positiven Effekte eines klaren Wertegerüsts nicht nur auf Ihr persönliches Wohlbefinden aus. Es steigert auch signifikant Ihre finanziellen Erfolgsaussichten. Klarheit über Wertvorstellungen macht es Ihnen einfacher, Grundsatzentscheidungen zu fällen: Bei was lohnt es sich zu sparen und bei was nicht? Die Klarheit hilft Ihnen bei der Wahl der richtigen Anlagestrategie und motiviert Sie, in schwierigen Kapitalmarktzeiten durchzuhalten, wenn Sie wissen, wofür Sie das Ganze machen. Denn ein starkes *Warum* verbindet Sie stabil mit Ihrem zukünftigen Ich. Und das ist viel motivierender als der Vorsatz »Ich sollte eigentlich meine Sparraten erhöhen«. Und Sie vergessen so vermutlich auch nicht, Geld auch rechtzeitig wieder auszugeben und es in Lebensqualität zu tauschen, statt es nur zu horten.

Gute Geldentscheidungen sind diejenigen, die Sie Ihren Zielen und Werten näherbringen. So einfach – und doch so schwer.

DONNERSTAG **Ihr persönlicher Finanzkompass**

Wenn Sie sich jetzt klar sind, warum Geld für Sie wichtig ist, müssen Sie das im nächsten Schritt in einen konkreten Plan übersetzen. Halten Sie es nicht schriftlich fest und definieren es, bleibt es vermutlich bei frommen Wünschen und Träumen und Sie werden vermutlich nirgendwo ankommen. Heute wollen wir etwas entwickeln, das mein Vorbild, der US-Finanzcoach Carl Richards, einen »one page financial plan« nennt: Ihren persönlichen Finanzkompass. Um ein Missverständnis gleich auszuräumen: Ihr Finanz*kompass* ist keine Finanz*landkarte*. Er kann Ihnen keine Gewissheit über eine im Wesentlichen ungewisse Zukunft geben. Aber er leistet Ihnen Orientierung auf einer Reise durch ein für uns alle unbekanntes Territorium: unser zukünftiges Leben.

Ihr Finanzkompass besteht aus drei Teilen: Ihrer Finanzmission, Ihren Zielen und den konkreten Maßnahmen, die Sie an dieses Ziel bringen.

Ihre Finanzmission: Sie bringt in ein, zwei oder drei Sätzen die Frage auf den Punkt, warum Geld für Sie wichtig ist. Machen Sie es sich nicht zu leicht. Ein Schlagwort wie »Familie« oder »Freiheit« ist viel zu schwammig. Werden Sie möglichst konkret. Denn Ihre Finanzmission ist die Essenz Ihres Umgangs mit Geld. Sie ist die Motivation, Ihre Strategie, durchzuhalten, und hält Sie von Fehlentscheidungen ab: Wenn eine Investment- oder Konsumidee nicht auf diese Mission einzahlt, dann lassen Sie es.

Ihre konkreten Ziele: Im nächsten Schritt müssen Sie überlegen, mit welchen Zielen Sie Ihre Finanzmission untersetzen wollen, was Ihre Finanzmission konkret bedeutet. Auf dieser Ebene benötigen Sie *noch* keine konkreten Produkte, Sparquoten, Summen, Budgets oder Kostenkalkulationen. Ihre Ziele sind erst einmal rein qualitativ. Was Ihre Ziele am Ende kosten, wie und ob sie erreichbar sind, klären Sie später. Konkrete Ziele könnten lauten: genügend Cash-Reserven für Notfälle aufbauen; wenn wir Kinder haben, für drei Jahre die Arbeitszeit auf 80 Prozent absenken; einen Schrebergarten pachten; mit 52 ein Sabbatical machen; ehrenamtlich für eine NGO arbeiten; eine eigene Vierzimmerwohnung kaufen …

Konkrete Maßnahmen: Zum Schluss müssen Sie das Ganze mit konkreten Maßnahmen und konkreten Budgets unterlegen: Im Zeitverlauf haken Sie dann ab, was bereits erledigt ist, überprüfen, wo Sie nicht richtig vorankommen, und modifizieren Ihre Vorgehensweise, notfalls auch Ihre Ziele. Diesen Part Ihres Finanzplans können Sie diese Woche erst einmal auslassen. Schulden abbauen, sparen, eine solide Notfallplanung, investieren und den Traum von den eigenen vier Wänden – das schauen wir uns alles in den nächsten Wochen im Detail an. Dabei befüllen Sie auch diesen Teil Ihres Finanzkompasses – Schritt für Schritt.

Damit Sie sich das besser vorstellen können, schauen wir uns das an einem konkreten Beispiel an. Mein Finanzkompass sieht (vereinfacht und verfremdet) ungefähr so aus:

Finanzmission

1. Meiner Familie und mir ein an positiven (meist gemeinsamen) Erfahrungen reiches Leben ermöglichen.
2. (Beruflich) Selbstbestimmt sein: inhaltlich, zeitlich und geografisch. Nur Zeit mit Menschen verbringen, die ich mag.

Konkrete Ziele

1. Eigenes Unternehmen mit einem selektiven Geschäftsmodell aufbauen.
2. Genügend Reserven bilden, um die Ausbildung meiner Kinder sicherzustellen, inklusive Studium im Ausland.
3. Laufend genügend Einkommen und Zeitreserven generieren, um mit Kindern und Freunden mindestens zweimal, lieber dreimal im Jahr Urlaub zu machen.
4. Eine langfristige und großzügige liquide Reserve aufbauen, die Spielräume bei Veränderungen und in Krisen ermöglicht und mir erlaubt, nur so viel zu arbeiten, wie es mir Freude bereitet.
5. Eine solide Notfallplanung erstellen für den Fall, dass ich oder meine Frau frühzeitig versterben oder zwischen Leben und Tod hängen bleiben.

Konkrete Maßnahmen

1. Eigenes Unternehmen:		
☑	Gründung (2017)	
☑	Start-up-Phase überleben (2019)	
☑	wieder Einkommen wie vor der Gründung generieren (2022)	
2. Ausbildungsreserve:		
☑	Studium Liam abgeschlossen (2024)	
☑	Studium Nikolai abgeschlossen (2025)	
☑	Beginn Studium Maria 2026: Sparprozess 250 Euro/Monat	
☐	Reserve derzeit 12 000 Euro	(Kommentar: Das reicht nicht. Lücke wird aus laufenden Einnahmen abgedeckt werden müssen.)
☑	Beginn Ausbildung Friedrich ca. 2035, Sparprozess 150 Euro/Monat	
3. Ausreichendes Zeit- und Geldbudget für den Urlaub:		
☑	mindestens 60 Tage Urlaub (2018)	
☑	genügend Einkommen, um das auch zu nutzen (2022)	
☑	Dauerauftrag 1 000 Euro/Monat für Urlaubsaufbesserung (2023)	
4. Liquide Reserve:		
☑	Stand 2025: 30 000 Euro Notfallliquidität	
☐	mittelfristiger Vermögensaufbau: Aktueller Sparprozess: 500 Euro/Monat Aktueller Stand: 75 000 Euro Ziel/Wohlfühlgröße: 250 000 Euro	(Kommentar: mittelfristige Reserve deutlich zu niedrig. To-do: Spielraum aus wegfallenden Kosten für das Studium von Liam und Nikolai für Erhöhung der Sparquote nutzen)

5. Notfallplanung:		
☑	notarielle Vorsorgevollmacht Nikolaus und Olivia (2019)	
☑	Testament Nikolaus und Olivia (handschriftlich; juristische Beratung durch SB/SZ) (2021)	
☑	Risikolebensversicherungen: Nikolaus 300 000 Euro (2010)	
☑	Nikolaus 400 000 Euro (2017)	
☑	Olivia 250 000 Euro (2017)	
☑	Auslandsreisekrankenversicherung (alle) letztes Update 2020	
☑	Haftpflicht	
☐	To-do: Testament überprüfen: 2026	

Was Ihnen vielleicht bereits aufgefallen ist: Zwischen den unterschiedlichen Zielen gibt es Zielkonflikte: So hat die Unternehmensgründung erst einmal mein Einkommen deutlich reduziert, mit der Folge, dass Reserven verbraucht statt aufgebaut wurden. Ebenso hat die Priorisierung von (Aus-)Bildung und Auslandserfahrung der Kinder dazu geführt, dass kaum neue Reserven gebildet wurden. Und das ist nur die halbe Wahrheit: Ich bin wesentlich besser darin, meine eigenen Ratschläge in puncto sinnvolles Geldausgeben zu beherzigen als die Hinweise zum Rücklagenbilden. Und noch etwas: Altersvorsorge spielt keine größere Rolle, weil ich mir schwer vorstellen kann, vor Mitte siebzig mit dem Arbeiten aufzuhören.

FREITAG Denkpause

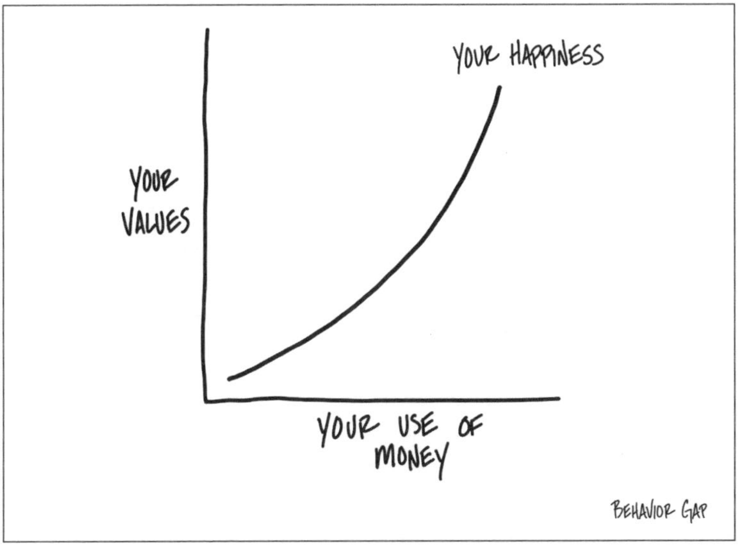

SAMSTAG Jonas' Höllenfahrt

Wenn es um Geld, Werte und unser Leben geht, sehnen wir uns nach einfachen Erklärungen und klaren Mustern: gut und böse, richtig und falsch. Die Wirklichkeit sieht oft anders aus: Die Grenzen verschwimmen, Menschen sind voller Widersprüche und wir bleiben ratlos zurück. Wunderbar.

Schon als kleines Kind faszinierte Jonas nichts so sehr wie Geld. In seinen eigenen Worten: »Bereits im Kindergarten habe ich Geld von meinen ›Freunden‹ verlangt, damit sie im gleichen Bus (welcher eh fährt) mitfahren dürfen. Danach habe ich frech aufgerundet, wenn es um die Abrechnung der Quelle-Bestellungen für die komplette Nachbarschaft ging. Und als Ministrant habe ich nur noch Beerdigungen und Hochzeiten ministrieren wollen – Sie können sich denken, warum. Bis heute dreht sich bei mir alles um Geld.«

So war es nur folgerichtig, dass Jonas mit sechzehn eine Ausbildung bei einer Sparkasse in einer niedersächsischen Kleinstadt begann, wo er sich schnell auf den Vertrieb von Versicherungsprodukten spezialisierte. Heute ist er Geschäftsführer und Mitinhaber einer Einheit, die den Versicherungsabsatz von fünfzig Vertriebskräften in den örtlichen Sparkassen verantwortet und selbst ein halbes Dutzend Berater und Verkäufer am Start hat.

Als ich Jonas kennenlernte, war mir sofort klar, warum er ein so begnadeter Verkäufer ist: unglaublich sympathisch, ein herzliches Lachen, ein Mensch, der sofort Kontakt herstellt, wenn er einen Raum betritt. Kein Wunder, dass er exzellent Versicherungen verkaufen kann und als Führungskraft seine Vertriebsmannschaft motiviert wie kein Zweiter. Heute mit fünfunddreißig ist sein Einkommen nördlich von 250 000, dazu kommt ein schnell anwachsendes Wertpapierdepot mit über 450 000 Euro. So weit ist seine Geschichte eine klassische lineare Erfolgsgeschichte aus der Finanzindustrie, finanzielle Unabhängigkeit inklusive. Happy End. Happy End? Das Gegenteil ist der Fall. Schauen wir genauer hin.

Denn die Liebe zwischen Jonas und dem Geld hat auch eine tiefschwarze Seite, die spätestens 2009 am Ende von Jonas' Ausbildung begann. Damals, für zwei Wochen auf einer Fortbildung in Bad Wiessee, nahm ihn sein vier Jahre älterer Kollege Matthias mit in die Spielbank. »Lass mal deinen Anzug an, ich zeig dir was.« Matthias wechselte an der Kasse 1 000 Euro in einen einzigen Chip, setzte auf Rot und verließ keine zehn Minuten später die Spielbank mit 2 000 Euro. Jonas war vom ersten Moment an infiziert. Von da an verbrachten die beiden jeden Abend im Casino.

Die nächsten zehn Jahre war Jonas' Leben von der Sucht bestimmt, wobei er sich schnell auf Sportwetten »spezialisierte«. Denn anders als beim Roulette hatte er hier die Illusion, Herr des Verfahrens zu sein, seine eigene Sportbegeisterung zu Geld machen zu können. »Denk doch mal nach, wenn Bayern auswärts gegen Gladbach mit zwei Toren Vorsprung gewinnt und der THW Kiel nicht …« 10 000, 15 000, 20 000 Euro in ein paar Tagen verzocken, kein Problem – zumal damals die EU-Regulatorik, die heute Spieler bei zu hohen Einsätzen auf Plattformen sperrt, noch nicht existierte.

Dazu lieh sich Jonas zunehmend Geld aus dem privaten Umfeld. Im Regelfall nutzte er dabei immer die gleiche Geschichte: »Ich habe von stillen Beteiligungen gesprochen, an irgendwelchen Start-ups, und ich brauch dafür Geld und die Bank will eigentlich zu viele Zinsen. Aber wenn du mir 50 000 gibst, dann kriegst du die 50 000 irgendwann zurück und jedes Jahr kriegt du aber 10 Prozent. Dann habe ich dem fünf Jahre lang 5 000 Euro gegeben, und weil es so gut lief, haben viele nachgeschossen. Haarig wurde es nur, wenn einer den Einsatz wiederhaben wollte. Dann wurde es schon mal härter. Es war halt das klassische Schneeballsystem.« Und lachend fügt er hinzu: »Wenn Sie wollen, geben Sie mir ein paar Wochen Zeit und ich sammle Ihnen jederzeit 3 Millionen ein …«

Doch zum Lachen war Jonas in den Jahren seiner Abhängigkeit nicht. Klar, nach größeren Gewinnen machte er mit seiner gerade aktuellen Liebschaft Kurzurlaube oder feierte ausgiebig und teuer. O-Ton: »Ich sag mal, in den zehn Jahren sind das über 3 000 Nächte und in 2 000 davon hab ich geheult, ne, also, lag die halbe Nacht wach. Weil da hast du einfach diese 2 000 Euro eingezahlt und drei Tage später hast du 20 000 Euro und ne Nacht später sind es null. Und dann denkst du, wie dumm bist du, dass du dich nicht selbst ohrfeigst, ne, also, da sind schon heftige Szenen dabei …«

Je mehr sich die Schulden und die Anzahl der Schuldner häuften, umso aussichtsloser wurde Jonas' Situation – und seine Stimmungsschwankungen wurden unerträglich. Kein Wunder, dass keine seiner rund zwanzig Frauenbekanntschaften aus den Suchtjahren es länger mit ihm aushielt. Gleichzeitig wurden seine Scham- und Schuldgefühle, seine Suizidgedanken immer heftiger.[4] Noch einmal O-Ton: »Wenn du jetzt noch mal die 50 000 Euro kriegst, dann kannst du von 20 000 Euro die zwei (Gläubiger) bezahlen, die wirklich brennen, und wenn du dann aus den 30 000 Euro, die du noch hast, 100 000 Euro machst – und das müsste eigentlich klappen, weil die Bayern verlieren ja nicht daheim und die Baskets verdienen ja die Meisterschaft –, also das muss doch … Und wenn es nicht klappt, Jonas, dann musst du irgendwie da raus, dann musst du dich von allen trennen. Also das waren dann schon heftige, sehr heftige Phasen und dann natürlich mit einem sehr großen Schamgefühl ne, ich hab so'n Haufen Geld verdient und dann bist du aber zu Fuß zum Gerichtsvollzieher […], und aus 'ner Rechnung, die mal 50 Euro betragen hat, waren dann über Homburger Inkasso schon längst 420 Euro geworden. Und das halt in dem Doppelleben, dass keiner was mitkriegt …«

Erst als er beim besten Willen kein Geld mehr auftreiben konnte, erst als er über 800 000 Euro Schulden aufgehäuft hatte, offenbarte sich Jonas seinen Eltern und seinem Mentor in der Vertriebsgesellschaft. Am Ende waren es deren Liebe und Solidarität, aber auch deren Geld, die Jonas eine zweite (und dritte) Chance ermöglichten. Sie streckten das Geld vor, um die Gläubiger auszuzahlen, und bauten um Jonas einen Schutzschirm vor seiner Sucht. Heute haben nur seine Mutter Franziska und sein Mentor die Zugangsdaten zu Jonas' Wertpapierdepot – als Sicherheitspuffer. Einmal im Jahr (an Weihnachten) teilt seine Mutter ihm den Kontostand mit – das war's. Während er parallel sein Depot bespart, fließt jede Tantieme vollständig in die Tilgung seiner Schulden. Jonas ist froh, wenn dieses Geld schnell vom Konto abgebucht ist, zu schnell beginnen seinen Gedanken um die Möglichkeiten zu kreisen, wie er es einsetzen könnte: »Insbesondere da ja gerade die French Open begonnen haben …« Letztlich hat Jonas Angst vor dem Moment, in dem er keine Schulden mehr hat und die Wucht des Geldes noch unmittelbarer auf ihn einwirkt – ein Grund, warum er seine Wertpapiere nicht nutzt, um die Kredite auf einen Schlag zurückzuzahlen.

Auch heute bezeichnet sich Jonas immer noch als Spieler, nur eben einer, der nicht spielt – so wie ein trockener Alkoholiker. Er lebt seit sieben Jahren in einer stabilen Beziehung mit Julia, die er im letzten Jahr seiner Sucht kennengelernt und die ihn Schritt für Schritt zurück ins Leben begleitet hat. Warum er so eine pathologische Liebe zum Geld hat, versteht Jonas selbst nicht, und auch nicht, warum diese Liebe bis heute nicht weniger geworden ist. Seine Kindheit beschreibt er als in jeder Hinsicht emotional und finanziell behütet, seine Eltern als liebevoll und wenig materialistisch. Was der so offene und sympathische Jonas mit Geld kompensieren möchte, ist schwer zu verstehen.

Und auch heute, nach der akuten Suchtphase, ist Jonas' Verhältnis zu Geld widersprüchlich: Für einen guten Abend 400 Euro zu verjubeln? Kein Problem. Dass die Familie seiner Freundin den Dispo überziehen muss, um in den Urlaub zu fahren, dass sein Bruder als Krankenpfleger nicht einen Bruchteil von Jonas' Einkommen verdient, obwohl er für die Gesellschaft wesentlich mehr leistet, kann er nicht nachvollziehen.

Am ausgeprägtesten ist die Schere zwischen Jonas' Werten und seinem Geld in seinem Beruf: »Jetzt bin ich gefangen in einem goldenen Käfig. Mit einem Jahresbruttogehalt von derzeit circa 250 000 Euro verdiene ich deutlich mehr als meine Mitmenschen mit 35 Jahren. Der Nachteil: Ich habe finanzielles Wissen!!! Verkaufe täglich jede Menge Müll an Kunden, von der Lebensversicherung über betriebliche Altersvorsorge oder noch peinlicher: Bausparverträge …«

Es fühlt sich seltsam für mich an, mit ihm über die Dummheit seiner Kunden und die Dreistigkeit der Sparkassenversicherung zu reden, und trotzdem muss ich ab und zu lachen: Jonas sieht das als Teil des Systems Produktverkauf so klar wie ich als sein erbitterter Gegner. Gemeinsam tippen wir während unseres Gesprächs in den Taschenrechner, um zu sehen, dass der Kunde, der sich bei Jonas eben 750 000 Euro hat verrenten lassen, 126 Jahre alt werden muss, um sein Geld unverzinst wieder zurückzubekommen. Wir schütteln zusammen den Kopf über den Kassenschlager seiner Vertriebsmannschaft, die Rentenversicherung »IndexIgnorant«. Ein Produkt, bei dem finanzmathematisch fast ausgeschlossen ist, dass es für den Kunden aufgeht. Nicht nur die Kunden merken nichts: Auch Jonas' Kollegen stehen zu 100 Prozent hinter den Produkten der Sparkasse. Ja, selbst Jonas' Mentor hat sein eigenes Vermögen überwiegend in Versicherungen investiert.

Ein letzter O-Ton: »Mein Traum: Eines Tages wird der ganze Provisionsirrsinn verboten. Dann feiere ich und mache mir eine Flasche Sekt auf.« Bis dahin lebt Jonas bestens davon, dass das nicht so ist.

SONNTAG **Ergebnissicherung**

Die zweite Woche liegt hinter uns. Schön, dass Sie drangeblieben sind. Es ist wieder Zeit, die wichtigsten Erkenntnisse festzuhalten, Ihnen ein paar Fragen zum Nachdenken und einige konkrete Aufgaben zur Umsetzung mitzugeben. Und für die, die noch mehr wissen wollen, gibt es ein paar Hinweise zu weiterführender Literatur, darunter das wunderbare Buch *Happy Money* von Ken Honda.

1. **Die wichtigsten Erkenntnisse der Woche**
   - Wenn Sie Ihr Geldverhalten beobachten, können Sie sich in einem ersten Schritt an drei Achsen orientieren: Kontrolle, Sparsamkeit und Zuversicht.
   - Die spannende Frage bezogen auf unterschiedliche Geldtypen ist nicht, wen wir wie moralisch bewerten. Fragen Sie sich besser, wer aus seinem Geld ein Maximum an Lebensqualität zieht, wer sich sein Vermögen Untertan machen kann und wer von seinem Vermögen oder der Angst darum beherrscht wird.
   - Wenn Sie Ihr Geld in Einklang mit Ihrem Leben bringen wollen (und nicht umgekehrt), müssen Sie sich die richtigen Fragen stellen.

2. **Fragen zum Nachdenken**
   - Für wen trage ich finanzielle Verantwortung?
   - Woher stammt mein Vermögen? Was macht das mit mir und wie kann ich das ändern?
   - Wie viel Freude macht mir mein Beruf? Was würde es kosten, das zu meinen Gunsten zu verändern?
   - Was bereitet mir Freude? Wie kann Geld dabei helfen?
   - Warum ist Geld wichtig für mich? Warum ist es wichtig für die Menschen, die ich liebe?
   - Wie würde ich leben, wenn ich finanziell frei wäre? Hindert mich nur Geld daran, das umzusetzen?
   - Wie würde ich mein Leben und meinen Umgang mit Geld ändern, wenn ich nur noch fünf oder zehn Jahre zu leben hätte?
   - Wenn mein Leben morgen vorbei wäre, was würde ich bereuen? Was habe ich (nicht) getan? Wobei hätte Geld helfen können?

3. **Ihre Aufgabe für die laufende Woche**
   - Definieren Sie Ihre Finanzmission.
   - Unterlegen Sie diese Finanzmission mit konkreten Zielvorstellungen.
   - Versuchen Sie, sich eine ungefähre Vorstellung zu machen, was diese Ziele für ein Preisschild haben, und denken Sie darüber nach, welche konkreten Maßnahmen erforderlich sein könnten.

4. **Was Sie sich langfristig angewöhnen sollten**
   - Blicken Sie regelmäßig auf Ihren Tag, Ihre Woche oder Ihren Monat zurück: Welche Ihrer Geldentscheidungen decken sich mit Ihrem Finanzkompass, welche nicht?
   - Mindestens einmal im Jahr sollten Sie sich länger mit Ihrem Finanzkompass auseinandersetzen und überprüfen: Bin ich auf dem richtigen Weg? Stimmen meine Finanzmission, meine Ziele noch? Muss ich meine konkreten Maßnahmen anpassen? Legen Sie dafür einen konkreten Tag im Jahr fest, etwa den Geburtstag von Billie Eilish oder einen Monat nach Weihnachten. Hauptsache, Sie vergessen ihn nicht und tragen diesen in den Kalender ein. Wir werden den Tag noch öfter brauchen. Ich nenne ihn Eichhörnchentag, weil Sie an dem Tag sicherstellen, dass Sie dauerhaft genügend Vorräte und einen warmen Kobel für den Winter haben.
   - Widersprechen Sie in Ihrem sozialen Umfeld, wenn Sie auf unreflektierte Aussagen von pathologischen Geldtypen wie Sorglosen, Ängstlichen, Geldgetriebenen und Wichtigtuern stoßen. Etwa: »Die junge Generation hat keinen Drive mehr und denkt nur egoistisch an ihr eigenes Vergnügen.« Oder: »Wenn ich genug Geld habe, lösen sich alle Probleme von selbst.« Manchmal tun es da schon ein paar Nachfragen. »Wieso siehst du das so?« – »Was bringt dir das?« – »Sehen das deine Frau und deine Kinder auch so?« Oder gehen Sie notfalls in einen anderen Raum.

Weiterführende Literatur & Input

- Carl Richards, *The One Page Financial Plan* (2015).
- Ken Honda, *Happy Money* (2020).

Unter neunundvierzig.com/gut-mit-geld finden Sie

- Blogartikel von mir und anderen Autoren zum Thema der Woche,
- den Hinweis auf weiterführende Geschichten zum Thema Geld und Werte, etwa aus meinem Buch *Geld oder Leben*,
- weitere Fragen und Hinweise zum Nachdenken und
- eine Arbeitshilfe zu Ihrem eigenen Finanzkompass.

WOCHE 3

Wie Sie verhindern, dass Geld Ihre Beziehungen gefährdet

»Für meine Mutter war Geld immer auch eine Möglichkeit, soziale Beziehungen risikoloser zu gestalten.«
Frank L. (59), Literaturwissenschaftler

Diese Woche untersuchen wir, wie unser Umgang mit Geld unsere Beziehungen beeinflusst. Dabei gilt: Je näher uns ein Mensch ist, desto stärker ist tendenziell der Einfluss von Geld auf diese Beziehung. Verrückt? Deprimierend? Nicht unbedingt: Geld ist ein Medium mit einer unglaublichen Energie. Es kommt darauf an, ob wir es für die Menschen, die wir lieben, zum Guten einsetzen, oder ob wir es als Machtmittel instrumentalisieren und damit unsere Beziehungen vergiften. Dazu schauen wir uns heute an, wie Geld negativ in der Familie wirken kann. Am Dienstag gehen wir der Frage nach, wie Geld und Geschlechterrollen zusammenhängen: Ist Geld die letzte Bastion des Patriarchats – und wenn ja, warum? Am Mittwoch und Donnerstag wird es heiterer und Sie lernen, wie Sie es besser machen: Wie können Sie gute Gespräche über Geld führen und damit nicht nur Ihren Umgang mit Geld, sondern auch Ihre Beziehungen verbessern? Und am Samstag und Sonntag gibt es wie immer erst eine Geschichte und dann ein Kapitel zur Ergebnissicherung.

Drei Fragen zum Warmwerden

1. Wo tragen Sie finanzielle Verantwortung für Kinder, Eltern oder andere Menschen? Wie leben Sie das?
2. Sind Sie in Ihren finanziellen Entscheidungen autonom?
3. Wann und wie haben Sie das letzte Mal mit Ihrem Partner, Ihrer Partnerin über Geld gesprochen?

MONTAG Wie Geld zum Gift in Familien wird

Geld bedeutet in einem unmittelbaren Sinne Gestaltungsspielraum und Freiheit. Vermögen ist schon laut Duden die »Kraft, Fähigkeit, etwas zu tun«, und damit auch immer Macht. Wenn Geld zwischen den Partnern und zwischen den Generationen ungleich verteilt ist, bedeutet das aber auch immer ein Machtgefälle, wobei diejenigen, die kein Vermögen haben, auch nichts vermögen.

Wenn Geld entlang dieses (Macht-)Gefälles verteilt wird, ist das nie nur eine finanzielle Transaktion, sondern stets auch eine emotionale Zuwendung. Eine Zuwendung, die ihre Bedeutung häufig erst durch den Quervergleich bekommt: Haben die Geschwister mehr bekommen und warum werde ich *mal wieder* benachteiligt? Da muss es gar nicht um große Summen gehen, sondern um den symbolischen Stellenwert. Je jünger wir im Moment einer solchen Kränkung sind, desto tiefer sitzt die Verletzung und desto kleinere Beträge reichen aus, um dauerhafte Spuren zu hinterlassen. Sie haben mit zehn Ihr gesamtes Taschengeld aufgewendet, um einen Dackel zu kaufen? Ihr jüngerer Bruder bekam wenig später einen Dackel geschenkt? Dann schreit vermutlich tief in Ihnen immer noch ein kleiner Junge nach Rache!

Dabei sind mitnichten die objektiven Differenzen in den Zuwendungen entscheidend, sondern die gefühlten: Wahrnehmung und Realität können da weit auseinanderliegen. Dieser Umstand wird durch fehlende oder mangelhafte Kommunikation durch die Elterngeneration signifikant begünstigt. Da ist sie wieder, unsere hochproblematische Unfähigkeit, vernünftig über Geld zu reden.

Im Ergebnis führt das dazu, dass sich in der jüngeren Generation oft mehrere Familienmitglieder gleichermaßen unfair behandelt fühlen. Ein Brandsatz spätestens dann, wenn man sich in einem Erbfall konstruktiv und friedlich miteinander auseinandersetzen möchte. Wenn Familienkonflikte eskalieren, sind sie in der Regel nicht erst nach der Erbschaft schief gegangen, sondern deutlich früher – nur haben wir es nicht gemerkt oder uns dem nicht gestellt. Anders ausgedrückt: Hätten wir vorher vernünftig miteinander geredet, Entscheidungen besser erklärt und Missverständnisse ausgeräumt, wären viele Konflikte vermeidbar gewesen.

Nicht immer beruhen Verletzungen auf unbewusstem Handeln. Alternde Patriarchen, seltener Matriarchinnen, nutzen Geld regelmäßig, um mal subtil, mal ganz offen Abhängigkeiten zu schaffen, Wohlverhalten zu belohnen und Fehlverhalten zu bestrafen. Hinter dieser Bevormundung steckt die Überzeugung, dass man seiner Partnerin oder den eigenen Kindern nicht(s) (zu-)trauen kann. Im schlimmsten Fall hinterlässt das Menschen, die für ein Leben lang gedemütigt und verformt sind.

Vermögen als Ausdruck des eigenen Wertes ist in diesem Kontext nicht mehr Mittel zum Zweck, sondern Selbstzweck: Es zu mehren und zu beschützen, wird zum Dreh- und Angelpunkt des Denkens – mit der Folge, dass der Vermögende sein Geld mehr liebt als seine Familie. In meiner beruflichen Laufbahn treffe ich immer wieder auf solche Menschen: Geizhälse, die sich über jeden Cent Rechenschaft ablegen lassen, Männer, die – in meiner Gegenwart – ihrer Frau den Mund verbieten, Väter, die mir gegenüber, in Anwesenheit ihrer Frau, ausführen, dass die nächste Generation nichts zuwege gebracht habe, er selbst aber der Allergrößte sei. Während wir früher deren Gerede eine Weile ertragen haben und einer Zusammenarbeit aus dem Weg gegangen sind, sind wir inzwischen konsequenter und bitten solche Personen zügig zur Tür. Ob das einen Erkenntnisprozess bei ihnen auslöst, wage ich zu bezweifeln, aber mir geht es danach etwas besser.

Auch wenn ich die Angehörigen respektive Opfer dieser Patriarchen, seltener Matriarchinnen, kennenlerne, komme ich in der Beratung oft nicht weit: Zu tief sind die Wunden; häufig sitzt – auch über den Tod hinaus – das Gespenst des übermächtigen Vaters, der Mutter auf der Schulter und beäugt kritisch, ob Sohn oder Tochter auch alles richtig macht. Sich das Vermögen zu eigen zu machen und es dem eigenen Lebensentwurf anzupassen, bleibt unmöglich.

Um aus dem Jenseits weiter die Familie im Griff zu haben, muss sich der klassische Familien-Beherrscher nicht allein auf seinen Wiedergänger verlassen. Das Zauberwort: Testament. Denn während ein gründlich durchdachtes und klug verfasstes Testament ein Akt der Höflichkeit und Liebe gegenüber den eigenen Nachkommen ist, kann man es genauso gegenteilig verwenden: Sanktionen, falls es die Gattin wagen sollte, wieder zu heiraten, eine Testamentsvollstreckung, bis weit ins Erwachsenenalter (mein Rekord: bis 70!), die regelmäßige Drohung, das Testament zu ändern …

Egal, wie Ihre finanziellen Möglichkeiten sind: Nutzen Sie Geld nicht, um Ihre Familie zu bevormunden – und sei es noch so nett gemeint. Und Sie müssen tapfer sein: Eines Tages werden Sie nicht mehr da sein. Ja, und auch Ihr Vermögen wird irgendwann verteilt, verbraucht und verschwunden sein. Nutzen Sie es zu Lebzeiten klug, um sich und den Menschen, die Sie lieben, Gestaltungsspielräume zu ermöglichen – und das über Ihren Tod hinaus.

DIENSTAG Geld und Geschlechterrollen

»Herr Müller, schön, dass Sie heute zusammen mit Ihrer Frau hergekommen sind und Sie so eine wichtige Entscheidung gemeinsam treffen wollen.« »Herr Dr. Braun, sie (er zeigt mit dem Finger auf seine Frau) hat mir versprochen, dass sie heute nichts sagt. Da sind wir uns sicher einig, Geld ist Männersache.« Der Dialog mit Herrn Müller ist inzwischen gut fünfzehn Jahre her, aber bis heute quält mich der Gedanke daran, dass ich Herrn Müller nicht sofort aus dem Büro gewiesen habe.

Ich bin ein optimistischer Mensch und überzeugt, dass ein Sexismus dieser Bauart früher oder später ausstirbt. In den Worten von Steven Pinker: »Progress funeral by funeral by funeral …«[1] Und dennoch gibt es kaum eine so robuste Bastion des Patriarchats wie Geld und Finanzen. Diese wird nicht einfach zusammen mit den »alten weißen Männern« verschwinden. Das fängt damit an, dass kaum eine Branche so männerdominiert und in den Unternehmenskulturen so sexistisch ist wie die Finanzbranche. Bis in unsere Sprache hinein gibt es kaum ein Themenfeld – außer Krieg und Jagd –, das so dicht mit männlichen Vorstellungen codiert ist wie Geld: Macht, Status und Prestige als ziemlich durchsichtige Platzhalter männlicher Potenz. Und das auch noch 2025.

Dass Geld die letzte Bastion des Patriarchats ist, wirkt nicht nur in eine Richtung – mit Männern, Geld und Macht auf der einen Seite und Frauen ohne Geld, aber mit Ohnmacht auf der anderen Seite. In der Praxis erlebe ich zudem immer wieder, dass Frauen nur zu froh sind, wenn ihnen ein Mann das lästige Geldthema abnimmt, in der – oft unbegründeten – Hoffnung, der könne das besser. Kann es sein, dass, wenn es um Geld geht, viele auch sonst völlig gleichberechtigte junge Frauen immer noch »wie kleine Prinzessinnen« auf einen Ritter warten, der sie errettet? Echt jetzt? 2025? Ja – echt jetzt.[2]

Sie wissen inzwischen, dass Geld nichts Böses ist und dass es klug verwendet ein wunderbares Instrument ist, um Ihnen und Ihrer Familie Freiheitsgrade und Sicherheit zu ermöglichen. Und da Frauen finanziell immer noch benachteiligt werden, gibt es allen Grund, weiterzukämpfen, denn es geht ganz elementar um Lebensqualität.

Schauen wir auf die Fakten:

- Bei gleicher Tätigkeit verdienen Frauen in Deutschland 6 Prozent weniger als Männer.[3]
- Da Frauen überproportional in schlechter bezahlten Berufen arbeiten und aufgrund von Kindererziehung und anderen unbezahlten Tätigkeiten schlechtere Karriere- und Verdienstmöglichkeiten haben, liegt der tatsächliche Abstand pro bezahlter Arbeitsstunde bei 16 Prozent.
- Der Abstand steigt auf 37 Prozent an, wenn man die höhere Teilzeitquote von Frauen berücksichtigt.[4]
- Der Unterschied in der Vermögensverteilung zwischen Paaren liegt nach einer Studie des DIW bei 32 Prozent.[5]
- Frauen beziehen im Alter im Schnitt eine um 27,1 Prozent niedrigere Rente und gelten somit zu 20,8 Prozent als armutsgefährdet (Männer 15,9 Prozent).[6]
- Durchschnittlich sind Frauen, wenn es um die Essentials von finanzieller Allgemeinbildung geht, noch ahnungsloser als Männer.
- Auch deshalb sind sie noch weniger bereit, (auch rationale) Kapitalmarktrisiken einzugehen als Männer.[7]

Die gute Nachricht: Am Ende spricht viel dafür, dass Frauen im Schnitt bessere Entscheidungen mit Geld treffen als Männer. Frauen definieren sich wesentlich seltener über Geld, sind häufig stärker kooperativ als kompetitiv orientiert und müssen daher anders als viele Männer in der Regel niemandem beweisen, was wie toll sie sind. Da Overconfidence eine der wichtigsten Quellen für Fehlentscheidungen am Kapitalmarkt ist, haben Frauen hier einen deutlichen Vorteil: weniger heiße Tipps und weniger Herumfuhrwerken im Portfolio. Risikoadjustiert erzielen Frauen deshalb im Schnitt eine signifikant bessere Rendite als Männer. Auch ich erlebe in meinen Gesprächen, dass sich Frauen häufig die besseren Fragen stellen, beratungsaffiner und eher in der Lage sind, einmal gefällte Fehlentscheidungen zu korrigieren. Wenn Geld sprachlich weitgehend männlich codiert ist, wäre es sowohl für unsere Finanzen als auch für unser Leben deutlich besser, für Geld eine weiblich codierte Grammatik zu definieren.

Hier noch eine gute und eine schlechte Nachricht. Die schlechte: 95 Prozent dessen, was heute als Frauenfinanzberatung daherkommt, ist eine Vertriebsmasche: Frauen beraten Frauen und verkaufen unter dem Deckmantel einer mehr oder minder feministischen Rhetorik dieselben miesen und überflüssigen Finanzprodukte wie ihre männlichen Kollegen aus dem Finanzvertrieb. Mag sein, dass »ein Mann [...] keine Altersvorsorge (ist)« – die Basisrente der Pfefferminzia-Versicherung ist es sicher auch nicht.

Die gute Nachricht: Im Bereich Coaching und finanzieller Allgemeinbildung gibt es eine ganze Reihe guter und unbestechlicher Angebote, die konkret und glaubwürdig auf spezifisch weibliche Fragestellungen eingehen. Sie finden Sie im Sonntagskapitel zur Ergebnissicherung.

Bleibt die Frage, wie Sie in Ihrer Beziehung Geld untereinander aufteilen und organisieren. Dies im Rahmen dieses Buches abschließend zu diskutieren, würde zu weit führen. Ich möchte Ihnen aber drei Gedankenanstöße mitgeben:

- Was immer jeder der beiden Partner in die Beziehung mitbringt: Sie sollten dafür sorgen, dass für das Geld, das Sie während Ihrer Beziehung verdienen, investieren und auch ausgeben, beide Partner die gleichen Rechte und Pflichten haben – unabhängig davon, wer von beiden das größere Einkommen hat. »Hier mein Geld – dort dein Geld« halte ich für eine furchtbare Grundlage für ein gemeinsames Leben.
- Jeder sollte ein gewisses Budget haben, über das sie oder er unabhängig vom anderen entscheiden kann und für das sie oder er sich nicht rechtfertigen muss.

- Zum Schluss das Wichtigste: Reden Sie miteinander! Nur so kommen Sie zu einer Lösung, die für Sie in Ordnung ist. Und wie das »Über Geld reden« geht, schauen wir uns die nächsten zwei Tage an.

MITTWOCH Über Geld reden (1): Theorie

Bei einer Sache bin ich mir sicher: Sie sind nicht gut darin, gute Gespräche über Geld zu führen. Woher ich das weiß? Weil fast alle Menschen darin blutige Anfänger sind. Sie vermutlich genauso wie ich. Und das ist schon eine gute Nachricht, denn die meisten Menschen haben nicht einmal angefangen, es zu probieren.

Neben dem kontraproduktiven Glaubenssatz »Über Geld spricht man nicht« scheitern Gespräche über Geld meist an der grundlegenden Fehlannahme, Geld sei primär eine hoch rationale Sache, eine Sache von Excel-Tabellen, Taschenrechnern, Budgets und Kennziffern. 2 + 2 = 4. Immer. Dabei ist die logische und rationale Ebene von Geld nur die Spitze des Eisbergs. Geld ist in erster Linie eine Sache von Gefühlen. Und nichts wäre irrationaler, als diese Tatsache als irrational abzuqualifizieren. Wir sind Menschen und keine Excel-Spreadsheets mit zwei Beinen. Gott sei Dank. Und da Emotionen der Kern unseres Menschseins sind, dann eben auch bei unserem Umgang mit Geld. Das ist völlig rational. Stellen wir uns dem.

In Beziehungen steht Geld stellvertretend für so unterschiedliche Dinge wie Zuwendung, Wut, Macht, Angst, Gier, Schuld, Scham, Zugehörigkeit, Abgrenzung, Freude, Erfolg, Träume, Ängste, Freiheit, Sicherheit und Identität. Geld ist eben in jeder Hinsicht ein universelles Tauschmittel. Wenn wir das in unseren Gesprächen nicht bewusst auf dem Radar haben, dürfen wir uns nicht wundern, dass Gespräche über Geld wie von selbst in Konflikte münden – so, als würden wir ahnungslos an einen unter Strom stehenden Weidezaun fassen.

»Cool, hast du gehört – Matthias hat Anna zur Silberhochzeit eine Woche in New York geschenkt.« – »Echt, schön, aber die ham's ja auch.« – »Ja schon, aber es muss echt toll gewesen sein, am Hochzeitstag haben die sogar einen Hubschrauberflug über Manhattan gemacht.« –

»Muss dich ja schwer beeindruckt haben.« – »Was soll jetzt das?« – »Ich hoffe, dir ist klar, dass wir für so was keine Kohle haben.« – »Ist ja gut, abgesehen davon, dass du dir das neue Auto eingebildet hast …« – »Geht's noch, dir war die alte Schüssel doch nicht mehr gut genug.« … Bäng, Zack, Autsch: soziales Vergleichen, Neid, Kastrationsängste, das Gefühl, nicht genügend geliebt zu werden, Schuldzuweisungen … Schöne Zutaten für ein Gespräch, das spätestens von hier an mit hoher Wahrscheinlichkeit nicht mehr konstruktiv verlaufen wird.

Für gute Gespräche brauchen Sie weniger die richtige Taktik als die richtige Haltung. Zunächst sollten Sie von der Grundannahme ausgehen, dass Ihr Gegenüber keinen satanischen Plan verfolgt, um Ihre gemeinsamen Finanzen oder gar Ihr gemeinsames Leben zu sabotieren. Seien Sie neugierig und finden Sie heraus, was Ihren Partner antreibt, ihn umtreibt, motiviert oder quält. Sie sollen verstehen, nicht bewerten oder (ver-)urteilen. Sätze, die mit »Du« beginnen und in der Folge Worte wie »immer«, »nie« oder »typisch« beinhalten, sind verboten. Die wichtigsten beiden Instrumente des Gesprächs: zuhören und fragen. Und Obacht: Zuhören ist nicht dasselbe wie hören und dabei auf ein Stichwort zu warten, das Ihnen endlich erlaubt, Ihre Sicht der Dinge loszuwerden. Zuhören ist anstrengend und erfordert Konzentration, echtes Interesse und Empathie. Es ist wie im Englischen der Unterschied zwischen »to hear« (hören) und »to listen« (zuhören). Spiegeln Sie Ihr Gegenüber, machen Sie sich, wenn es komplexer wird, Notizen und fragen Sie nach:

- Wie ging es dir dabei?
- Warum hat dir das so wehgetan? Was hat dich daran gefreut?
- Siehst du das heute anders? Wie hätte das besser laufen können?
- Warum ist dir das wichtig?
- Das ist spannend, erzählst du mir mehr davon?

Klingt einfach, ist in der Umsetzung aber sehr herausfordernd. Geben Sie sich nicht zu früh zufrieden, Sie erinnern sich: Nach Bill Bachrach müssen Sie mindestens siebenmal »Warum?« nachfragen, bis Sie an die Wurzel eines Themas kommen. Wenn Sie nicht nachfragen, wird es nie erzählt, geschweige denn geklärt. Also bleiben Sie dran.[8]

Und haben Sie Geduld. Sie werden immer wieder scheitern, häufig nicht derselben Meinung sein und wieder von vorne anfangen. Solange Sie das nicht als Niederlage empfinden, sondern als Teil einer Lernkurve, ist alles in Ordnung. Es geht nicht darum, zu gewinnen oder zu verlieren, sondern zusammen ein Stück weiterzukommen. Zum Schluss noch eine gute Nachricht: Da Geld so eng mit Emotionen verbunden ist, schaffen gute Gespräche über Geld auch mehr Nähe und ein besseres Verständnis für die Menschen, die wir lieben. Strengen wir uns an!

DONNERSTAG **Über Geld reden (2): Praxis**

Angenommen, Sie haben jetzt die richtige Haltung für ein konstruktives Gespräch über Geld, sind neugierig, empathisch und bereit, Rückschläge tapfer zu ertragen. Dann fehlt nur noch eine konkrete Gebrauchsanweisung:

- Wann und wo soll ich über Geld reden?
- Wie sieht ein guter Einstieg ins Gespräch aus? Welche Formulierungen sind sinnvoll und welche kontraproduktiv?
- Mit welchen Spielregeln können Sie Konflikte wieder einfangen?
- Welche Fragen bringen Sie voran? Was sind gute Themen für Einsteiger und Fortgeschrittene?

Ein Plan ohne eine Deadline ist ein Traum. Sprich: Wenn Sie sich keinen festen Termin für ein Gespräch setzen, wird es vermutlich nie stattfinden. Wie der Termin für Ihre Vorsorgevollmacht, die Errichtung eines Testaments oder die Darmkrebsvorsorge. Und so sollten Sie den Termin für ein Gespräch über Geld auch betrachten: als Vorsorgetermin für Ihre Beziehung und Ihre Finanzen. Einmal im Monat eine Stunde ist vermutlich ein gutes Intervall, mit dem Sie es probieren könnten. Das ist keine starre Regel, denn die besten Gespräche über Geld ergeben sich oft zufällig: Dann vergessen Sie alle Planung und nutzen die Chance.

Wählen Sie ein Zeitfenster, an dem Ihr Akku voll ist. Nach einem langen anstrengenden Tag, eventuell noch im Unterzucker? Ganz schlechte Idee. Das bringt mich auch zur ersten Grundregel: Wenn Sie merken, dass Ihre Energie am Boden ist, Sie dünnhäutig sind oder Dinge gleich persönlich nehmen: Nehmen Sie eine Auszeit. Erlauben Sie sich gegenseitig, das Gespräch jederzeit zu unterbrechen, eine oder zwei Runden um den Block zu gehen und es ein, zwei Tage später fortzusetzen. Solange Sie das nicht als Fluchtroute nutzen, um sich dauerhaft vor solchen Gesprächen zu drücken.

Wählen Sie für das Gespräch, wenn möglich, einen neutralen Ort, der nicht mit anderen Emotionen verbunden ist, also nicht Ihr Lieblingslokal, Ihre Lieblingsrunde durch den Park, das Schlafzimmer … Sie sollten nicht riskieren, solche Orte in Ihrer Erinnerung mit Konflikten zu verknüpfen, denn zu Konflikten wird es mit hoher Wahrscheinlichkeit kommen.

Bis zum nächsten Termin könnten Sie Themen, über die Sie später sprechen wollen, auf einem Zettel in einer Schreibtischschublade sammeln. Ein angenehmer Effekt: Bis zu dem Termin kriegen Sie das (eventuell unangenehme) Thema so aus dem Kopf. Und Sie sollten auch ein, zwei fixe Tagesordnungspunkte haben, etwa Ihre laufenden Ausgaben. Ohne eine Agenda ist das Risiko, dass Sie nirgendwo hinkommen, relativ hoch.

Die scheinbar einfachsten Themen sind dabei oft die schwierigsten: Ja, Sie sollten sich, wenn Sie etwas Übung haben, konkrete operative Themen auf die Agenda setzen, etwa:

- Lass uns die Ausgaben des letzten Monats durchgehen. Auf was können wir verzichten?
- Welche größeren Ausgaben sind im nächsten Jahr geplant?
- Wie sehen unsere Investments oder unsere Risikovorsorge aus?
- Was machen wir mit der Wohnung in Bremen, die du von deiner Mama geerbt hast …

Für die ersten Gespräche rate ich Ihnen, mit grundsätzlicheren Themen zu starten. Das ist nicht nur essenziell für ein besseres gegenseitiges Verständnis, sondern bietet überhaupt erst den Rahmen für konkrete operative Themen und ist trotz der Komplexität paradoxerweise auch einfacher. Ron Lieber, ein Kolumnist der *New York Times*, schlägt vor, sich hier auf drei Zeitebenen zu bewegen und sich beginnend mit der Vergangenheit über einen Blick in die Zukunft der Gegenwart zu nähern. Im Folgenden finden Sie einige geeignete Fragestellungen, mit denen Sie anfangen könnten.

Vergangenheit:

- Was war deine erste Erinnerung an Geld?
- Was hast du von deinen Eltern über Geld gelernt?
- Wie wurde in deiner Kindheit mit Geld umgegangen?
- Wie wurde bei euch der (vermutete) Wohlstand von Freunden oder Nachbarn kommentiert?

Zukunft:

- Wie wollen wir in Zukunft leben?
- Wann willst du aufhören zu arbeiten?
- Wofür sollte immer genug Geld da sein?

Gegenwart:

- Mit welcher Ausgabe könnten wir jetzt (dauerhaft) unser Leben verbessern?
- Angenommen, morgen lägen 250 000 Euro auf dem Küchentisch und wir hätten ein freies Jahr, um es auszugeben, was würden wir tun? Was würde uns das bringen? Könnten wir das auch anders erreichen?[9]

Die meisten Gespräche über Geld sind weder geplant noch beginnen sie in der Regel mit dem Thema Geld. Sie erinnern sich an den Weidezaun und die New-York-Reise von Matthias und Anna, die beim befreundeten Paar eine kleinere Ehekrise ausgelöst hat? Auch solche Gespräche können gelingen, wenn Sie sich an die obigen Regeln halten. Geld als Stellvertreter des eigentlichen Problems kommt dann in Ihrem Gespräch eventuell gar nicht mehr vor, weil Sie gleich den Kern des Themas gefunden haben.

FREITAG Denkpause

SAMSTAG Papas kleines Mädchen

Wenn Geld die letzte Bastion des Patriarchats ist, ist es kein Wunder, dass Geld das bevorzugte Mittel ist, mit dem die Väter herrschen. Und so gibt es keinen Begriff, der in meinen Gesprächen über Geld und Beziehungen so oft vorkommt wie »mein Vater«.

Verstehen Sie mich bitte nicht falsch: Starke und erfolgreiche Väter sind in den wenigsten Fällen Tyrannen und Unmenschen. Im Gegenteil: Sie haben in ihrem Leben häufig viel aus eigener Kraft erreicht und fühlen sich für das Wohl ihrer Familie verantwortlich. Eine psychologische Zumutung für ihre Kinder sind sie trotzdem – für Söhne und Töchter gleichermaßen.

Julia habe ich im Juni 2025 kennengelernt. Sie war damals 52 Jahre alt, und im Gespräch mit ihr wurde klar: Ihr Vater Friedrich ist ihre wichtigste Bezugsperson. Keine zwei Sätze, ohne dass Julia auf ihn Bezug nahm. Zwar hatte Julia ihren oft bis in die späten Abendstunden hart arbeitenden und ziemlich dominanten Vater in ihrer Kindheit wenig gesehen, dennoch beschreibt sie ihn als liebevollen Menschen. Sie und ihr Vater wohnen seit ein paar Jahren im selben Haus, und seitdem sei das Verhältnis zum inzwischen über achtzig Jahre alten Vater so nah wie noch nie. »Ich freue mich, dass er da ist, und er freut sich, dass ich mich freue.«

Die Geschichte von Friedrich ist die klassische Aufstiegs- und Erfolgsgeschichte der Nachkriegszeit: eigenfinanziertes Maschinenbaustudium an der TU München, Einstieg in ein weitgehend marodes Familienunternehmen, nach drei Jahren Anteilseigener, nach weiteren fünf Übernahme des Unternehmens. In den folgenden Jahrzehnten folgte der Ausbau des Betriebs zu einem »Hidden Champion«, der seine Produkte in inzwischen 38 Länder exportiert.

Als einzige Tochter eines erfolgreichen Unternehmers hatte Julia bestens ausgesorgt, denn Friedrich hatte früh begonnen, höhere Vermögenswerte an seine Tochter zu übertragen. Heute gehören ihr neben dem bereits an sie übertragenen Elternhaus 14 Prozent am väterlichen Unternehmen, das Jahr um Jahr einen siebenstelligen Gewinn erwirtschaftet. Dazu kommen ein Wertpapierdepot in Höhe von 1,4 Millionen Euro und 30 Prozent an einer Gewerbeimmobilie. Julias Anteil an den Gewerbemieteinnahmen: 16 200 Euro – im Monat! Vorsichtig geschätzt liegt Julias Gesamtvermögen bei gut 10 Millionen Euro.

Happy End – oder doch nicht? Denn der Nutzen, den Julia aus ihrem Vermögen zog, war ausgesprochen übersichtlich: Gut, sie wohnte mietfrei in einer weitgehend separaten Wohnung im Haus ihres Vaters. Aber ansonsten lebten Julia, ihre Tochter und ihr Mann von Julias übersichtlichem Gehalt als Buchhalterin im väterlichen Unternehmen. Originalton: »Ich kann mit sehr wenig auskommen.« Aber warum? Zum einen konnte Julia über Teile ihres Vermögens nur eingeschränkt verfügen: In der Firma und bei der Gewerbeimmobilie war sie nur als Juniorpartnerin beteiligt und am Elternhaus hatten ihre Eltern weiter das Nutzungsrecht. Die Macht lag hier auch juristisch ausschließlich bei Julias Vater. Während das nachvollziehbar war, war zum anderen umso erstaunlicher, dass Julia auch in den Bereichen, in denen sie rechtlich allein entscheiden konnte, zu 100 Prozent im Schatten ihres Vaters stand. Über das Depot entschied allein Friedrich. Entnahmen für einen höheren Lebensstandard waren undenkbar, im Gegenteil: Auch sämtliche Mieteinnahmen wurden von Julias Vater in neuen Wertpapieren angelegt. Wieder Originalton: »Ich habe zero das Gefühl, es ist meins.«

Nicht, dass Julia nicht immer wieder versucht hätte, sich von ihrem Vater freizuschwimmen: So hat sie das ihr von Friedrich nahegelegte Wirtschaftsstudium abgebrochen und Sprachwissenschaften studiert – um nach ein paar unterbezahlten Jahren in einer Presseagentur als Buchhalterin in der Firma ihres Vaters anzufangen. Die (finanzielle) Abhängigkeit Julias von ihrem Vater hatte damit ein neues Level erreicht. Nach fünf »spaßfreien« Jahren unternahm Julia den nächsten Versuch, auszubrechen und sich finanziell auf eigene Beine zu stellen. Als Reisejournalistin hatte sie – trotz miserabler Vergütung – für ein paar Jahre das Gefühl, endlich frei zu sein. Doch spätestens mit der Geburt ihrer Tochter fiel Julia zurück in das bequeme Netz der Abhängigkeit: Friedrich finanzierte ihr eine dreijährige Babypause und danach fing Julia wieder an, die Buchhaltung im Betrieb ihres Vaters zu erledigen.

Als ich sie kennenlernte, saß mir ein zutiefst verunsichertes zweiundfünfzigjähriges Kind gegenüber, dem es weder gelungen war, seinem übermächtigen Vater zu genügen, noch seinen eigenen Weg zu gehen. Eine Tochter, die nun wohl dauerhaft am süßen Leim der finanziellen Abhängigkeit und der Verpflichtung gegenüber ihrem Vater hängen geblieben war. Was sie von mir erwartete: ihr zu helfen, das Geld, das sie von ihrem Vater erhalten hatte, zu ihrem eigenen zu machen und es ihren eigenen Spielregeln zu unterwerfen.

Ihre Hoffnung: Wenn ich ihr helfen würde, ihre eigene »Finanzlegasthenie« zu überwinden, könne sie mit Friedrich auf Augenhöhe über Geld sprechen, sich so ein Stück emanzipieren und wohl auch ein Stück mehr Selbstachtung finden. Vielleicht könnte ich ja auch mit ihrem Vater sprechen und ihn überzeugen, das sehr risikoreiche Depot an Julias Bedürfnis nach Sicherheit statt an Friedrichs Bedürfnis nach Rendite anzupassen. Denn bisher war sie damit bei ihrem beratungs- und gesprächsresistenten Vater nicht ansatzweise durchgedrungen.

Die Vorstellung, Julia in finanziellen Dingen so fit zu machen, dass sie ihren Vater überzeugen könnte, war wenig Erfolg versprechend. Auch mein eigenes Bedürfnis, einen achtzigjährigen Patriarchen mit Unfehlbarkeits- und vermutlich auch Unsterblichkeitsvermutung von einer rationaleren Anlagestrategie zu überzeugen, hielt sich in Grenzen. Erfolgschance leicht unter null. Und selbst wenn das gelungen wäre: Welche Wertpapiere sie in welcher Proportion in ihr Depot legte, war ja gar nicht Julias Problem. Vielmehr ging es um die Frage, wie sie ein (finanziell) selbstbestimmtes Leben führen kann.

Julia haben wir am Ende abgesagt: »Wir sehen derzeit keinen Ansatz, wie wir Ihnen weiterhelfen könnten, da jede Form einer finanziellen Unabhängigkeit nur gegen den Willen Ihres Vaters möglich wäre und dies ein Preis ist, den Sie nicht zahlen wollen, vielleicht auch nicht zahlen sollten.« Vielleicht wird sie auf uns zukommen, wenn ihr Vater verstorben ist. Meiner Erfahrung nach wird ihr Problem dann eher größer als kleiner sein. Patriarchen haben eine gewisse Tendenz, ihre Nachfahren über den Tod hinaus zu beurteilen und zu kontrollieren. Die Chance, das Thema gemeinsam zu klären, ist dann aber für immer vergeben.

P. S.: Folgende Familienangehörigen hat Julia in ihrem Gespräch außerdem erwähnt:

- Ihre Tochter Marina zweimal: Julias Vater hat sich über die Geburt der Enkelin sehr gefreut und ihr inzwischen 700 000 Euro in Wertpapieren übertragen.
- Ihre Mutter Hedwig einmal: Julias Vater hat seiner Frau 35 Prozent an den Gewerbeimmobilien übertragen.
- Ihren Mann Jason zweimal: Sie hat ihn auf einer Reise in den USA kennengelernt und er ist Hausmann, »tut aber sonst nicht viel«. Was Friedrich von Jason hält, haben wir nicht erfahren.

SONNTAG Ergebnissicherung

Die dritte Woche liegt hinter uns. Sie haben inzwischen die wichtigsten Grundlagen für ein selbstbestimmtes Verhältnis zu Geld gelernt. Seien Sie stolz auf sich. Es ist wieder Zeit, die wichtigsten Erkenntnisse festzuhalten, Ihnen ein paar Fragen zum Nachdenken und ein paar konkrete Aufgaben zur Umsetzung mitzugeben. Und für die, die noch mehr wissen wollen, gibt es Hinweise zu weiterführender Literatur und auf Carl Richards wunderbares Tutorial *Talking about Money*.

1. **Die wichtigsten Erkenntnisse der Woche**
   - Die Auseinandersetzung mit Geld ist nicht nur eine Sache von Zahlen, Daten und Fakten, sondern immer auch eine Frage von Emotionen: Scham, Schuld und Angst ebenso wie Träume, Freiheit und Sicherheit.
   - Geld hat einen immensen Einfluss auf unsere Beziehungen, bewertet Menschen und gestaltet Abhängigkeiten, Machtgefälle oder Zuwendung.
   - Meist sind weder die Höhe eines Zahlungsstroms noch die objektiven Tatsachen entscheidend, sondern die symbolische Ebene und die gefühlte Realität.
   - Geld ist nach wie vor eine Bastion des Patriarchats – ein Umstand, der zu einer strukturellen finanziellen Benachteiligung von Frauen führt.
   - Solange wir nicht in der Lage sind, gute Gespräche über Geld zu führen, besteht ein hohes Risiko, dass Geld zum Beziehungskiller wird: zwischen Eltern und Kindern, Geschwistern und in Partnerschaften.

2. **Fragen zum Nachdenken**
   - War Geld in Ihrer Kindheit ein Instrument für Zuneigung, Macht oder Belohnungen? Fällt Ihnen ein konkretes Ereignis ein? Was denken Sie heute darüber?
   - Für wen tragen Sie finanzielle Verantwortung? Knüpfen Sie Zahlungsströme an Bedingungen?
   - Wie häufig gibt es in Ihrer Familie Konflikte wegen Geld? Wann das letzte Mal? Da Geld oft nur ein Platzhalter ist – um was ging es in dem Streit wirklich?
   - Haben Sie und Ihre Partnerin, Ihr Partner die gleichen finanziellen Ziele, Träume und Prioritäten?
   - Falls Sie Kinder haben: Haben diese eigenes Geld zur Verfügung? Dürfen sie darüber frei verfügen?
   - Welche finanzielle Entscheidung können Sie heute treffen, um eine Beziehung zu stärken?

3. Ihre Aufgabe für die laufende Woche

- Schreiben Sie drei Begriffe auf, die Ihre aktuelle Haltung zu Geld in Beziehungen beschreiben – und überlegen Sie, ob Sie daran etwas verändern möchten.
- Vergleichen Sie Ihre Aussagen mit denen Ihrer Partnerin, Ihres Partners.
- Planen Sie Ihr erstes Geldgespräch: Nehmen Sie ein Blatt Papier und schreiben Sie die Worte: »Wo?«, »Wann?«, »Wie oft?« darauf und lassen Sie ausreichend Platz dazwischen. Notieren Sie unter jedes Wort ein paar Ideen und vergleichen Sie die Ergebnisse mit Ihrem Partner, Ihrer Partnerin.
- Legen Sie einen konkreten Ort und einen konkreten Termin in den nächsten vier Wochen fest. Machen Sie eine monatliche Serie daraus.

4. Was Sie sich langfristig angewöhnen sollten

- Reden Sie mit Ihrem Partner – und bitte auch mit Ihren Kindern – regelmäßig über Geld: Achten Sie darauf, dass Sie mit einem vollen Akku in das Gespräch starten und ein möglichst konkretes Thema haben. Seien Sie neugierig, fragen Sie nach und vermeiden Sie Schuldzuweisungen. Wenn es zu heftig wird, nehmen Sie eine Auszeit.
- Entwickeln Sie mit Ihrem Partner, Ihrer Partnerin einen gemeinsamen Finanzkompass.
- Legen Sie einen Platz fest, an dem Sie Themen sammeln, über die Sie in Ihren Geldgesprächen reden wollen.
- Beobachten Sie Ihr Umfeld: Wer kümmert sich um Finanzen – und wer entscheidet?
- Widersprechen Sie in Ihrem sozialen Umfeld, wenn Sie auf Finanzsexismus stoßen. Oft reichen schon ein paar Nachfragen: »Was möchtest du uns damit beweisen?« – »Was denken deine Kinder und deine Frau über deine steilen Thesen?« – »Würdest du deiner Tochter einen Mann wünschen, der so denkt wie du?« Als Frau schalten Sie notfalls auf Durchzug und verlassen den Raum. Als Mann haben Sie diese Option meiner Meinung nach nicht: Das muss endlich aufhören. Wenn Sie es nicht für die Gesellschaft im Ganzen tun, tun Sie es für Ihre Kinder. Danke.

Weiterführende Literatur & Input

- Grundlegend ist und bleibt der Workshop *Talking about Money* von Carl Richards mit drei Experteninterviews und vielen konkreten Hinweisen. Die beiden Kapitel zum Thema »Über Geld reden« basieren maßgeblich auf diesem Workshop.
- Aus akademischer Sicht: Bradley T. Klontz et al.: *Financial Therapy. Theory, Research and Practice* (2015).

Unter neunundvierzig.com/gut-mit-geld finden Sie

- Blogartikel von mir und anderen Autoren zum Thema der Woche,
- Hinweise auf weitere Geschichten über Geld und Beziehungen,
- weitere Fragen und Hinweise zum Nachdenken und
- Links auf das empfohlene Tutorial von Carl Richards sowie gute Coaching-Angebote aus dem Bereich Frauenfinanzen.

Teil 2

Wie Sie die wichtigsten Grundlagen für ein gelungenes Finanzleben schaffen

In den nächsten drei Wochen schauen wir uns an, wie Sie die wichtigsten Grundlagen für ein gelungenes Finanzleben schaffen. Dabei gibt es eine klare Reihenfolge: erst Katastrophen verhindern, dann Reserven schaffen und Vermögen aufbauen. Entsprechend ist der wichtigste Schritt, sich und Ihre Familie so gut wie möglich gegen essenzielle Lebensrisiken abzusichern. Danach erkläre ich Ihnen, wie Sie Schulden abbauen oder besser gleich vermeiden. Und erst wenn mit diesen beiden Schritten sichergestellt ist, dass Ihr finanzielles Leben nicht komplett scheitert, können wir nach vorn blicken und uns ansehen, wie und wofür Sie solide Rücklagen bilden sollten.

WOCHE 4

Wie Sie essenzielle Lebensrisiken absichern

»Notfallplanung, danke, guter Punkt,
da sollte sich mal jemand drum kümmern.«
Karsten M. (38), Ingenieur

Jeder Sparprozess und jede Vermögensstruktur läuft potenziell ins Leere, wenn Sie Ihre essenziellen Lebensrisiken nicht abgesichert haben: der Verlust Ihrer Arbeitskraft; Sie sind in einen Unfall verwickelt, der einen anderen Menschen dauerhaft beeinträchtigt; Ihr Testament hat Formfehler. Das bedeutet oftmals nicht nur eine finanzielle Katastrophe, sondern auch eine menschliche: drohender sozialer Abstieg, Existenzängste, emotionale Verletzungen inklusive. Hier nachlässig zu sein oder sich wegzuducken, ist keine Option.

Am Montag sehen wir uns sieben Grundregeln bei der Absicherung essenzieller Lebensrisiken an. Zur Konkretisierung wenden wir sie am Dienstag an einem Beispiel an und analysieren eines der sinnfreiesten Versicherungsprodukte: die Unfallversicherung mit Beitragsrückgewähr. Am Mittwoch und Donnerstag zeige ich Ihnen, welche grundlegenden Versicherungen und Verträge Sie als Schutzschilde für Ihre finanzielle Lebensplanung brauchen. Samstags erzähle ich Ihnen eine Geschichte, die Ihnen zeigt, wie drastisch die Auswirkungen einer lückenhaften Notfallplanung sein können. Sie ist über 15 Jahre her, verfolgt mich aber bis heute. Und am Sonntag geht es wie immer um Ergebnissicherung.

Eine saubere Risikovorsorge bringt Ihnen mehr als eine gute Aufstellung für den Ernstfall. Sie hilft Ihnen, auch wenn nichts schiefgeht: Sie verschafft Ihnen innere Ruhe, die Gewissheit, der Verantwortung für sich und die Menschen, die Sie lieben, gerecht zu werden, und den Raum, im Einklang mit Ihren Werten zu leben. Sie gehört daher als konkrete Maßnahme auf Platz eins Ihres Finanzkompasses. *Sie* müssen sich darum kümmern – *jetzt*, nicht *jemand irgendwann*.

Drei Fragen zum Warmwerden

1. Ist Ihr Versicherungsverkäufer zufällig ein (alter) Bekannter?
2. Für wen tragen Sie finanzielle Verantwortung?
3. Welches Risiko könnte Sie finanziell aus der Bahn werfen?

MONTAG Die sieben wichtigsten Grundregeln bei der Absicherung

Da Absicherung so wichtig und Deutschland ein Land der Korrekten, Ängstlichen und Übervorsichtigen ist, müsste hier doch alles in Butter sein – oder? Sie ahnen es bereits: nein. Das Grundelend heißt wie so oft: Provision. Versicherungen werden verkauft, nicht beraten. Und da Beratung mühsam und Verkauf profitabel ist, wird der Versicherungsmakler sich auf die Produkte fokussieren, mit denen er mit dem geringsten Aufwand den höchsten Ertrag erzielt. Das sind nicht unbedingt die, die Sie am dringendsten brauchen. Solange das erlaubt ist, ist Ihr Versicherungsverkäufer kein Teil der Lösung, er ist Teil des Problems – egal wie nett er ist und ob Sie ihn schon seit der Schulzeit kennen.

Beim Verkauf von Versicherungsprodukten hat Ihr Versicherungsverkäufer einen mächtigen Verbündeten: Sie selbst, genauer Ihre Disposition zur Verlustaversion. Verlustaversion ist die kognitive Verzerrung, die untrennbar mit unserem Umgang mit Geld verbunden ist. Nur leider nicht so wie Hanni mit Nanni oder Dr. Watson mit Sherlock Holmes, sondern wie Dr. Jekyll mit Mr. Hyde. Sie ist eine fast unerschöpfliche Quelle von Selbstsabotage und Fehlentscheidungen.

Eine zentrale Erkenntnis zur Verlustaversion lautet, dass Menschen bereit sind, irrational hohe Preise dafür zu bezahlen, die Wahrscheinlichkeit eines höchst unwahrscheinlichen Ereignisses auf null abzusenken. In der Praxis des Versicherungsvertriebs bedeutet das, dass Ihr Produktverkäufer Ihnen erst genügend Angst machen muss, um Ihre Verlustaversion zu aktivieren, und Ihnen dann als Rettung ein »geeignetes« Produkt anzuraten – also geeignet für den Verkäufer. Und so sehen die Versicherungen der meisten Deutschen dann auch aus: Sie haben Versicherungen für die Risiken, vor denen sie sich am meisten fürchten, und nicht unbedingt für die Risiken, die sie am dringendsten absichern sollten. Überschneidungen sind dabei unvermeidbar, aber zufällig.

Dazu kommt: Die Fähigkeit des durchschnittlichen Versicherungsvertreters, über den Tellerrand hinauszuschauen, liegt ziemlich genau bei null. Eine sehr schlechte Nachricht, da viele essenzielle Absicherungen, die Sie benötigen, juristischer und gegebenenfalls steuerlicher Natur sind. Sie sehen: Wenn Sie nicht selbst mündig werden, wird Ihnen vermutlich niemand helfen.

Im Folgenden finden Sie die sieben zentralen Grundregeln zur Absicherung der wichtigsten Lebensrisiken:

1. Eine Versicherung ist zu 99 Prozent *kein* geeignetes Spar- oder Anlageprodukt. Ihre Versicherung ist nicht die 1-Prozent-Ausnahme.
2. Überall dort, wo ein Risiko Ihre (finanzielle) Lebensplanung massiv gefährden würde, brauchen Sie eine Absicherung.
3. Alles, was nur lästig, aber aus eigener Kraft stemmbar ist, können Sie im Notfall selbst zahlen. Kein Mensch braucht eine Glasbruchversicherung.
4. Bei der Absicherung brauchen Sie ein vernünftiges Gesamtkonzept, keine zufällig zusammengewürfelten Teillösungen: Was nützt etwa eine Unfallversicherung, wenn Stand April 2025 nur in 7 Prozent aller Fälle Unfälle dafür verantwortlich sind, dass Menschen ihre Arbeitskraft verlieren, Erkrankungen des Skeletts und des Bewegungsapparats sowie psychische Erkrankungen dagegen 18 Prozent respektive 36 Prozent der Fälle verursachen?[1]
5. Nutzen Sie keine Koppelprodukte. Versicherungsverkäufer lieben es, verschiedene Versicherungen miteinander zu verknoten, häufig genug dringend Notwendiges (Berufsunfähigkeit) mit meist Kontraproduktivem (Rürup-Rente). Aber auch bei sinnvollen Produkten sollten Sie Versicherungen immer trennen, damit Sie die Leistungen im Bedarfsfall unabhängig voneinander kündigen können.
6. Denken Sie nicht in Silos: Versicherung, Steuerberatung, Rechtsberatung. Denken Sie in Lebenssituationen: Berufsanfängerin, Leben als

Familie oder im Ruhestand. Das erleichtert Ihnen, zu erkennen, was nötig ist und was nicht.

7. Was Absicherung angeht, gibt es keine Standardlösung. Ihr Sicherheitsbedürfnis, Ihre finanzielle Verantwortung für andere Menschen oder Ihre Vermögenssituation machen dabei einen entscheidenden Unterschied. Vor dem Hintergrund sollten Sie auch meine Ratschläge stets auf Ihr eigenes Leben anpassen.

Mag sein, dass diese sieben Grundregeln etwas abstrakt klingen. Aber keine Sorge: In den nächsten drei Tagen schauen wir uns das anhand konkreter Beispiele an.

DIENSTAG **Beispiel Unfallversicherung: Grundregeln anwenden, Fehlentscheidungen verhindern**

Lea ist fünfunddreißig, seit drei Jahren mit dem gleichaltrigen Timo verheiratet und vor acht Wochen zum ersten Mal Mutter geworden. Kein Wunder, dass den beiden nichts so am Herzen liegt wie das Wohl ihrer Tochter Anna. Wunderbar! Und das nicht nur für Anna, Timo und Lea. Auch wunderbar für Leas alten Klassenkameraden, den Versicherungsvertreter Paul Winther. Denn in einer Sache sind sich Paul, Timo und Lea schnell einig: Da draußen lauert eine Welt voller Gefahren auf Anna, vor der man sie dringend beschützen muss. Was, wenn Anna einen schweren Unfall hat und ihr Leben lang auf Pflege angewiesen wäre? Wenn Timo als Hauptverdiener frühzeitig verstirbt und Anna so ihre Ausbildung nicht finanzieren kann? Überhaupt: Wie sollen Lea und Timo in zwanzig Jahren das Studium der Kleinen finanzieren, vor allem, wenn es in den nächsten Jahren noch ein oder zwei Geschwisterchen für Anna geben wird? Um Anna zu beschützen, sind Lea und Timo gerne bereit, das Kindergeld in Höhe von 255 Euro einzusetzen.

Sie ahnen es – Paul Winther kann helfen. Und schon ist die *Unfallbeitragsrückgewährversicherung* (UBR) verkauft und rund 2500 Euro Provision sichergestellt. Konkret funktioniert sie wie folgt: Timo spart ab jetzt im Monat 227 Euro – mehr geht bei der Versicherungsgesellschaft nicht, für die Paul Winther arbeitet. Dafür zahlt die Versicherung, sollte Anna einen Unfall haben, je nach Grad der dauerhaften Beeinträchtigung zwischen 50 000 Euro und 2,5 Millionen Euro aus.[2] Doch das ist noch nicht alles, es gibt noch eine weitere Ebene der Absicherung: Wenn Timo versterben sollte, übernimmt die Versicherung die weiteren Versicherungsbeiträge. Der Clou kommt zum Schluss: Wenn alles gut geht, bekommt Anna mit achtzehn fast die gesamten gezahlten Beiträge als Grundstock für ihre Ausbildung ausgezahlt: 48 005 Euro. Das zumindest, wenn die Überschussbeteiligungen weiter so fließen wie bisher, garantiert sind lediglich 36 787 Euro. Toll? Viermal nein. Die ganze UBR ist eine Fehlkonstruktion:

- Erstes Nein: Die UBR verknüpft drei Produkte: Sparen, Unfall- und Todesfallschutz. Produkte, die nichts gemeinsam haben – sie verstößt also gegen die Grundregel 5: *keine Koppelprodukte.*
- Zweites Nein: Die UBR löst, wie wir gleich sehen werden, kein einziges dieser Probleme richtig. Sie verstößt gegen Grundregel 4: *keine Teillösungen.*
- Drittes Nein: Die UBR verstößt gegen folgende Grundregel: *Eine Versicherung ist kein Sparprodukt.*
- Viertes Nein: Die UBR ist deutlich zu teuer.

Schauen wir uns an, wohin Timos monatlicher Beitrag von 227 Euro fließt, wenn man die UBR in die drei Teilprodukte zerlegt:

1. Rund 1,25 Euro gehen rechnerisch in den Todesfallschutz, falls Timo als Beitragszahler verstirbt.[3]
2. 56,77 Euro kostet die reine Unfallversicherung in gleicher Höhe beim selben Anbieter.[4]
3. Die restlichen circa 169 Euro bleiben rechnerisch für den Sparbeitrag, damit Anna am Ende der Laufzeit zumindest den Großteil ihres Geldes wiederbekommt.

Schauen wir uns nun die drei miteinander verknoteten Produkte im Einzelnen an.

1. **Sparen für die Ausbildung: ineffizient!** Die Rendite der UBR ist niederschmetternd: Wenn Anna am Ende der Laufzeit die garantierte Sparsumme von 36 787 Euro ausgezahlt bekommt, kriegt sie sage und schreibe 283 Euro mehr als das, was ihre Eltern über achtzehn Jahre eingezahlt haben. Und das nicht bezogen auf den gesamten Versicherungsbeitrag von 227 Euro, sondern lediglich auf den rechnerischen Sparbeitrag von 169 Euro. Das kann doch nicht wahr sein! Doch, das kann. Rechnen Sie selbst nach:

   - 169 Euro × 12 (Monate) × 18 (Jahre) = 36 504 Euro
   - 36 787 Euro – 36 504 Euro = 283 Euro

   Das entspricht einer Verzinsung von 0,085 Prozent und bei einer Inflationsrate von 2,0 Prozent einem Kaufkraftverlust von 6 000 Euro. Selbst wenn wir dem Versprechen der Versicherung von weiter konstant fließenden Überschussbeteiligungen glauben – inflationsbereinigt wird nicht mehr als knapp 1,0 Prozent herauskommen. Kein Wunder: *Eine Versicherung ist kein Sparprodukt.*

2. **Schutz des Kindes: ungenügend!** Mit einer Unfallversicherung wird Ihr Kind nicht annähernd abgesichert. Unfälle sind drastisch, erfahren viel Aufmerksamkeit und machen daher Angst – sie sind statistisch aber ein relativ unbedeutendes Risiko. Die kognitive Verzerrung, unter der Sie (und ich) hier leiden, heißt Verfügbarkeitsheuristik und ist ein weiterer guter Freund des angstgetriebenen Versicherungsverkaufs. Die echten Risiken sehen anders aus, etwa kognitive Einschränkungen oder schwere körperliche oder psychische Erkrankungen[5] wie Suchtprobleme, Angststörungen oder Depressionen. Wenn Sie Ihr Kind möglichst umfassend absichern wollen, benötigen Sie eine Berufs- oder Schulunfähigkeitsversicherung.

3. **Schutz bei Tod des Beitragszahlers: ungenügend!** Wenn Timo als Hauptverdiener und Beitragszahler verstirbt, hat die Familie Dutzende Probleme: Wie können die unmittelbaren Lebenskosten, die Kreditraten bei einem Immobilienkauf oder die Miete weiterbezahlt werden? Die Beiträge für die UBR sind da im Vergleich unwichtig

und ein Rundungsfehler. Was Timo und Lea brauchen, ist eine ausreichende Risikovorsorge, falls einem von beiden etwas zustößt. Die gute Nachricht: 100 000 Euro Risikoabsicherung kosten bei einer Direktversicherung für einen fünfunddreißigjährigen Nichtraucher unter 5 Euro im Monat – Nachversicherungsrecht[6] und Recht auf Laufzeitverlängerung inklusive.

Lea und Timo sollten also keinesfalls eine UBR abschließen. Wenn sie sonst gar nicht schlafen können, meinetwegen eine reine Unfallversicherung.

MITTWOCH Die wichtigsten Schutzschilde für Ihre finanzielle Lebensplanung (1): Versicherungen

Schauen wir uns im Folgenden an, welche Versicherungen Sie in welchem Lebensabschnitt unverzichtbar benötigen und welche weiteren Absicherungen gegebenenfalls sinnvoll sind.

Single

Spätestens in dem Moment, in dem Sie für sich selbst finanziell verantwortlich sind, müssen Sie sich um eine Absicherung Ihrer elementarsten Lebensrisiken kümmern. Und nein, dazu gehört nicht, dass vielleicht Ihr Handy gestohlen wird, auch wenn fast 40 Prozent der unter 30-Jährigen das offenbar für ein existenzielles Risiko halten.[7] Die Versicherung, die Sie am dringendsten brauchen, ist eine Haftpflichtversicherung. Die Haftpflicht übernimmt Schäden, deren Kosten Sie massiv um Lebensqualität bringen oder Sie in die Pleite treiben würden. Etwa, wenn Sie dafür verantwortlich sind, dass eine andere Person dauerhaft ihre Arbeitskraft verliert. Erstaunlich, dass vermutlich rund 30 Prozent der deutschen Haushalte keine solche Versicherung haben – und das, obwohl sie oft weniger als 100 Euro im Jahr für die ganze Familie kostet.

Wenn Sie Single sind und Mut zur Lücke haben, könnten Sie es dabei belassen. Andere Risiken sind in jungen Jahren unwahrscheinlich. Dennoch rate ich Ihnen dringend, sich intensiv mit der Absicherung Ihrer Arbeitskraft auseinanderzusetzen. In jungen Jahren ist Ihre Arbeitskraft – Ihr Humankapital – Ihr höchster Vermögenswert. Sie zu verlieren, bedeutet fast automatisch einen sozialen Abstieg. Sie sollten deshalb zumindest diejenigen Berufsjahre absichern, in denen Sie noch jung sind und der Verlust Ihrer Arbeitskraft existenzgefährdend wäre. Die gute Nachricht: Eine Berufsunfähigkeitsversicherung (BU), die Sie etwa bis Mitte fünfzig absichert, ist günstig. Logisch: Junger Versicherungsnehmer – gutes Risiko, alter Versicherungsnehmer – schlechtes Risiko. Wenn Sie es klug anstellen, können Sie das Risiko für die letzten Jahre Ihrer Berufstätigkeit dann auch über Ihr Vermögen abdecken.

Vorsicht: Eine Unfallversicherung oder eine sogenannte Dread-Disease-Versicherung – also eine Versicherung gegen schwere Krankheit – ist dagegen meist nur ein Geschäft mit der Angst. Sie ergibt nur Sinn, wenn Sie aus gesundheitlichen Gründen keine BU bekommen oder besonders gefährdet sind, etwa weil Sie ein gefährliches Hobby haben wie Gleitschirmfliegen oder einen anderen Extremsport. Und noch etwas: Eine BU ist fachlich ein Dschungel. Sie sollten da nicht selbst rumdoktern und brauchen daher einen neutralen Verbündeten, konkret: einen unabhängigen Versicherungsberater. Sein Honorar ist für Sie um Längen günstiger als die Provision, die an Ihren bisherigen Produktverkäufer fließt. Und die Qualität seiner Beratung ist in der Regel signifikant besser.

Ich rate Ihnen zudem zu einer Auslandsreisekrankenversicherung. Die kostet nicht viel und ist im Ernstfall Gold wert, weil sie die Kosten von medizinischen Behandlungen außerhalb der EU übernimmt. Ebenso erwägenswert ist neben der gesetzlichen Krankenversicherung eine private Zusatzversicherung – die Ihnen insbesondere bei Krankenhausaufenthalten das Recht einräumt, sich von Chef- oder Oberarzt behandeln zu lassen.

Wenn Sie das so weit umsetzen, sind Sie meiner Meinung nach bestens abgesichert. Bei einer Rechtsschutzversicherung sollten Sie sich zumindest gut ansehen, wann diese zahlt und wann nicht – Überraschungen sind sonst vorprogrammiert, und zwar keine positiven. Wenn Sie unbedingt meinen, versichern Sie noch Ihren Hausrat, damit Sie nach einem Brand, Wasserschaden oder Einbruch Ihre Wohnung wieder einrichten können. Wenn Sie ein paar Rücklagen haben, schaffen Sie das allerdings auch aus eigener Kraft. Ein Lebensrisiko ist das nicht.

Familiengründung

Ihren Versicherungsbestand überprüfen und erweitern sollten Sie spätestens dann, wenn Sie nicht mehr nur für sich selbst, sondern auch für andere Menschen finanzielle Verantwortung tragen – spätestens, wenn Kinder mit ins Spiel kommen. Dies sind die wichtigsten vier Punkte:

1. **Partner absichern:** Ihr Partner, respektive Ihre Partnerin sollte so gut abgesichert sein wie Sie.

2. **Überprüfen Sie Ihre Haftpflicht:** Ob und in welcher Form übernimmt sie Schäden, die Ihre Kinder verursachen? Solange die Kinder unter sieben Jahre alt und damit noch nicht deliktfähig sind, liegt juristisch zwar kein Haftungsfall vor. Sie fühlen sich aber vermutlich trotzdem moralisch verpflichtet, einen Schaden zu begleichen. Eine entsprechende Klausel im Vertrag und ein paar Euro mehr Beitrag lösen das Problem.

3. **BU überprüfen:** Stellen Sie sicher, dass die finanzielle Lebensplanung Ihrer Familie auch dann aufgeht, wenn einer von Ihnen (dauerhaft) ausfällt. Das heißt: Wenn Sie bei der BU bisher Mut zur Lücke hatten, dann sollten Sie das jetzt beenden. Wenn Sie schon eine BU haben, überprüfen Sie die Höhe der Absicherung, natürlich für beide Partner.

4. **Risikolebensversicherung abschließen:** Solange kein anderes Vermögen zur Verfügung steht, brauchen Sie eine Risikolebensversicherung, die im Falle Ihres vorzeitigen Todes eine höhere Summe an Ihre Hinterbliebenen auszahlt. Dabei müssen sich beide Partner

absichern, nicht nur die Hauptverdienerin. Denn wenn die Person in einer Beziehung ausfällt, die sich am meisten um die Kinder gekümmert hat, braucht der länger lebende Partner den finanziellen Spielraum, um beruflich kürzer treten zu können und mehr für die Kinder da zu sein, wenn diese es am nötigsten haben. Die Summe für eine solche Risikolebensversicherung sollten Sie mindestens so hoch ansetzen, dass Ihre Familie gut über die Runden kommt, bis die Kinder aus dem Haus sind; wenn Sie ein Eigenheim erworben haben, optimalerweise auch so, dass das Familienheim nicht verkauft werden muss. Und achten Sie darauf, dass Sie jeweils die Beiträge für die Risikolebensversicherung des jeweils anderen Partners zahlen und nicht die Beiträge für ihren eigenen Vertrag. Denn nur so fällt im Fall eines Falles die Versicherungssumme nicht unter die Erbschaftssteuer.

Mit fortschreitendem Alter

Je älter Sie und Ihre Kinder werden, desto weniger Absicherung brauchen Sie. Einerseits muss, wenn einer von Ihnen ausfällt, weniger Zeit überbrückt werden. Andererseits haben Sie (hoffentlich) bereits ein gewisses Vermögen angespart. Dass Versicherungen überflüssig werden, gilt für manche (optionalen) Sachversicherungen, etwa Hausrat, vor allem aber für Ihre BU und die Risikolebensversicherung. Jetzt können Sie (Teile) dieser Absicherung auslaufen lassen oder kündigen. Praktischerweise genau dann, wenn die Risikobeiträge aufgrund Ihres Alters immer teurer werden. Ich würde Ihnen deshalb beim Abschluss einer Risikolebensversicherung auch immer dazu raten, ein Produkt zu wählen, bei dem Sie a) im Laufe der Zeit Teilbeträge kündigen, also die Summe herabsetzen können, und b) in dem Sie nicht über die gesamte Laufzeit einen konstanten Betrag zahlen, sondern Jahr für Jahr den Risikobeitrag, der Ihrem Alter angemessen ist. Wenn der Beitrag richtig teuer wird, brauchen Sie die Versicherung vielleicht gar nicht mehr.

DONNERSTAG **Die wichtigsten Schutzschilde für Ihre finanzielle Lebensplanung (2): Verträge**

Blinde Flecken bei der juristischen Risikovorsorge nicht zu schließen, hat für Ihre finanzielle Sicherheit den gleichen Effekt, wie unangeschnallt über die Landstraße zu heizen für Ihre Sicherheit beim Autofahren. Ein No-Go! Schauen wir uns daher heute an, was Sie dringend benötigen.

Sobald Sie volljährig sind, sollten, nein, *müssen* Sie sich mit der Situation auseinandersetzen, wer für Sie entscheidet, wenn Sie vorübergehend oder dauerhaft nicht mehr handlungsfähig sind. Mama und Papa sind das nicht (mehr) und Ihr Partner, Ihre Partnerin auch nicht. Sie müssen selbst definieren, wem Sie diese Verantwortung übertragen, sonst macht es im Falle eines Falles das Amtsgericht und bestellt einen Betreuer. Das Mittel der Wahl ist eine Vorsorge- und/oder Generalvollmacht, die im Wesentlichen zwei Bereiche regelt:

- **Gesundheitssorge:** Mit dieser Vollmacht kann Ihr Bevollmächtigter in Ihrem Namen mit Ärzten und Pflegepersonal reden und für Sie entscheiden – auch wenn keine Patientenverfügung vorliegt. Also einfach ein Formular ausfüllen und schon ist es getan? Formal ja, inhaltlich nein. *Reden* Sie mit der Person, der Sie diese zentrale Verantwortung übertragen: Was wollen Sie, was nicht? Gibt es einen Punkt, ab dem Sie keine lebensverlängernden Maßnahmen wünschen? Sprechen Sie am besten über konkrete Beispiele aus Ihrer Familie und dem Bekanntenkreis, notfalls über Fälle aus der Presse. Wenn Sie Ihre eigenen Vorstellungen konkreter festlegen wollen und vor allem, wenn Sie der bevollmächtigten Person die Last der Verantwortung leichter machen wollen, sollten Sie zusätzlich Ihren Willen in einer Patientenverfügung dokumentieren. Denken Sie auch daran, hier eine Person einzusetzen, die, wenn es hart auf hart kommt, die nötige Entschlossenheit (und Härte) hat, Ihren Willen auch durchzusetzen.

- **Vermögenssorge und Verwaltung:** Hiermit erlauben Sie einer Person, in Ihrem Namen in finanziellen Angelegenheiten für Sie zu entscheiden, Ihre Post zu öffnen, Ihre Rechnungen zu bezahlen und für

Sie Verträge abzuschließen. Das ist nicht nur eine Vertrauenssache, sondern Sie sollten auch eine Person mit einem gewissen Sachverstand und administrativen Fähigkeiten aussuchen.

In der Summe ist das unheimlich und unangenehm, doch machen Sie sich nichts vor: Wenn Sie nicht mehr entscheiden können, wird es ein anderer für Sie tun. Sie haben jetzt die Chance, sich auszusuchen, wer das ist. Ebenfalls unangenehm: Auch vor Missbrauch werden Sie sich nie ganz schützen können. Einen gewissen Schutz bietet dabei, die Vorsorgevollmacht einer vertrauten dritten Person anzuvertrauen, die diese erst an den Bevollmächtigten herausgibt, wenn sie sich über Ihre Umstände versichert hat und weiß, dass Sie nicht mehr in der Lage sind, selbst zu entscheiden. Denn die Vollmacht ist nach außen nicht auf den Notfall beschränkt. Zusätzlich würde ich der bevollmächtigten Person auch immer separate Vollmachten für alle Bankverbindungen einräumen. Denn die Generalvollmacht müsste bei jedem Geschäftsvorfall im Original vorgelegt werden – in der Praxis eine absolute Zumutung!

Ab dem Zeitpunkt, an dem Sie nicht mehr nur für sich finanzielle Verantwortung haben, brauchen Sie weitere Absicherungen. Ja, ein Ehevertrag ist furchtbar unromantisch, und ja, er kann als Machtinstrument missbraucht werden, wenn – meist auf Betreiben der Eltern – der vermögendere Part einer Beziehung versucht, sich so viele Vorteile zu sichern wie nur möglich. Stichwort: Asset Protection. Und dennoch: Im Fall eine Scheidung gibt es so oder so eine Regelung, entweder die staatlich definierte oder die, die Sie im besten Fall zusammen vereinbart haben. Gerade, wenn Sie Unternehmerin sind, haben Sie vermutlich wenig Lust, Ihren Ex im Gesellschafterkreis zu haben – Ihre Mitgesellschafter sicher nicht. Wenn eine Ehe auseinanderbricht, gibt es genügend Verletzungen, Wut und Enttäuschung. Geld wird da schnell zu einer Waffe auf einem Schlachtfeld, auf dem nur scheinbar um Geld, in Wahrheit aber um enttäuschte Gefühle gekämpft wird. Wenn Sie sich heute lieben, sorgen Sie dafür, dass es, falls es schiefgeht, Geld nicht als Waffe eingesetzt wird.

Über ein Testament sollten Sie bei der Eheschließung ebenfalls nachdenken – auch wenn Sie (noch) keine Kinder haben. Denn Ihre Partnerin, Ihr Partner wird Sie im Falle eines Falles sonst nicht allein beerben. Nach der gesetzlichen Erbfolge geht ein Viertel des Vermögens an die Eltern des verstorbenen Partners und – falls diese nicht mehr leben – an dessen Geschwister. Unschön, insbesondere wenn Sie zusammen eine Immobilie erworben haben und Ihre Eltern oder Ihre Geschwister Ihre Witwe zwingen könnten, das Haus zu verkaufen. Spätestens, wenn Sie Kinder haben, ist ein Testament aber Pflicht:

Erstens, um den länger lebenden Partner zu schützen. Denn im Ernstfall geht nun die Hälfte des Vermögens an Ihre Kinder. Für die meisten ist das kein Problem, wäre da nicht eine Crux. Gerade, wenn Sie eine Immobilie haben, wird sich bei grundlegenden Entscheidungen ein vom Amtsgericht bestellter Pfleger einschalten, um die Interessen der minderjährigen Kinder gegen das länger lebende Elternteil zu vertreten. Und glauben Sie mir: Das wollen Sie nicht. Ebenso wenig wollen Sie vermutlich, dass Ihre Kinder, um an Ihr Geld zu kommen, bei Volljährigkeit durchsetzen können, dass die Immobilie verkauft wird.

Zweitens, um Ihre Kinder zu schützen. Je mehr Vermögen Sie besitzen, desto dringender ist ein Testament. Geld hat eine immense Kraft. Zu viel davon zur falschen Zeit kann junge Menschen aus der Bahn werfen oder ihnen die eigene Selbstwirksamkeit nehmen. Was sind die selbst verdienten 18 Euro Stundenlohn für den Werkstudentenjob wert, was bin *ich* wert, wenn da schon ein hoher sechsstelliger Betrag auf meinem Konto liegt? Verstehen Sie mich nicht falsch: Wie Sie in Woche 12 sehen werden, bin ich ein großer Freund davon, der nächsten Generation so viel Geld so früh wie möglich zu übertragen – aber nicht unkontrolliert. Sie müssen sich dazu Ihre Kinder gut ansehen – und für den Fall Ihres Todes diese Aufgabe übertragen, sprich eine Testamentsvollstreckung anordnen und es dem überlebenden Partner überlassen, zu entscheiden, wann der richtige Zeitpunkt ist.

Drittens, um Ihr Vermögen zu schützen. Eigentlich kann es Ihnen egal sein, schließlich sind Sie ja tot. Und dennoch wäre es schade, wenn das Familienvermögen unnötig dezimiert wird – sei es durch leicht vermeidbare Steuern, Streit in der Familie oder überforderte Erben.

Zum Schluss noch zwei wichtige Punkte zur Umsetzung. Erstens: Ihre juristische Notfallplanung ist zu wichtig, um diese auf die leichte Schulter zu nehmen. In den Worten des Notars meines Vertrauens:

»Ein selbst verfasstes Testament, das mehr als drei Sätze hat, ist falsch.« Lassen Sie sich also beim Errichten von Vorsorgevollmacht und Testament anwaltlich oder notariell beraten. Für die Vorsorgevollmacht können Sie, um Kosten zu sparen, auch die Vordrucke des Bundesjustizministeriums nutzen.[8] Nur lassen Sie dann unbedingt Ihre Unterschrift notariell beglaubigen! Das kostet nicht einmal 100 Euro und gibt Ihnen die nötige Rechtssicherheit gegenüber Banken und Behörden. Sammeln Sie alle Notfalldokumente – Versicherungen und Verträge – in einem klar markierten Notfallordner, der gut auffindbar ist. Im Falle eines Falles müssen Ihr Partner, Ihre Partnerin beziehungsweise die Nachkommen da schnell dran und wollen sicher nicht anfangen, (erfolglos?) zu suchen.

FREITAG **Denkpause**

SAMSTAG Blinde Flecken in der Notfallplanung: Das Schicksal von Anja und Michael

Keine Geschichte in meinen inzwischen fünfundzwanzig Jahren als Berater hat meine Art, über relevante Finanzberatung nachzudenken, so stark beeinflusst wie das Schicksal von Anja und Michael. Ihre Geschichte ist einer der Gründe, warum mein heutiger Sozius Stefan und ich ein eigenes Honorarberatungsunternehmen gegründet haben, das die langfristige Lebensqualität eines Menschen ins Zentrum stellt und sich nicht nur auf die Optimierung eines Wertpapierportfolios stürzt. Denn Anja und Michael sind nicht die Einzigen mit einem fatalen blinden Fleck in ihrer Notfallplanung. Schlimmer: Die gesamte Finanzindustrie hat, wo es über den Verkauf ihrer Versicherungs- und Investitionslösungen hinausgeht, einen riesigen blinden Fleck. Ich habe die Geschichte schon einmal in verkürzter Form in meinem Buch *Über Geld nachdenken* erzählt. Sie ist für mich – vor allem aber für Sie – zu wichtig, um es hier nicht noch mal zu tun.

Als ich Michael vor über zehn Jahren kennenlernte, war er von einem schweren Schicksalsschlag gezeichnet. Zwei Jahre zuvor war der Vater von zwei Grundschulkindern gemeinsam mit seiner Frau Anja mit dem Motorrad schwer verunglückt. Während Michael mit ein paar Brüchen davonkam, war seine Frau seitdem ein Pflegefall: an den Rollstuhl gebunden und kognitiv deutlich eingeschränkt. Ich mochte diesen Menschen sofort und die Art, wie er über die kleinen Fortschritte seiner Frau berichtete; wie er sein berufliches Leben umorganisiert hatte, auf Karriere und besseren Verdienst verzichtete, um mehr Zeit für die Kinder zu haben; dass er seine Frau mit immensem Aufwand daheim pflegte, und vor allem, dass er nicht fortlaufend mit seinem Schicksal haderte, sondern versuchte, das Beste für seine Frau und die Familie zu erreichen. Trotz allem war Michael immer noch ein lebensbejahender und optimistischer Mensch.

Da die Familie aufgrund des gefährlichen Hobbys finanziell gut vorgesorgt hatte, war Geld zum Glück die geringste Sorge. Aus einer Unfallversicherung waren Michaels Frau ein fast siebenstelliger Betrag sowie eine zusätzliche monatliche Rente zugeflossen. Eine Versicherung, deren Abschluss angesichts der Risiken beim Motorradfahren eine umsichtige Entscheidung gewesen war. So hatten die beiden genügend Geld für nötige Einmalanschaffungen, kleinere Baumaßnahmen in der Wohnung und um die Einkommensverluste von Michael abzufangen.

Nur eines hatten die beiden übersehen: Sie hatten sich nicht gegenseitig bevollmächtigt, im Falle eines Falles für den jeweils anderen handeln zu können. Nicht aus Misstrauen, nicht aufgrund von Vorbehalten. Sie hatten es schlicht und ergreifend nicht gewusst. Woher auch? Ihr Versicherungs- und Finanzberater war (oder fühlte sich) nicht zuständig. Und bei einem Notar, der die beiden (vielleicht) darauf hätte ansprechen können, waren die beiden bisher noch nicht gewesen. Vermutlich sind sie davon ausgegangen, dass sie als Ehepartner im Notfall automatisch füreinander entscheiden könnten. Falsch.

Die Folge: Das Amtsgericht setzte einen Betreuer ein, der Anjas Interessen vertreten sollte. Mit diesem Betreuer musste Michael jede relevante finanzielle Entscheidung im Vorfeld absprechen: Ob ein teurer Hightech-Rollstuhl gekauft oder ein neues Auto finanziert werden musste – zuvor musste mit dem Betreuer geklärt werden, ob jede einzelne Maßnahme auch sinnvoll war. Auch wenn Betreuungsgerichte dazu neigen, die unmittelbaren Angehörigen als Betreuer einzusetzen, wurde in Anjas Fall anders entschieden. Zu groß erschien dem Gericht angesichts der hohen Auszahlung der Versicherung das Risiko von Interessenkonflikten. Zumal Michael (formal) ja die Schuld am Unfall und damit an Anjas Behinderung trug.

War das Betreuungsthema im Alltag eine Unannehmlichkeit, die zu Rückfragen, Eingaben und Dokumentationspflichten führte, war es bei relevanten finanziellen Entscheidungen ein technischer K.o. Bei der Kapitalanlage war Michael faktisch handlungsunfähig: Als er eine Immobilie kaufen wollte, musste zusätzlich ein Verfahrenspfleger ernannt werden, der wiederum den Berufsbetreuer kontrollieren sollte. Egal, ob Michael eine barrierefreie Wohnung für die Eigennutzung oder ein anderes Objekt als Investition erwerben wollte – bis alle Bedenken formuliert und ausgeräumt waren, war das jeweilige Objekt schon längst nicht mehr am Markt. Die Formulare, Eingaben, Bedenken, das permanente In-die-Länge-Ziehen nahm Michael, der genug andere Sorgen hatte, wie Schikanen wahr. Dass wir trotz wochenlanger Anläufe und bester Argumente keinerlei Chance hatten, eine noch so rationale und konservative Anlagestrategie durchzusetzen, versteht sich rückblickend fast von selbst. Es war, wie gegen Windmühlen zu kämpfen. Mehr als Cash und Festgeld – also ein sicherer Kaufkraftverlust – waren für den Betreuer nicht vorstellbar. Der Betreuer, der dafür bezahlt wurde, die Interessen von Michaels Frau durchzusetzen, sorgte so dafür, dass die Versorgungsqualität seiner Mandantin dauerhaft deutlich absinken würde.

Dass wir gescheitert sind, lag nicht hauptsächlich am bösen Willen oder fachlicher Unfähigkeit des Berufsbetreuers. Die Gründe für das scheinbar irrationale Agieren des Betreuers sind hochgradig rational, leider nur aus der Sicht des Betreuers. Ein Berufsbetreuer hat oft viele Dutzend zu Betreuende. Da ist meist keine Individualität möglich, sondern standardisiertes Handeln. Das heißt konkret: vor allem nichts zu genehmigen, was mit Risiken zu tun haben und später Ärger auslösen könnte. Also lieber Nein als Ja sagen, zumindest aber sich endlos absichern. Wer für Michael und potenziell auch für Sie ein geliebter Mensch ist, ist für ihn einer von zahlreichen Fällen.

Was noch schwerer als der finanzielle Unfug wog, war Michaels Gefühl der Ohnmacht: das Gefühl, durch bürokratische Willkür nicht im vollen Umfang der sorgende und liebevolle Ehemann und Vater sein zu können, der er sein wollte. Ein Umstand, der ihn zusätzlich zu den operativen Mühen der Betreuung sehr viel Lebensenergie kostete.

Ich hoffe, Sie verstehen jetzt, warum mir das Thema Vorsorgevollmacht und die Geschichte von Anja und Michael so am Herzen liegen. Und Sie ahnen vermutlich auch schon, was Ihre wichtigste Aufgabe in der nächsten Woche sein wird: Schreiben Sie den Punkt Notfallplanung ganz oben auf die Liste der konkreten Maßnahmen Ihres Finanzkompasses und kümmern Sie sich als Erstes um Vorsorgevollmachten für sich und Ihre Familie.

SONNTAG Ergebnissicherung

Die vierte Woche liegt hinter uns und wir sind gleich mit einem ganz dicken Brett in die Umsetzung eingestiegen. Zeit, die wichtigsten Erkenntnisse festhalten, Ihnen ein paar Fragen zum Nachdenken und vor allem klare Aufgaben zur Umsetzung mitzugeben. Für die, die noch mehr wissen wollen, gibt es zudem ein paar Hinweise zu weiterführender Literatur. Nur in dem Zusammenhang: Versuchen Sie, sich bei den juristischen Themen nicht selbst schlau zu machen. Es gibt Gründe dafür, dass ein Jurastudium viele Jahre dauert, und es steht zu viel auf dem Spiel. Ich habe deshalb in der Literaturliste bewusst auf entsprechende Ratgeber von Stiftung Warentest & Co. verzichtet.

1. Die wichtigsten Erkenntnisse der Woche

- Überall, wo ein Schadensfall Ihre finanzielle Zukunft und die der Menschen, für die Sie Verantwortung tragen, gefährdet, brauchen Sie eine Versicherung: Im Wesentlichen sind das BU, Haftpflicht-, Auslandsreisekranken- und gegebenenfalls eine Risikolebensversicherung. Alles andere zahlen Sie aus dem Ersparten.
- Vermeiden Sie Teillösungen: Risiken abzusichern, die nur ein Teil des Problems sind, oder Summen abzusichern, die nur ein Tropfen auf den heißen Stein sind, ist Unsinn.
- Hüten Sie sich vor Ihrem Versicherungsmakler. Er wird von der Finanzindustrie bezahlt und nutzt Ihre Ängste aus. Nutzen Sie Direktversicherungen und bei Beratungsbedarf einen Versicherungsberater nach § 34 d Abs. 2 der Gewerbeordnung (GewO).
- Eine Vorsorgevollmacht ist Pflicht für alle Familienmitglieder über achtzehn. Wenn Sie keine Person kennen, der Sie rückhaltlos vertrauen, wählen Sie den Weg einer sogenannten Betreuungsverfügung. Ein Testament brauchen Sie spätestens dann, wenn Sie heiraten. Gehen Sie für die juristischen Themen zu einer qualifizierten Anwältin oder einer Notarin.

2. Fragen zum Nachdenken

- Wem in Ihrem Leben bringen Sie so viel Vertrauen entgegen, dass er für Sie in medizinischen und/oder juristischen Fragen entscheiden könnte, wenn Sie das nicht mehr können?
- Gab es in Ihrer Familie Schicksalsschläge, etwa Fälle von Demenz oder den Tod eines nahen Angehörigen? Hat Sie das dazu gebracht, neu darüber nachzudenken, wie man mit Ihnen am Ende Ihres Lebens umgehen sollte? Mit wem haben Sie darüber (nicht) geredet?

- Wenn Ihnen etwas zustößt oder Sie Ihre Arbeitskraft verlieren: Gibt es einen Notfallplan? Kämen die Menschen, für die Sie (finanzielle) Verantwortung tragen, klar? Und: Wer trägt für Sie finanzielle Verantwortung?
- Weiß Ihr Mann, Ihre Frau, wo der Versicherungsordner liegt und wo die Vorsorgevollmacht abgeheftet ist? Haben Sie einen Notfallordner?

3. **Ihre Aufgabe für die laufende Woche**
   - Vereinbaren Sie einen Termin mit einer Fachanwältin oder Notarin, um eine Vorsorgevollmacht zu errichten und für eine erste Besprechung zu Ihrem Testament. Nehmen Sie Ihre Partnerin, Ihren Partner dazu mit und alles, was Sie bisher selbst verfasst haben.
   - Machen Sie sich im Vorfeld ausführlich Gedanken über das, was Sie wollen. Reden Sie mit Ihrem Partner, Ihrer Partnerin.
   - Listen Sie alle bestehenden Versicherungsverträge auf: Art, Laufzeit, Zweck. Stellen Sie sich bei jedem Vertrag die Frage: Schützt er vor einem wesentlichen Lebensrisiko? Heißt die Antwort Nein, kündigen Sie den Vertrag.
   - Sichern Sie die Menschen, die Sie lieben, für den Fall, dass Ihnen etwas zustößt, mit ausreichend Geld ab. Das gilt für eine Berufsunfähigkeit ebenso wie für den Todesfall. Stellen Sie sicher, dass Ihr Partner, Ihre Partnerin das Gleiche für Sie tut.

4. **Was Sie sich langfristig angewöhnen sollten**
   - Überprüfen Sie jährlich am Eichhörnchentag, ob Ihr finanzieller Schutzschild für den Notfall noch ausreicht oder gar überdimensioniert ist.
   - Überprüfen Sie alle fünf Jahre, ob Ihr Testament noch stimmt. Nicht nur *Ihr* Leben – auch das Ihrer Erben ändert sich.
   - Meiden Sie Ihren Versicherungsverkäufer. Wenn er Ihnen was verkaufen will, fragen Sie nach: »Wie viel Prozent aller Verträge werden in Anspruch genommen?« (Sprich: Wie wahrscheinlich ist der Schadensfall?) – »Wie hoch ist die Marge für die Versicherung?« – »Wie hoch sind die Abschlusskosten und was verdient er daran?«

- Widersprechen Sie unreflektierten Aussagen zum Thema Risikoabsicherung. Das gilt insbesondere für die Menschen, die meinen, sie seien ja noch jung oder sie könnten das alles selbst. Manchmal tun es da schon ein paar Nachfragen: »Was würde das im Notfall für dich, deinen Mann und deine Kinder bedeuten? Willst du das?« oder »Wieso, glaubst du, dauert ein Jurastudium im Schnitt sechseinhalb Jahre?«.

Weiterführende Literatur & Input

- Hartmut Walz, Ulrich Bosetti, *Beraten statt Verraten. So wehren Sie Manipulationen in der Finanzberatung souverän ab* (2022).

Unter neunundvierzig.com/gut-mit-geld finden Sie

- Blogartikel von mir und anderen Autoren zum Thema,
- Hinweise auf weitere Geschichten zur Notfallplanung und den Fallstricken des Versicherungsvertriebs,
- weitere Fragen und Hinweise zum Nachdenken und
- eine Checkliste für nötige Versicherungen und Verträge.

WOCHE 5

Warum Schulden so gefährlich sind

»Schau mal, der BMW kostet nur 480 Euro im Monat.«
Tim F. (42), Zahnarzt

Geld hat etwas Magisches: Es kann Energie und Gestaltungsspielraum mit einer Zeitmaschine aus der Zukunft in die Gegenwart holen – und umgekehrt. Wenn wir Schulden machen, tauschen wir Humankapital – also das, was wir später noch verdienen werden – in ein anderes Asset oder Konsumgut: Wir holen uns etwa ein Auto, ein Haus oder einen Urlaub aus der Zukunft ins Heute. Vor dem Hintergrund wäre es eigentlich rational, in jungen Jahren Schulden zu machen und sich Dinge und Erlebnisse zu finanzieren, an denen man langfristig Freude hat. Wäre da nicht ein Pferdefuß: Die Kosten für diese Transaktion – in Form von Zinsen – sind gerade bei Konsumschulden immens. Wenn Sie etwa den Dispo Ihres Kontos im Schnitt mit 2500 Euro in Anspruch nehmen, dann hat Sie das bei einem Zinssatz von 9,7 Prozent nach siebeneinhalb Jahren weitere 2500 Euro gekostet.

Zu Beginn dieser Woche nehme ich Sie deshalb mit auf einen Höllentrip und zeige Ihnen, wie Überschuldung entsteht und Ihre Lebensqualität zerstören kann. Um gar nicht erst in die Nähe des Abgrunds zu kommen, sehen wir uns am Dienstag an, wie Sie Schulden am effizientesten abbauen oder gleich ganz vermeiden. Am Mittwoch blicken wir dann differenzierter auf das Thema: Sind alle Schulden per definitionem schlecht? Und am Donnerstag zeige ich Ihnen, warum sich Schulden auf der einen und Vermögensaufbau auf der anderen Seite im Regelfall ausschließen. Die Geschichte einer Überschuldung, die ich Ihnen am Samstag erzähle, treibt mir bis heute die Zornesröte ins Gesicht. Und am Sonntag gibt es wie immer die Ergebnissicherung.

Drei Fragen zum Warmwerden

1. Wofür haben Sie (in der Vergangenheit) Schulden (gemacht)? Wie hat sich das auf Sie finanziell und mental ausgewirkt?
2. Was meinen Sie: Sind verschuldete Menschen Opfer der Gesellschaft oder selbst daran schuld?
3. Wenn Sie morgen pleite wären: Wer würde Ihnen helfen? Mit Geld? Mit Zeit, Zuhören und Rat? Wer würde sich abwenden?

MONTAG Auslöser und Folgen von Verschuldung erkennen und verhindern

Was immer die gesellschaftlichen Ursachen für Armut und Überschuldung sind: Einfluss haben Sie nur auf Ihr eigenes Verhalten. Wenn Sie meinen, Überschuldung betrifft Sie nicht – wunderbar. Zwei Dinge sollten Sie jedoch auf dem Radar haben: Der Abgrund ist manchmal näher, als man meint. Und: Alle Maßnahmen, die verhindern, dass Sie in der Überschuldung landen, sind für *jeden* Menschen Teil eines verantwortlichen und selbstbestimmten Umgangs mit Geld. Fangen wir mit drei guten Nachrichten an:

1. Die Anzahl der in Deutschland überschuldeten Menschen ist seit rund 20 Jahren kontinuierlich rückläufig. 2024 waren in Deutschland mit 5,56 Millionen Menschen 8,09 Prozent der Bevölkerung überschuldet. Immer noch viel zu viel, aber 25 Prozent weniger als noch 2004.[1]

2. Geradezu eingebrochen ist die Zahl der Zwangsversteigerungen von Immobilien: In den siebzehn Jahren von 2007 bis 2024 fiel die Zahl von 92 000 Objekten auf nur noch 13 445.[2] Gescheiterte Immobilienfinanzierungen sind damit nur noch für rund 1 Prozent der Überschuldungen verantwortlich. Sprich: Das Haus ist weg, vielleicht hat man sogar Schulden, aber pleite ist man noch immer nicht.

3. Abgesehen von den 10,1 Prozent der Überschuldeten, die aufgrund eines dauerhaften Niedrigeinkommens kaum eine Chance haben, über die Runden zu kommen, ist Überschuldung in Deutschland immer *auch* verhaltensbedingt und die Folge mangelnder Vorsorge. Davor können Sie sich schützen. Sie müssen es.

Blicken wir auf die häufigsten Hauptauslöser von Überschuldung aus dem Jahr 2024: Menschen, die trotz ausreichenden Einkommens ihr Konsumverhalten nicht im Griff haben, stellen nur einen relativ kleinen Teil der Überschuldeten dar, nämlich 13,7 Prozent der Betroffenen. Bei den meisten anderen Fällen gibt es in irgendeiner Form einen externen Schock: Erkrankung, Sucht, Unfall (18,1 Prozent); Arbeitslosigkeit (17,4 Prozent); Trennung, Scheidung oder der Tod des Partners (11,5 Prozent) oder eine gescheiterte Selbstständigkeit (8,1 Prozent).[3]

Was all diese Fälle gemeinsam haben: Viele hätten sich durch ausreichende Reserven im Vorfeld und ein rechtzeitiges Absenken des Lebensstandards verhindern lassen. Präventiv ist das eine wertvolle Erkenntnis: Rücklagen, um eine Weile ohne Einkommen durchzuhalten, sind eben nicht nur etwas für Spießer, sondern eine Lebensqualitätsversicherung. Sie gehören daher hinter die Notfallplanung auf Platz 2 Ihrer konkreten Maßnahmen auf Ihrem Finanzkompass. Vor dem Hintergrund der Überschuldungsstatistik wird auch klar, warum eine Berufsunfähigkeitsversicherung so wichtig ist: Denn hinter den 18,1 Prozent der Überschuldeten, die sich unter Erkrankung, Sucht, Unfall verbergen, liegen mehr als eine Million Einzelschicksale. Eine klug ausgewählte BU hätte hier in den meisten Fällen schützen können.

Wenn der externe Schock einmal da ist, ist der Hinweis, man müsse seine Ausgaben »halt nur« drastisch senken, ungefähr so viel wert, wie einem Übergewichtigen den netten Tipp zu geben, er müsse »halt nur« weniger essen. Dazu brauchen Sie *vorher* einen Notfallplan. Rechtzeitig – und das heißt sofort – auf den Wegfall eines großen Teils der Einnahmen zu reagieren und den Lebensstandard drastisch zu senken, ist nicht nur technisch, sondern vor allem mental eine fast übermenschliche Kraftanstrengung. Im Fall einer psychischen Erkrankung, insbesondere bei Depressionen oder Sucht, ist es ohne professionelle Hilfe faktisch unmöglich.[4]

Zum Schluss noch der Hinweis auf zwei statistisch unbedeutende, dafür aber besonders fiese Auslöser von Überschuldung: Übernahme von Bürgschaften (2,0 Prozent) und unzureichende Kreditberatung (1,4 Prozent). Schauen Sie genau hin, wenn Ihr Partner, Ihre Eltern oder Kinder Sie bitten, »der Form halber« oder »weil es sonst nicht klappt« auf einem Kreditvertrag mitzuunterschreiben oder eine Bürgschaft zu übernehmen: Sie hängen voll mit drin und haften unbeschränkt mit Ihrem Privatvermögen. Frauen sind hier überproportional gefährdet, dem sozialen Druck, der auf sie ausgeübt wird, nachzugeben.[5] Und was die nüchterne Formulierung »unzureichende Kreditberatung« in einem konkreten Einzelfall bedeutet, zeige ich Ihnen am Samstag anhand der Geschichte von Matteo Conti.

Die Folgen von Schulden für die eigene Lebensqualität sind offensichtlich: Die hohen Kapitalkosten rauben den Betroffenen jede Menge Freiheit. Bei Überschuldung, wenn nicht einmal mehr die elementarsten Bedürfnisse finanzierbar sind, sinkt der Handlungsspielraum auf nahe null. Mindestens so schwer wie die finanzielle lastet die gesundheitliche Belastung durch Schulden. Schulden machen krank. Nicht nur körperlich, etwa in Form eines signifikant gestiegenen Risikos eines Herzinfarkts oder einer Erkrankung an Gelenken und Wirbelsäule, sondern vor allem psychisch: Zuletzt hat eine Metastudie aus dem Jahr 2025 insgesamt 66 seit 2003 erschienene Untersuchungen ausgewertet. Das Ergebnis ist eindeutig: Von Depressionen und Angststörungen bis hin zu erhöhter Suizidalität – Schulden vernichten nicht nur Lebensqualität, sie sind mitunter lebensgefährlich.[6]

Kein Wunder: Wenn Geld der Brennstoff für unser Leben ist, fühlt ein Angriff auf diesen Brennstoff sich wie ein Angriff auf unser Leben selbst an. Und auch wenn der Volksmund meint, Geld mache nicht glücklich: (Fremdbestimmt) Kein Geld zu haben, macht auf jeden Fall unglücklich. Die meisten Betroffenen berichten von einem lähmenden Gefühl von Scham und Stigmatisierung. Von einem Gefühl, nicht mehr Herr (oder Frau) seines eigenen Lebens zu sein. In den Worten einer Betroffenen: »Meine Schulden lauerten immer in meinem Hinterkopf. [...] Wie ein Stock, mit dem ich mir selbst eins überzog. [...] Das Gefühl der Unzulänglichkeit und der Vergleich mit anderen waren zum Großteil dafür verantwortlich, dass ich überhaupt so hohe Schulden aufbaute, und diese Gefühle wurden immer schlimmer, je ernster meine Lage wurde.«[7]

Bei den psychischen Folgen von Verschuldung gibt es drei bemerkenswerte Aspekte:

1. Wie bereits angesprochen: Erlittene Traumata, insbesondere die aus der Kindheit, wirken (lebens-)lang nach. Die Forschung spricht hier treffend von einem »Vernarbungseffekt«.[8]

2. Für die psychischen Auswirkungen von Verschuldung ist weniger die *objektive* Situation entscheidend, sondern wie belastend respektive aussichtslos diese *subjektiv wahrgenommen* wird.[9]

3. Wo funktionierende soziale Beziehungen oder Rückhalt in der Familie fehlen, steigt das Risiko, psychisch zu erkranken, dramatisch: laut einer Mainzer Studie von 40 Prozent auf 61,8 Prozent! Bitter, wenn man weiß, dass sich mit der Verschuldung in etwa der Hälfte der Fälle Freunde und Familie zurückziehen.[10]

Wenden Sie diese Erkenntnisse ins Positive, sind das aber auch gute Nachrichten: Wenn Sie Ihr Schicksal wieder in die eigenen Hände nehmen, alles daran setzen, sich aus Ihrer Situation zu befreien, wenn Sie sich Hilfe von Familie, Freunden und einer professionellen Schuldenberatung suchen, dann haben Sie gute Erfolgschancen. Nicht nur, dass sich Ihre finanzielle Situation langfristig verbessert, sondern auch Ihre psychische. So gaben laut einer Studie der Caritas aus dem Jahr 2010 über 80 Prozent der Befragten an, dass sich die Konfrontation mit ihrer Situation – in diesem Fall durch die Beantragung einer Privatinsolvenz – positiv auf ihre Lebenszufriedenheit ausgewirkt habe.[11] Ob das langfristige Narben verhindert, wage ich zu bezweifeln, aber vermutlich bremst es zumindest das Entstehen neuer Verletzungen.

DIENSTAG Wie Sie Schulden abbauen oder gleich vermeiden (1): der Haushaltsplan

Egal, ob Ihnen das Wasser bis zum Hals steht oder Sie nur Ihre Ausgaben ein Stück besser in den Griff bekommen wollen: Es lohnt sich, zu beobachten, wo Ihr Konsumverhalten nicht auf Linie mit Ihrer Finanzmission ist und Sie schlimmstenfalls in Schwierigkeiten bringt. Und keine Sorge: Dies ist definitiv kein freudlos-frugalistischer Spar-dich-reich-Ratgeber. Aber da wir später in diesem Buch lustvolles Geldausgeben feiern, müssen wir uns vorher die Schattenseiten ansehen.

Gehen wir also vom *Worst Case* einer drohenden oder eingetretenen Überschuldung aus. Auch wenn es viel innere Überwindung kostet: Stellen Sie sich der Situation. Verschaffen Sie sich eine Übersicht über Ihre Verbindlichkeiten nach den Kategorien Schuldner, Beträge, Raten und Dringlichkeit. Stellen Sie zuerst sicher, dass Sie nicht Ihre Wohnung verlieren, und suchen Sie so schnell wie möglich die professionelle Hilfe einer Schuldnerberatung. Seriöse Angebote finden Sie bei Wohlfahrtsverbänden wie Caritas, Diakonie oder AWO. Hier hilft man Ihnen weiter, welcher Weg aus den Schulden für Sie der sinnvollste ist und wie Sie Ihr Leben wieder in den Griff bekommen. Teilweise bleibt als einziger Weg eine Privatinsolvenz. Peinlich, schamvoll? Vielleicht. Egal: Sie haben einen Rechtsanspruch darauf, und nach drei Jahren Wohlverhalten sind Sie schuldenfrei. Ich kenne mehr als einen heute finanziell sehr erfolgreichen Menschen, der diesen Weg gegangen ist. Menschen, die durch die bittere Erfahrung heute wesentlich reflektierter über Geld nachdenken.[12]

Auch wenn Sie Überschuldung (hoffentlich) nicht betrifft: Ich treffe regelmäßig Menschen mit gutem Einkommen und substanziellem Vermögen, die keine genaue Übersicht über ihre fixen Kosten und variablen Ausgaben haben. Und weil Blindflug keine Option ist, wenn Sie die Ziele Ihres Finanzkompasses erreichen wollen, brauchen auch Sie einen Haushaltsplan.

Dazu übertragen Sie am besten die Umsätze Ihrer Konten aus dem letzten Jahr in eine Excel-Tabelle und durchforsten Ihre Ausgaben. In einem *ersten Schritt* müssen Sie sich dazu eine Übersicht über Zins- und Tilgungsraten verschaffen: Dispozinsen, Ratenzahlungen bei Onlinehändlern, Autokredit- oder Immobilienfinanzierung. In einem *zweiten Schritt* notieren Sie alle Abos: Handy, Internet, Netflix, Fitness, Spotify und erst recht Ihren Leasingvertrag. Das sind alles verbindliche mittelfristige Zahlungsverpflichtungen – also Kredite.

Machen wir im *dritten Schritt* mit Ihren zusätzlichen fixen monatlichen oder jährlichen Ausgaben weiter: Miete, Strom, Heizung, Wasser, Kfz, Transport, Versicherungen, Kita, Haustier. Ab jetzt wird es schwieriger. Denn im *vierten Schritt* ermitteln Sie die variablen Kosten: Kleidung, Essen, Ausgehen, Gesundheit, Urlaub. Dazu brauchen Sie ein Haushaltsbuch, in dem Sie Ihre variablen Ausgaben für mindestens drei Monate geordnet nach Kategorien mitschreiben – egal ob auf Papier oder über eine der zahlreichen Apps.[13] Ja, ein Haushaltsbuch nervt, es ist ein Stück Arbeit. Aber ohne Klarheit über die Fakten kommen Sie nirgendwohin. Jetzt wissen Sie endlich, wo Ihr ganzes Geld bleibt, und können die durchschnittlichen Zahlen aus dem Haushaltsbuch in Ihren Haushaltsplan übertragen. Wenn Sie in einem letzten *fünften Schritt* Ihren Haushaltsplan um Ihre Einnahmen ergänzen, sehen Sie auch, wie viel nach Ihren Einnahmen (nicht) übrig bleibt.

Jetzt können Sie entscheiden, welche Ausgaben sich kaum oder gar nicht mit Ihrer Finanzmission decken und damit überflüssig sind. Sie können sich auch fragen: Wie kann ich das meinen Ausgaben zugrunde liegende Ziel – etwa viel Zeit mit Freunden und Familie verbringen – günstiger erreichen: Muss es das verlängerte Wochenende im Wellness-Hotel sein oder macht eine Radtour nicht mehr Spaß? Oder kann ich statt in den schicken Fitness-Club nicht genauso gut mit Freunden zum Laufen in den Park gehen? Ihr Haushaltsbuch ist dabei gleichermaßen Technik wie psychologische Hilfestellung: Allein der Gedanke »Will ich das heute Abend wirklich in mein Haushaltsbuch eintragen?« bremst Sie immer wieder bei unnötigen Impulskäufen.

Wobei wir bei der Wurzel unnötiger Käufe sind: mangelnde Impulskontrolle. Belohnungs- und Frustkäufe oder nacktes »Haben-Wollen«. In vielen von uns lebt ein kleines Kind, das sich an der Supermarktkasse weinend auf den Boden wirft, bis Papa ihm einen Lolli kauft. Das Problem: Dieses Kind wird on- und offline permanent mit Lollis konfrontiert. Sein Vater dagegen wird weitgehend neutralisiert: »Jetzt kaufen mit nur einem Klick« – und schon ist es passiert. Dazu kommen Abo-

Modelle oder Kleinkredite wie »buy now, pay later«, die Ihnen erlauben, eine höhere Summe in kleineren Raten über die nächsten Monate abzustottern und so hohe Zahlungsverpflichtungen ganz niedlich aussehen lassen: Sind doch nur ein paar Euro … Und so werden aus 12,99 Euro pro Monat bei einer Vertragslaufzeit von 24 Monaten über 300 Euro. 2024 wurden in Deutschland 5 Millionen solcher Kleinkredite neu abgeschlossen.[14] Kein Wunder, dass 2023 ganze 30 Prozent aller überschuldeten Privatpersonen Schulden aus Online-Käufen hatten.[15]

Besonders gefährlich wird die mangelnde Impulskontrolle da, wo sie sich mit einer anderen toxischen Geldangewohnheit verbündet: soziales Vergleichen. Beim gemeinsamen Shopping in der Stadt oder wenn Sie sich von Influencerinnen oder Influencern beeindrucken lassen, entsteht eine Gruppendynamik, die Ihr Konto in die roten Zahlen bringt – Sie selbst dagegen immer weiter weg von den Zielen Ihres Finanzkompasses. Einkaufen als Erlebnis und Form der Identitätsstiftung ist maximal clever – von der Konsumgüterindustrie, nicht von Ihnen. Wenn Sie shoppen, setzen Sie sich ein maximales Budget, am besten in bar, nicht in Plastik oder virtuell. So spüren Sie den Schmerz des Geldausgebens stärker.

Mein Tipp: Wenn Sie das nächste Mal etwas sehen, das Sie unbedingt brauchen, obwohl Ihnen dieser eklatante Mangel in Ihrem Leben vor zwei Minuten noch nicht einmal bekannt war: Schreiben Sie das Objekt der Begierde auf eine 72-Stunden-Abkühl-Liste in Ihren Notizen. Wenn Sie die Notiz nach drei Tagen noch mal betrachten, werden Sie erstaunt sein: So attraktiv wie vor 72 Stunden wirkt das Objekt vermutlich nicht mehr. Sie werden sehen: Oft haben Sie Ihren ach so dringenden Wunsch schon vergessen.[16] Und Einkaufen gehen Sie am besten allein und mit einem Einkaufszettel.

MITTWOCH Gute Schulden, schlechte Schulden?

Sind Schulden für Privatpersonen immer schlecht? Gibt es sinnvolle Schulden, und wenn ja, welche sind das? Schauen wir dazu auf drei positive Aspekte von Schulden und überlegen darauf basierend, wann, wie lange und wie Kredite ein sinnvoller Bestandteil Ihres selbstbestimmten Umgangs mit Geld sein können.

1. **Kredite schaffen kurzfristig Liquidität und finanziellen Spielraum:** Sie erwarten in einigen Monaten einen höheren Bonus, eine Auszahlung aus einer Lebensversicherung, haben aber heute einen erhöhten Kapitalbedarf: Der Sommer steht vor der Tür und die Urlaubskasse ist leer, das Dach Ihres Hauses muss saniert werden? Hier könnte Ihnen ein Kredit im Einzelfall weiterhelfen. Nicht nur, wenn sonst keine Reserven da sind, sondern auch, wenn Sie ansonsten vorübergehend Wertpapiervermögen auflösen müssten: Der Verlust von Steuerstundungen, das Risiko, dass Sie für eine Weile aus dem Markt draußen sind und ausgerechnet dann die Kurse steigen, Tradingkosten – das alles *kann* teurer sein, als für ein paar Monate das Portfolio zu beleihen und Kreditzinsen zu zahlen.

2. **Eine Kreditaufnahme erlaubt Ihnen, höhere Summen zu investieren, und verbessert so Ihre Rendite:** Ihre Rendite durch Kreditaufnahme zu hebeln, ist eines der Lieblingsargumente der Kreditwirtschaft, gerade bei Immobilieninvestitionen. Die Logik: Ist die Rendite der Investition höher als die Aufwendungen für die Zinsen, erzielen Sie eine höhere Rendite bezogen auf Ihr eingesetztes Eigenkapital (sogenannter Leverage-Effekt). Doch das hat einen Preis, denn mit Fremdkapital gehebelte Investitionen haben höhere Risiken: Wenn die erzielte Rendite niedriger ist als die Finanzierungskosten, schmilzt Ihre Eigenkapitalrendite oder dreht ins Negative. Ein Rechenbeispiel:

   - Investitionssumme: 100 000 Euro
     Wertzuwachs: 2,5 Prozent
     Ertrag p. a. 2 500 Euro
   - Kreditaufnahme: 60 000 Euro
     Zinskosten: 4,0 Prozent
     Zinslast p. a. 2 400 Euro
   - Eigenkapital: 40 000 Euro
     Eigenkapitalrendite: 0,25 Prozent
     Gewinn p. a. 100 Euro

Dazu ein konkretes Beispiel: Während des Inflationsschocks 2022 haben Immobilien – auch in guten Lagen wie München – im Durchschnitt 20 Prozent an Wert verloren.[17] Wenn Sie kurz zuvor zu Höchstpreisen ein Eigenheim für 500 000 Euro erworben und dabei 140 000 Euro – also 20 Prozent Eigenkapital plus Nebenkosten – eingebracht haben, dann haben Sie jetzt …? Stimmt: einen Totalverlust.[18] Auf Pump zu investieren, ist also selbst bei einem (gefühlt) soliden Immobilienerwerb riskant. So weist auch Gerd Kommer in seinem Klassiker *Kaufen oder Mieten?* nach, dass Eigenheimerwerber mit Kredithebel durchschnittlich schlechtere Ergebnisse erzielen als mit 100 Prozent Eigenkapital.[19]

3. **Mit Schulden kaufen Sie sich Zeit:** Für mich ist das der einzig gute Grund, um als Privatperson Schulden zu machen. Mit Schulden kaufen Sie sich Zeit. Es ist günstiger und viel sicherer, ein Eigenheim, eine Selbstständigkeit oder ein Start-up mit möglichst viel Eigenkapital zu finanzieren. Nur bis dahin wohnen Sie nicht so, wie Sie sich das erträumen, oder Sie verkaufen Ihre Arbeitskraft in einem Job, der Sie unglücklich macht – vielleicht so lange, bis es zu spät ist. Wenn Sie Geld hier als Zeitmaschine einsetzen, *kann* das Ihre Lebensqualität optimieren – Ihre Finanzen vermutlich nicht. Aber auch dann sollten Sie nicht vergessen: Der Preis, den Sie zahlen, wird mit hoher Wahrscheinlichkeit nicht nur in Euro entrichtet. Am Ende kostet Sie das Rückführen der Schulden Freiheit an anderer Stelle, psychischen Druck, Energie und – wenn Sie deshalb mehr und härter arbeiten müssen – auch wieder Zeit. Überlegen Sie also gut, wofür sich ein Kredit für Sie wirklich lohnt.

DONNERSTAG Wie Sie Schulden abbauen oder gleich vermeiden (2): die Vermögensbilanz

Sie machen das nicht – mit gepumptem Geld spekulieren oder in den Urlaub fahren. Oder? Wirklich? In der Praxis beobachte ich häufig das Gegenteil, ohne dass es den Betroffenen überhaupt klar ist. Denn diese betrachten ihre Vermögensverhältnisse nicht als Ganzes, sondern mit einer – reichlich kindlichen Denke – in Silos: »linke Tasche« – »rechte Tasche«.

Im Einzelnen sieht die subjektive Wahrnehmung der eigenen Finanzen dann ungefähr so aus wie bei Herrn Müller: »Der Dispo, den ich ab und zu in Anspruch nehme, ist *für* die Schwankungen in meinem monatlichen Verbrauch. Der Kredit beim VW-Händler oder das Leasing ist *für* mein Auto. Die Restschuld der Baufinanzierung ist *für* die Wohnung. Und: Hurra, da sind schon fast 50 Prozent abgezahlt! Was für ein Dusel, dass ich die Anschlussfinanzierung Anfang 2022 noch so billig bekommen habe. Noch besser ist, dass ich auch so gut vorgesorgt habe: In meiner privaten Rentenversicherung ist schon richtig was drin, und auch der Bausparvertrag ist gut angespart – da kriege ich in fünf Jahren ein supergünstiges Darlehen! Dazu liegen drei Monatsgehälter auf dem Sparbuch. Außerdem spare ich konsequent das Kindergeld für meine vierjährigen Zwillinge, ganz modern in ETFs. Das ist dann später für die Ausbildung. Fazit: Raten und Verträge werden schön bedient – und alles verläuft nach Plan.«

Richtig! Alles verläuft nach Plan – nur der Plan ist ausgesprochen schlecht.

Klarheit bekommen Sie, indem Sie die gefühlt gute Situation mit den nüchternen Zahlen abgleichen. Schauen wir uns das in Form einer kommentierten Vermögensbilanz an:

Aktiva (Was ich habe)		**Infos**	**Passiva (Wo das Geld herkommt)**		**Infos**
Tagesgeld	18 000 Euro	Zins 1,2 %	Dispo	4 000 Euro	Zins 9,7 % Inanspruchnahme Durchschnittswert
Rückkaufswert: fondsgebundene Rentenversicherung	80 000 Euro	Rate 300 Euro Stand: 12/25	Autokredit	18 000 Euro	Zinssatz 6,5 % Rate: 504 Euro Laufzeit bis 4/28

Aktiva (Was ich habe)		Infos	Passiva (Wo das Geld herkommt)		Infos
Bauspar- vertrag	12 000 Euro	Bauspar- summe 80 000 Euro; Sparrate 400 Euro; Zins 0,4 %; Zuteilung 12/2030; Darlehens- zins 1,5 %	Baufinan- zierung Restschuld	246 000 Euro	Zinssatz 2,5 % Rate: 1 530 Euro Zinsbindung bis 4/32 Max. Sonder- tilgung 20 000 Euro p. a.
Aktien-ETF für Kinder	25 000 Euro	Raten gesamt: 510 Euro	Summe Kredite	268 000 Euro	
Auto	35 000 Euro		Summe Eigenkapital	352 000 Euro	
Wohnung	450 000 Euro				
Summe Aktiva	620 000 Euro		Summe Passiva	620 000 Euro	

Vermögensbilanz Familie Müller per April 2025

Ist diese Vorgehensweise wirklich so sinnvoll? Auf der einen Seite ineffiziente und schlecht verzinste Investitionen, auf der anderen Seite teure Kredite. Ist da nicht offensichtlich, was zu tun ist? Mal angenommen, Sie wären Herr Müller: Als Erstes müssten Sie den Bausparvertrag und die Rentenversicherung auflösen – warum Sie die nie hätten abschließen dürfen, schauen wir uns im nächsten Kapitel an. Ihr Aktien-ETF[20] mag – falls Sie das richtige ausgesucht haben – sinnvoll sein und *erwartet* eine höhere Rendite, als die Kredite erwirtschaften. Aber da Sie den ETF faktisch auf Pump besparen, ist auch der ETF-Sparplan unter Risikogesichtspunkten keine gute Idee – also auch auflösen. Mit den insgesamt 117 000 Euro tilgen Sie zuerst den teuren Dispo, denn hier verdoppeln sich Ihre Schulden rechnerisch alle siebeneinhalb Jahre. Dann führen Sie den Autokredit zurück. Zusätzlich machen Sie eine Sondertilgung über 20 000 Euro bei Ihrer Baufinanzierung. Die 75 000 Euro, die Ihnen übrig bleiben, legen Sie entweder auf Ihr Tagesgeldkonto –

oder noch schlauer: Sie kaufen sich eine Anleihe der Bundesrepublik Deutschland mit einer Laufzeit bis kurz vor Ende der Zinsbindung Ihres Immobilienkredits im April 2032. Stand August 2025 hätten Sie dafür immerhin 2,45 Prozent an Zinsen bekommen.

Jetzt haben Sie nicht nur weniger Schulden, sondern auch monatlich mehr als 1850 Euro zusätzlichen finanziellen Spielraum, weil Sie sich Kreditraten, Zinsen und Beiträge für Versicherung, Bausparverträge und ETF-Sparpläne sparen und zusätzlich Sparzinsen erwirtschaften.[21] In Summe macht das jährlich mehr als 22000 Euro aus. 20000 Euro davon nutzen Sie für das jährliche Fortsetzen der Sondertilgung, die restlichen 2000 Euro packen Sie auf Ihr Sparbuch. Bis zum April 2031 führen Sie so über die Sondertilgungen zusätzliche 120000 Euro Ihrer Baufinanzierung zurück. Wenn ein Jahr später die Zinsbindung Ihrer Baufinanzierung abläuft und Sie in beliebiger Höhe tilgen können, haben Sie wieder 22000 Euro angespart. Zusammen mit den 75000 Euro aus der Bundesanleihe und den auf dem Sparbuch angesparten Geld sind Sie jetzt schuldenfrei. Jetzt – und erst jetzt – können Sie den Vermögensaufbau nach vorne angehen. Wie das geht, sehen wir uns nächste Woche an.

In Summe gilt: Nichts ist eine so sichere und rentable Anlage wie nicht zu zahlende Kreditzinsen. Wo immer möglich, sollten Sie daher erst Kredite zurückführen. Nur Ihre Notreserve – in unserem Beispiel die 18000 Euro auf dem Tagesgeldkonto – ist tabu. Denn die muss Ihnen im Notfall – etwa bei einer Arbeitslosigkeit – den Kopf retten, sonst tappen Sie schlimmstenfalls doch noch in die Schuldenfalle.[22]

FREITAG Denkpause

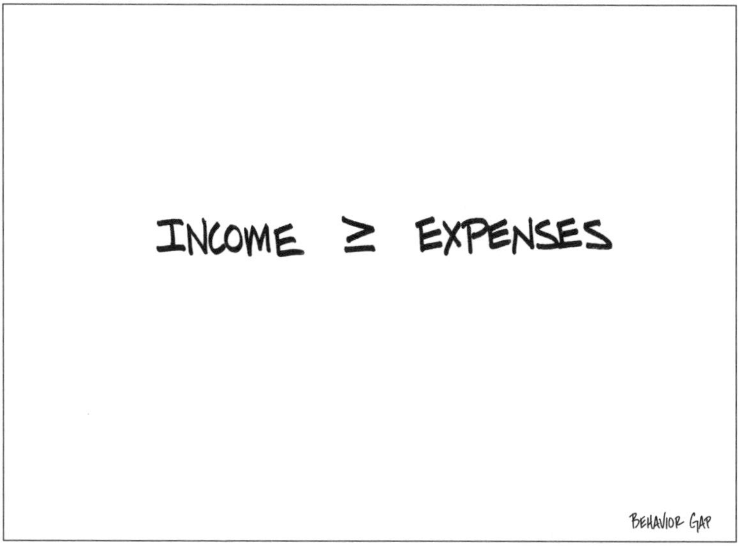

SAMSTAG Wie die Sparkasse ihrem Schuldner Matteo Conti das Fell über die Ohren zog

Spätestens nach seiner Scheidung im Sommer 2019 stand der aus Sizilien stammende 41-jährige Pizzabäcker Matteo Conti finanziell mit dem Rücken zur Wand. Bevor es ihm gelang, seinen Lebensstil nach unten zu fahren, stapelten sich unbezahlte Rechnungen. Er hatte ohnehin ein Problem, sein Konsumverhalten zu kontrollieren – jetzt gaben ihm die Unterhaltszahlungen den Rest.

In dieser Situation wendet sich Conti an seinen Bankberater. Was er für einen Glücksfall hält: Sein Berater Andrea Romano kommt ebenfalls aus Sizilien und ist bereit, ihm aus der Klemme zu helfen. Schnell sind beide auf einer Wellenlänge. Was Conti nicht versteht: Nicht der Sparkassenberater Romano ist ein Glücksfall für Conti, sondern Conti ein Glücksfall für Romano: Endlich mal wieder ein Abschluss im so wichtigen und ertragreichen Kreditgeschäft.

Und so verlässt Conti zufrieden die Bank und hinterlässt einen zufriedenen Romano. Beide denken sich vermutlich: 5 000 Euro Privatkredit – das ging ja leichter als gedacht! Ich persönlich vermute stark, dass Banken beim Konsumentenkredit-Geschäft bewusst auf eine Art ethnisches Matching setzen. Das ist so klug wie unethisch, da durch das Spielen der »nationalen« Karte ein Vertrauensvorsprung gnadenlos ausgenutzt wird.

Ob Conti damals noch eine realistische Chance gehabt hätte, seine Verbindlichkeiten zu bedienen? Vielleicht, wenn er radikal umgesteuert hätte – aber mit dem Kredit im Rücken war das ja gar nicht mehr nötig. Denn Romano hatte Conti vorsichtshalber auch noch eine neue VISA-Card verkauft – mit einem zusätzlichen Kreditrahmen von 2 000 Euro. Heute schon an das Kreditgeschäft von morgen denken. Schauen wir uns die Fakten an:

- Auszahlungsbetrag: 5 000 Euro
- Laufzeit: 9,9 Jahre
- Rate: 73 Euro
- Zinssatz: 7,71 Prozent; Effektivzins: 7,99 Prozent
- Restkreditversicherung: 1 051,23 Euro
- Gesamtdarlehensbetrag: 6 051,23 Euro
- Gesamtbetrag: 8 677,53 Euro

7,71 Prozent – in einem Nullzinsumfeld? Na, von mir aus. Conti ist aus Sicht der Bank sicher kein »gutes Risiko«. So weit, so schlecht, aber noch irgendwie zu rechtfertigen. Wobei in diesem konkreten Fall höchst bemerkenswert ist, dass Romano sich offenbar gar nicht mit Contis finanzieller Situation auseinandergesetzt hat. Denn die mir vorliegende Haushaltsrechnung Contis besteht nur aus Miete und der Kreditrate. Warum ist Conti denn so klamm, wenn er außer der Miete keine weiteren Belastungen hat?

Richtig unappetitlich – respektive für die Bank hochprofitabel – wird es dann mit den über 1 000 Euro für die Restkreditversicherung, die – so das Versprechen – die Kreditraten übernimmt, wenn Conti arbeitslos oder berufsunfähig wird. Das sind noch mal 20 Prozent auf den Kreditbetrag obendrauf, was dazu führt, dass Conti im Monat 73,00 Euro statt

60,31 Euro zahlen muss. Anders gerechnet hätte Conti ohne Versicherung bei gleicher Rate seinen Kredit fast zweieinhalb Jahre früher zurückbezahlt. In Summe kostet Conti die Versicherung über 2000 Euro: 1051,23 Euro für die Police und 1015,89 Euro Zinsen, weil sich seine Kreditsumme erhöht und sich die Tilgung in die Länge zieht.

Wie praktisch, dass die Bank die Kosten der Restschuldversicherung – der Finanzlobby sei Dank – nicht im Effektivzins[23] angeben muss, sonst läge dieser bei 13,24 Prozent. Und wie praktisch, dass die wenigsten Kreditnehmer wissen, dass der Abschluss der Versicherung »freiwillig« ist und man sie jederzeit kündigen kann. Kein Wunder auch, dass Banken gegen die 2025 eingeführte siebentägige Wartezeit zwischen Angebot und Abschluss einer Restschuldversicherung Sturm laufen.[24]

Die Restschuldversicherung ist nicht nur durch das Machtgefälle zwischen Schuldner und Bank beim Verkauf unethisch. Sie läuft für Conti auch weitgehend ins Leere:

1. Die Versicherung ist gar keine Berufsunfähigkeits-, sondern eine Arbeitsunfähigkeitsversicherung. Sprich: Solange Conti noch eine »seiner wirtschaftlichen und sozialen Lebensstellung entsprechende Tätigkeit« zu mehr als 50 Prozent ausüben kann, gibt es nichts. Klartext: Solange Conti irgendetwas arbeiten kann, geht er leer aus.

2. Eine »echte« Berufsunfähigkeitsversicherung für einen – unterstellt rauchenden – Pizzabäcker würde für die Absicherung einer Rate von 73,00 Euro im Monat weniger als 4,00 Euro kosten! Monat für Monat und nicht kreditfinanziert über die ganze Laufzeit als Vorkasse.

3. Auch die Absicherung bei Arbeitslosigkeit ist so gut wie nichts wert. Laut Versicherungsbedingungen zahlt die Versicherung nämlich »pro Versicherungsfall« nur zwölf Monate am Stück: 12 × 73 Euro = 876 Euro. Das ist ja weniger, als die Versicherung kostet!! Conti muss mindestens zweimal während der Kreditlaufzeit arbeitslos werden, um irgendwas von der Versicherung zu haben.

Und so kann man der Sparkasse nur gratulieren: Der Kunde schützt mit der Versicherung weniger sich selbst als vielmehr die Sparkasse, die dadurch die Wahrscheinlichkeit, ihr Geld wiederzusehen, dramatisch erhöht hat. Und das Ganze mit Geld, das die vermeintlich selbstlose Sparkasse dem Kunden gern zu einem stattlichen Zinssatz zur Verfügung stellt.

Am Ende hätte Conti nach fast zehn Jahren insgesamt 8 677,53 Euro zurückgezahlt – rund 175 Prozent der Summe, die er sich ursprünglich geliehen hat.

Doch so problematisch dies alles ist – bis hierher ist das keine Ausnahme, sondern der Regelfall, das ganz »normale« Alltagsgeschäft mit Konsumentenkrediten. Nicht nur bei Sparkassen, bei fast allen Banken: Groß- und Kleinbanken, Genossenschaftsbanken …. Das Geschäft mit Konsumentenkrediten ist ausgesprochen profitabel und ethisches Handeln nicht unbedingt die Kernkompetenz im Finanzvertrieb. Doch das ist noch längst nicht alles.

Wie zu erwarten, lief Contis finanzielle Situation weiter aus dem Ruder. Kaum fünf Monate später stand er erneut bei Romano im Büro. Spätestens jetzt war er strukturell überschuldet und hatte keine realistische Möglichkeit mehr, seine Schulden zu bedienen. Nicht zuletzt dank der VISA-Karte hatte er weiter Schulden angehäuft. Sein unkontrolliertes Konsumverhalten hatte ihn mit Unterstützung der Sparkasse weiter in den finanziellen Sumpf getrieben.

Doch statt Conti zu einer Privatinsolvenz zu raten, sah Romanos Lösung so aus: Der alte Kredit wurde mit den übrigen Schulden in einen neuen Kredit zusammengefasst. Neues Spiel, neues Glück. Hier die Fakten:

- Auszahlungsbetrag: 11 000 Euro
- Laufzeit: 9,86 Jahre
- Rate: 216 Euro
- Zinssatz: 11,38 Prozent; Effektivzins: 11,99 Prozent
- Restkreditversicherung: 4 321,11 Euro
- Gesamtdarlehensbetrag: 15 321,11 Euro
- Gesamtbetrag: 25 572,30 Euro

Die Haushaltsrechnung wies diesmal nicht einmal mehr eine Miete auf, sie bestand nur noch aus einem nach oben korrigierten Nettoverdienst und der Kreditrate. Spätestens jetzt sollte das Scoring-System der Sparkasse, dessen Aufgabe es ist, das Risiko zu ermitteln, dass ein Kredit eventuell nicht zurückgezahlt wird, greifen. Tat es aber nicht.

Die Konditionen hatten sich für Conti dabei mit einem Zinssatz von 11,99 Prozent drastisch verschlechtert – und das zu einem Zeitpunkt, als dieselbe Sparkasse ihren Sparkunden Negativzinsen in Rechnung stellte. Wie Conti, der eine Rate von 73 Euro nicht bedienen konnte, jetzt 216 Euro bezahlen sollte, bleibt ein Rätsel.

War die Restschuldversicherung beim ersten Fall eine Unverschämtheit, spottet sie bei Contis zweitem Kredit jeglicher Beschreibung. Die 4 321,11 Euro sind fast so viel, wie sich Conti vor fünf Monaten ursprünglich von der Sparkasse leihen wollte. 39 Prozent on top auf den gewünschten Kreditvertrag! Wäre die Restschuldversicherung Teil des Effektivzinses, läge dieser bei 22,50 Prozent. Ohne die sinnbefreite Versicherung könnte Conti bei gleicher Rate seinen Kredit mehr als vier Jahre früher zurückzahlen und würde sich von 10 251 Euro Zinsen ganze 6 156 Euro sparen – weit mehr als die Hälfte! Für den unwahrscheinlichen Fall, dass Conti es schafft, den Kredit jemals zurückzuzahlen, wird er 25 575,30 Euro auf den Tisch gelegt haben: 232 Prozent der 11 000 Euro, die er sich geliehen hat.

Und das ist jetzt nicht mehr das normale Elend der Konsumentenkredite. Das ist zynisch und steht im direkten Gegensatz zum gern vollmundig postulierten öffentlichen Auftrag der Sparkassen: »Menschen die wirtschaftliche und soziale Teilhabe in der Gesellschaft zu ermöglichen«[25].

Wir haben Conti geraten, Privatinsolvenz anzumelden und sein Ausgabenverhalten über ein Haushaltsbuch zu kontrollieren. So wäre er nach rund drei – nicht nach zehn – Jahren schuldenfrei. Doch das verbietet Conti sein Stolz. Er fühlt sich nach wie vor seinem Landsmann verpflichtet, der ihm in der Not »geholfen« hat und den er nicht hängenlassen möchte … Zumindest die unsägliche Restschuldversicherung hat er hoffentlich gekündigt.

SONNTAG Ergebnissicherung

Die fünfte Woche liegt hinter uns und wir haben uns mit dem unangenehmsten Thema in Sachen Geld beschäftigt. Zeit, die wichtigsten Erkenntnisse der Woche zusammenzufassen, Ihnen ein paar Dinge zum Nachdenken sowie einige Aufgaben und Hinweise auf weitere Literatur mitzugeben.

1. Die wichtigsten Erkenntnisse der Woche

- Schulden, insbesondere Überschuldung, schränken nicht nur Ihre Gestaltungsmöglichkeiten ein, sie schlagen mitunter vehement auf unsere körperliche und seelische Gesundheit durch.
- Die meisten Hauptauslöser von Verschuldung können Sie durch genügend Vorsorge und schnelles sowie entschlossenes Down-Sizing entschärfen.
- Gleichzeitig Geld anzusparen und Schulden zurückzuführen, ist in 95 Prozent aller Fälle Unfug. Schuldentilgung geht (fast) immer vor.
- Kredite eignen sich, um Liquiditätsengpässe zu überbrücken oder um sich Zeit zu kaufen, sprich um notwendige oder wünschenswerte Investitionen vorzuziehen. Wenn Sie Schulden für Konsumausgaben nutzen, sind Sie auf einem Abweg.
- Als Instrument, um Investitionen zu hebeln und somit eine höhere Rendite zu erwirtschaften, sind Kredite wegen der damit verbundenen Risiken für Privatanleger weitgehend ungeeignet.

2. Fragen zum Nachdenken

- Wie robust ist Ihre finanzielle Situation, falls Sie krank oder arbeitslos werden oder Ihre Beziehung zerbricht? Wie schnell und in welchen Bereichen könnten Sie Ihren Lebensstandard absenken?
- Zahlen Sie Kreditzinsen, obwohl Sie irgendwo anders Guthaben haben?
- Hinterfragen Sie Ihre monatlichen Ausgaben: Welche sind überflüssig oder hindern Sie daran, Ihre Finanzmission zu verwirklichen?
- Wann haben Sie sich das letzte Mal bei einem Belohnungs-, Frust- oder Impulskauf ertappt? Wo geben Sie Geld aus, um mit anderen mithalten zu können?

3. **Ihre Aufgabe für die laufende Woche**
   - Erstellen Sie einen Haushaltsplan und eine kommentierte Vermögensbilanz.
   - Seien Sie besonders genau bei Ihren Verbindlichkeiten und halten Sie Höhe, Rate, Zinssatz und Laufzeit fest. Vergessen Sie dabei keine »buy now, pay later«-Raten, Leasingverträge oder Verpflichtungen aus länger laufenden Verträgen (Handy, Fitness).
   - Gleichen Sie mit vorhandenem Guthaben so viele Kreditverpflichtungen wie möglich aus.

4. **Was Sie sich langfristig angewöhnen sollten**
   - Installieren Sie eine Haushaltsbuch-App oder legen Sie sich ein analoges Haushaltsbuch zu.
   - Schreiben Sie am besten jährlich, zumindest aber alle drei Jahre sämtliche Ausgaben für mindestens drei Monate mit und hinterfragen Sie regelmäßig deren Sinnhaftigkeit.
   - Überprüfen Sie jährlich am Eichhörnchentag Abos und Kredite und werfen Sie einen Blick auf Ihre Vermögensbilanz und Ihr Haushaltsbuch: Was hat sich im Vergleich zum letzten Jahr verändert?
   - Nutzen Sie eine 72-Stunden-Abkühl-Liste und einen Einkaufszettel.
   - Gehen Sie (allein) zum Einkaufen, nicht (in Gruppen) zum Shoppen.
   - Widersprechen Sie in Ihrem sozialen Umfeld unreflektierten Aussagen wie »Geld muss fließen« oder »Wer spart, ist spießig«. Widersprechen Sie auch, wenn Menschen aus Schulden eine Schuldfrage machen, statt über Lösungen nachzudenken. Manchmal tun es da schon ein paar Nachfragen: »Warum erzählst du uns das?« – »Was sagen deine Frau und deine Kinder dazu?« – »Was könntest du selbst ändern?« – »Wer hat dir das beigebracht?« Wenn es zu schlimm wird, gehen Sie in einen anderen Raum.

Weiterführende Literatur & Input

- Grundlegende akademische Studie zu psychischen Folgen von Schulden: Jairo Dote-Pardo und Pedro Severino-Gonzalez, *The Weight of Debt Unraveling the Psychological Burden of Financial Obligations – a Systematic Review* (2025).

Unter neunundvierzig.com/gut-mit-geld finden Sie

- Blogartikel von mir und anderen Autoren zum Thema der Woche,
- Hinweise auf weitere Geschichten zum Thema Überschuldung sowie
- einfache Arbeitshilfen für einen Haushaltsplan, ein Haushaltsbuch und eine Vermögensbilanz.

WOCHE 6

Wie Sie richtig sparen

»Sparen ist was für arme Leute.«
Robert M. (48), Immobilienmakler

Mit der Absicherung essenzieller Lebensrisiken und dem richtigen Umgang mit Schulden verhindern Sie die größten Katastrophen. Zeit für einen Blick nach vorne und für die letzte Woche zu den Grundlagen eines gelungenen Finanzlebens: Sparen.

Und weil das – wie bei allen Geldthemen – das dickste Brett ist, fangen wir heute mit der psychologischen Seite an, konkret, woran es liegt, dass wir uns mental oft so schwer mit dem Sparen tun. Am Dienstag lernen Sie, wie Sie beim Sparen die größten Fehler vermeiden: Fehler, die meist auf kontraproduktiven Emotionen beruhen und die nur zu gern von einer produktverkaufenden Finanzindustrie bedient werden.

An den nächsten beiden Tagen geht es um die taktische Ebene: Am Mittwoch lernen Sie, sich selbst zu überlisten, um sich das Sparen leichter zu machen. Und am Donnerstag untersuchen wir, für welche Zwecke Sie sparen sollten, wie Sie das Ganze organisieren und was die jeweils geeigneten Produkte und Strategien sind. Die Geschichte vom Samstag zeigt, welche erstaunlichen Ergebnisse Sie erreichen können, wenn Sie langfristig auf Kurs bleiben, und wie viel Potenzial Sie liegen lassen, wenn Sie am Anfang einmal falsch abbiegen. Und am Sonntag gibt es wie immer eine kurze Ergebnissicherung.

Drei Fragen zum Warmwerden

1. Halten Sie Sparen für spießig, kleinlich, mutlos oder für eine urdeutsche Tugend und Grundlage unseres Wohlstands?
2. Verbinden Sie Sparen mit Einschränkung oder Sicherheit und zukünftigen Perspektiven?
3. Fällt Ihnen Sparen leicht oder ist es für Sie zwar wünschenswert, aber faktisch unmöglich?

MONTAG Sparen – muss das sein? Warum wir uns beim Sparen oft selbst im Weg stehen

Während fast allen Menschen ein gewisses Vermögen als erstrebenswert erscheint, tun sich erstaunlich viele mit dem Sparen schwer. Schauen wir näher hin: Es sind unsere Emotionen, die uns in die Quere kommen, vor allem in Form dieser drei Denkmuster respektive Denkfehler:

- **Gegenwartsverzerrung:** Gegenwartsverzerrung beschreibt unsere Tendenz, unmittelbare Belohnungen höher zu bewerten als zukünftige. Beim Sparen bedeutet das: Wir wissen zwar, dass Rücklagen sinnvoll sind, aber der kurzfristige Verzicht auf Konsum erscheint uns zu schmerzhaft. Das kleine Kind in uns, das an der Supermarktkasse nach dem Lolli schreit, lässt sich ungern vertrösten: Jetzt, nicht irgendwann! Und weil der Nutzen des Sparens in ferner Zukunft liegt, wirkt er abstrakt. Diese Verzerrung erklärt, warum viele Menschen gute Vorsätze zum Sparen fassen, aber nicht umsetzen. Der Klassiker: »Ich fange nächsten Monat an.«

- **Hyperbolisches Diskontieren:** Hand in Hand mit der Gegenwartsverzerrung geht das hyperbolische Diskontieren. Es beschreibt, dass wir Belohnungen immer stärker abwerten, je weiter sie in der Zukunft liegen. Vereinfacht gesagt sind wir bereit, für eine unmittelbare Befriedigung unserer Bedürfnisse viel höhere Abschläge hinzunehmen, als bei einer nüchternen mathematischen Betrachtungsweise rational wäre. Lieber einen Lolli jetzt als zwei nächste Woche.[1] Auf das Sparen übertragen heißt das: Die exponentielle Steigerung, die ein Vermögen dank des Zinseszinses erfährt, ist nur am hinteren, am steilen Ende der Kurve aufregend – die lange flache Durststrecke am Anfang der Kurve erreicht dagegen nur unseren Verstand. Dann lassen wir es halt gleich.[2]

- **Verlustaversion:** Da ist sie wieder, unsere alte Bekannte, die wir schon im Kapitel über unsinnige Versicherungsprodukte kennengelernt haben. Sparen und Verlust? Wie hängt das denn zusammen? Aus der neuen Erwartungstheorie wissen wir, dass ein Verlust von 100 Euro ungefähr doppelt so stark schmerzt, wie ein Gewinn von 100 Euro Freude bringt. Das Geld, das wir beiseitelegen, ist erst mal »weg«. Es fehlt auf dem Girokonto und steht nicht mehr sofort zur Verfügung. Obwohl es objektiv eine sinnvolle Vorsorge darstellt, fühlt es sich für Sie an, als hätten Sie es verloren. Das macht Sparen unangenehm – besonders, wenn keine akute Bedrohung vorliegt.

Sparen ist also mit einer ganzen Reihe negativer Emotionen verbunden. Paradoxerweise ändert es da auch wenig, dass gerade in Deutschland Sparen kulturell positiv belegt und in vielen Familien – eher implizit als explizit – als Tugend vermittelt wird. Denn auch diese positive Tugend wird mit negativen Emotionen verbunden. Die Leitmotive heißen Einschränkung, Schuldgefühle und Verlustängste. Als »Strafe« für zu viel »lasterhaften« Konsum droht unweigerlich Altersarmut. Freudlos. Unsexy. Oder? Geht das nicht auch heiterer?

Ja, das geht. Und hier kommt wieder Ihr Finanzkompass ins Spiel: Er verbindet Sie mit einer positiven (heiteren) Version Ihres zukünftigen Selbst. Wenn Sie Ihre Finanzmission und konkreten positiven Ziele fest im Auge behalten, können Sie Ihre konkreten Sparvorgänge auch ohne Angst und Drohungen durchhalten.

DIENSTAG Der kleine Horrorshop der Finanzindustrie – eine Versicherung ist kein Sparprodukt!

Wenn wir schon mal dabei sind, zu verstehen, was uns alles beim Sparen in die Quere kommen kann, sollten wir uns auch den klassischen Irrweg beim Sparen ansehen. Das ist uns schon beim Thema Schulden begegnet: Es ist wichtiger, die großen Fehler zu vermeiden, als alles richtig zu machen. Und wie so oft ist dabei die Finanzindustrie ein veritabler Gegner selbstbestimmter Entscheidungen. Nicht zum letzten Mal in diesem Buch.

Wenn man einen emotionslosen Blick auf die Fakten privater Altersvorsorge-Produkte wirft, ist es unmöglich, emotionslos zu bleiben: Wie ein Staat so einen Giftmüll nicht nur zulassen, sondern auch noch fördern kann, ist unverständlich. Grundlage dieses Elends ist nicht nur das Versagen der verantwortlichen Politiker. Auch die meisten Deutschen halten es bei ihrer Altersvorsorge nicht für nötig, auch nur für fünf Minuten einen Taschenrechner zur Hand zu nehmen oder sich einmal ein offizielles Produktinformationsblatt durchzulesen.

Statt selbst nachzurechnen und dem Elend ins Gesicht zu sehen, glaubt man den Aussagen des freundlichen Versicherungsvertreters. Etwa das Besparen einer Versicherung habe einen langfristig disziplinierenden Effekt. Wirklich? 70 Prozent der Rentenversicherungen werden vor ihrer Fälligkeit aufgelöst, was 2024 sogar die Aufsichtsbehörden zu einer Sonderprüfung bei 13 Lebensversicherern veranlasst hat.[3]

Das ist nicht nur ein individuelles, sondern ein gesamtgesellschaftliches Problem, denn Millionen Menschen werden am effektiven Aufbau von Vermögen gehindert. So trägt die Finanzindustrie, geschützt durch die politische Weigerung, ihr Treiben zu unterbinden, systematisch zu Vermögensungleichheit und Altersarmut bei. Der »deutsche Irrweg«[4] Kapitallebensversicherung erfreut sich nach wie vor größter Beliebtheit: Statistisch besitzt auch heute noch jeder Deutsche mehr als eine kapitalbildende Versicherung. Im Jahr 2024 wurden laut dem Gesamtverband der Deutschen Versicherungswirtschaft (GDV) 4,4 Millionen neue Verträge abgeschlossen, das gesamte Beitragsvolumen belief sich auf rund 94 Milliarden Euro.[5]

Wie Sie schon seit der Woche über die Absicherung existenzieller Lebensrisiken wissen, lautet Grundregel 1: *Eine Versicherung ist kein Sparprodukt.* Das dürfen Sie nie vergessen! Egal, welche Art von Lebensversicherungsvertrag Sie abschließen, überall lauern Fallstricke. Bei einer klassischen Lebens- oder Rentenversicherung ist es praktisch ausgeschlossen, dass Sie als Kunde überhaupt eine nennenswerte Rendite bekommen. Wenn – wie bei den Versicherern üblich – 75 Prozent und mehr des Kapitalstocks in festverzinsliche Anlagen investiert werden, bleibt nach den hohen Kosten fast nichts übrig. Ein Kapitalerhalt **vor** Inflation ist da auf Sicht von fünfzehn Jahren schon ein Erfolg.

Sie glauben, fondsgebundene Rentenversicherungen oder Indexpolicen würden dieses Problem lösen, weil Sie damit in Aktien investieren? Nein, überhaupt nicht! Sie sind noch mal deutlich teurer und ineffizienter. Hier addieren sich zu den Gebühren des Versicherungsmantels die exorbitanten Kosten der investierten aktiven Fonds. In Summe 3 Prozent Fixkosten sind da ganz normal – nicht einmal, sondern Jahr für Jahr, über die gesamte Laufzeit! Die ärgerliche Vertriebsprovision für Ihren Verkäufer ist da noch das kleinste Übel. Wie soll dabei ein Mehrwert entstehen?

Vollends absurd wird es bei sogenannten Indexpolicen. Dabei wird dem Kunden vorgegaukelt, er hätte eine Partizipation an einem Aktienindex – ohne dessen Risiken. Die Berechnungslogik ist dabei so kompliziert, dass Sie quasi ein Mathematikstudium brauchen, um die kaum vorhandene Erfolgswahrscheinlichkeit auszurechnen. Dazu kommen Klassiker der Kundentäuschung, wie das Verwenden von Kursindizes statt Performance-Indizes, was im Klartext sicherstellt, dass die Dividende des Kunden in die Taschen des Produktanbieters umgeleitet wird. Das klare Urteil der Stiftung Warentest aus dem Juni 2024 lautet daher: »Finger weg!«[6]

Und fallen Sie bloß nicht auf die Lieblings-Fata-Morgana des Finanzvertriebs herein: Steuervorteile und staatliche Förderungen. Ja, die gibt es (unverständlicherweise), aber diese kompensieren Sie nie im Leben für die immensen Nachteile des Produkts. Im Gegenteil: Bei Riester- und Rürup-Rente langen die Versicherungsvertriebe noch mal besonders herzhaft zu. Und: Sie sind am Ende gezwungen, Ihr Kapital weitgehend oder komplett verrenten zu lassen. Dann werden Sie, wie wir in Woche 11 sehen werden, das nächste Mal übervorteilt.

Sie wollen das noch immer nicht glauben? Dann sollten Sie das – auf den Webseiten der Versicherungswirtschaft meist gut versteckte – Musterproduktinformationsblatt zu staatlich geförderten Produkten durchlesen, bevor Sie doch noch einen unsinnigen Vertrag abschließen. Kostprobe gefällig? Beim Produkt Helvetia CleVesto Basis heißt es da hölzern, aber doch unmissverständlich, bei einer Ansparphase von 40 Jahren:

»**Effektivkosten: 4,63 %** Bei der Berechnung der Effektivkosten wurden für den dargestellten Vertragsverlauf renditemindernde Größen berücksichtigt, die sich auf die Höhe des Kapitals zu Beginn der Auszahlungsphase auswirken. Dies sind insbesondere die Kosten der Ansparphase, ohne Berücksichtigung von Zusatzabsicherungen. Eine beispielhafte Wertentwicklung von 5,00 % wird durch die renditemindernden Größen von 4,63 Prozentpunkten auf eine Effektivrendite von 1,37 % verringert.«[7]

Und das ist nicht einmal ein besonders drastisches Beispiel.

Solange die Versicherungswirtschaft durch diese oft horrenden Kosten profitieren kann, ist zu bezweifeln, dass Sie fair beraten werden. Sie sollten dringend Ihre eigenen Verträge überprüfen oder von einem unabhängigen Versicherungsberater nach § 34d Abs. 2 GewO überprüfen lassen.

MITTWOCH Mit diesen fünf einfachen Tricks werden Sie zur erfolgreichen Sparerin

Eine schlechte Nachricht vorab, wenn Sie zu einer erfolgreichen Sparerin werden wollen: Das schaffen Sie nicht allein, indem Sie einfach mehr Geld verdienen. Sie müssen Ihr Verhalten ändern. Sonst liegt die Wahrscheinlichkeit, dass Sie nach einer Gehaltserhöhung Ihre alten Konsumgewohnheiten mit höheren Summen fortsetzen, bei nahezu 100 Prozent.

Wenn Sparen emotional als Verlust wahrgenommen wird und uns heutige Belohnungen wesentlich attraktiver vorkommen als zukünftige; wenn die Einsicht, dass es vernünftig wäre, mehr zu sparen, allein nicht reicht, dann müssen wir uns offenbar ein Stück weit selbst überlisten. Dabei sind es meist kleinere Strukturveränderungen, die auf lange Sicht eine immense Wirkung haben. Im Folgenden zeige ich Ihnen fünf einfache Tricks, mit denen Sie sich in die richtige Richtung schubsen.[8]

1. **Drehen Sie das Verhältnis zwischen Sparen und Geldausgeben um:** Sparen Sie nicht das, was am Ende des Monats noch übrig ist, sondern zweigen Sie nach dem Gehaltseingang Ihre Sparraten ab. Geben Sie nur das aus, was noch übrig ist. Diese Technik des »pay yourself first«[9] macht psychologisch einen riesigen Unterschied: Statt einen Monat lang vielfältigen Versuchungen zu widerstehen und Tag für Tag abzuwägen, ob Sie das Geld sparen oder nicht, ist es in Sicherheit gebracht. Aus den Augen, aus dem Sinn.

2. **Visualisieren Sie Ihre Sparziele:** Stellen Sie sich nicht einfach einen höheren Geldbetrag vor. Um der Gegenwartsverzerrung etwas entgegenzusetzen, brauchen Sie konkrete Ziele und machtvolle Bilder. Welchen lang erträumten Urlaub werden Sie in drei Jahren mit Ihren Kindern machen; wo werden Sie im Alter wohnen; wie schön, wenn die nächste Autoreparatur keine Stresswellen und Streitereien mehr auslöst … Blicken Sie auf Ihren Finanzkompass: Ihre Finanzmission und Ihre konkreten Ziele sind ein guter Ausgangspunkt. Wenn Sie es noch nicht getan haben, schreiben Sie sie spätestens jetzt auf.

3. **Versprechen Sie sich selbst und Ihrem Partner, Ihrer Partnerin, Ihr Ziel zu erreichen:** Sie sind doch niemand, der seine Versprechen bricht – oder?[10]

4. **Nutzen Sie Gehaltssprünge:** Ein perfekter Zeitpunkt, um Ihre Sparraten zu erhöhen, ist immer dann, wenn Sie eine Gehaltserhöhung bekommen. Wenn Sie davon ein (gutes) Stück – natürlich Anfang des Monats – abzweigen, werden Sie nichts vermissen. Bei größeren Gehaltssprüngen, wie am Ende von Studium oder Ausbildung oder bei einem Jobwechsel, ergeben sich große Spielräume. Ihre Verlustaversion ist vielleicht noch im Dämmerzustand, wenn Sie schon Fakten geschaffen haben. Sie werden nicht viel verpassen: Die Erfahrung

zeigt, dass ein Glücksgefühl durch eine Gehaltserhöhung nicht lange anhält. Schnell ist der erhöhte Lebensstandard das neue Normal und wir fühlen uns im Grunde wieder wie davor: Es verschieben sich nur die Maßstäbe.

5. **Nutzen Sie Sonderzahlungen und unerwarteten Geldsegen:** Wenn Geld außerhalb des normalen monatlichen Rhythmus auf Ihr Konto fließt, ist das ein guter Moment, um einen Teil davon in Ihre Spartöpfe zu leiten: Boni, Steuerrückerstattungen, Weihnachts- oder Urlaubsgeld … Dieses Geld brauchen Sie operativ und (viel wichtiger!) mental meist nicht für Ihre monatlichen Verpflichtungen. Wenn Sie es schnell zur Seite legen, werden Sie nichts vermissen.

Mental sind Sie jetzt bestens gerüstet, und auch der Versicherungsbranche sollten Sie jetzt nicht mehr zum Opfer fallen. Fehlt nur noch die konkrete Umsetzung. Die schauen wir uns morgen an.

DONNERSTAG Welche Spartöpfe Sie brauchen und wie Sie diese befüllen

Es ist offensichtlich sinnvoll, gewisse Rücklagen zu bilden: Reserven bedeuten Sicherheit, Unabhängigkeit, Gestaltungsmöglichkeiten und eine langfristige Aufrechterhaltung des Lebensstandards. Dennoch sollten wir genauer hinsehen: Sparen ist kein Selbstzweck. Es hat nur eine Bedeutung, wenn es auch ein konkretes Ziel hat – sonst bleibt das Geld nur Zahlen auf Papier oder Bildschirmen.

Um sinnvoll zu sparen und sich das Leben so einfach wie möglich zu machen, sollten Sie zwei Grundprinzipien berücksichtigen:

1. Für unterschiedliche Zwecke unterschiedliche Töpfe bilden.
2. Zu diesen Zwecken geeignete Produkte finden und so viel automatisieren wie möglich.

Dies verschafft Ihnen Klarheit und Übersicht: Ihre Erfolgswahrscheinlichkeit steigt drastisch gegenüber der (Nicht-)Strategie, alles auf ein Konto fließen zu lassen. Damit wird das Ganze stressfreier, weil Sie nicht dauernd am Grübeln sind. Welche Töpfe brauchen Sie konkret?

Topf 1: Budget für Notfälle und Erwerbslosigkeit. Das ist Ihr wichtigster Topf. Bis der voll ist, sollten Sie die anderen Töpfe gar nicht oder nur zurückhaltend befüllen. Um die Höhe dieses Budgets für sich zu bestimmen, sollten Sie abschätzen, wie viel Geld pro Monat Sie benötigen, wenn Sie vorübergehend kein Einkommen mehr haben. Da gibt es keine Pauschalregeln. Wie hoch ist Ihr Einkommen? Wie schnell können Sie Ihren Lebensstil herunterzufahren? Sind Sie angestellt oder selbstständig? Wie gut sind die Chancen, schnell wieder einen neuen Job zu finden? Wie hoch ist Ihr Sicherheitsbedürfnis? Das alles macht einen großen Unterschied. Im Regelfall sollten Sie aber irgendetwas zwischen sechs und zwölf Monaten auch ohne Erwerbseinkommen überbrücken können. Dass Sie mit diesem Topf kein Risiko eingehen können, ist offensichtlich. Etwas anderes als ein Tagesgeld oder Sparbuch kommt nicht infrage. Also: Höhe des Sparziels und Rate definieren, Dauerauftrag einrichten und Maßnahme auf Ihrem Finanzkompass festhalten.

Topf 2: Budget für mittelfristige höhere Ausgaben. Für absehbare höhere Ausgaben sollten Sie ein separates Budget bilden, da es ja keine Notfälle sind. In diesen Topf gehören etwa Rücklagen für die Instandhaltung einer Immobilie, (Sonder-)Tilgungen oder für ein neues Auto. Auch für diesen Topf kommen keine oder nur ganz moderate Risiken infrage. Das ist Ihr nächster Dauerauftrag aufs Tagesgeldkonto und Ihre nächste konkrete Maßnahme auf Ihrem Finanzkompass.

Topf 3: Budget für lustvollen Konsum. Ein Topf für Urlaube, Feiern, Geschenke und anderen lustvollen Konsum ist fast so wichtig wie Ihr Notfallbudget. Geld sollten Sie auch immer wieder in schöne Dinge, Erinnerungen und gemeinsame Erlebnisse umtauschen– sonst wäre es so, als hätten Sie es nie gehabt. Wollen Sie den Moment, zu dem Sie sich etwas gönnen, immer weiter in die Zukunft verschieben? Wollen Sie möglichst reich sterben oder doch lieber ein möglichst reiches Leben führen? Wenn Sie zu übertriebener Sparsamkeit oder gar Geiz neigen, erlaubt Ihnen ein solches Budget, Geld ohne schlechtes Gewissen auszugeben. Umgekehrt: Wenn Sie – wie ich – eher zu viel als zu wenig in lustvollen Konsum fließen lassen, diszipliniert Sie das Budget, Ihre anderen Sparziele nicht aus dem Auge zu verlieren. Auch mit diesem Budget sollten Sie kein Risiko eingehen. Während Sie die Sparraten für die ersten beiden Töpfe in Ihren langfristigen Topf umleiten können, sobald sie voll sind, sollten Sie hier nicht schummeln: Dieses Geld ist zum Ausgeben da. Auf Ihrem Finanzkompass ist dieses Budget die nächste konkrete Maßnahme.

Topf 4: Langfristiger Vermögensaufbau. Um Ihren Lebensstandard *langfristig* abzusichern, benötigen Sie eine Strategie für den *langfristigen* Vermögensaufbau. Die Analyse von Politik und Versicherungsindustrie, dass die staatliche Rente am Ende nicht reichen wird, ist ja im Prinzip richtig. Wie Sie dabei Ihren konkreten Kapitalbedarf und damit Ihr Sparziel ermitteln, was die geeignete Strategie und welche die richtigen Produkte dafür sind, schauen wir uns im Laufe des Buchs noch genau an.

Für heute sollten Sie sich nur eines merken: Wenn Topf 1 und 2 gefüllt sind, sollten Sie alles, was nicht für lustvollen Konsum vorgesehen ist, hier hineinlenken. Das gilt insbesondere für Boni, Sonderzahlungen und andere unerwartete Geldsegen, die Sie am besten nach eigenem Ermessen fair zwischen Topf 3 und Topf 4 aufteilen. Ich würde als Ausgangspunkt meiner Überlegung mal von 50:50 ausgehen.

Bleiben zum Schluss zwei Fragen: Wann soll ich damit anfangen? Wie viel soll ich sparen? Fangen wir mit der ersten Frage an: Schulden abbauen und der Notfalltopf sind Pflicht, aber wenn es darüber hinausgeht? Wundern Sie sich nicht: Ich gebe Ihnen darauf zwei völlig unterschiedliche Antworten. Um es noch komplizierter zu machen: Beide sind gleichermaßen richtig.

Antwort 1: So früh wie möglich. Wer als Kind lernt, einen Teil seines Taschengeldes zurückzulegen, profitiert nicht nur vom erstaunlich starken Hebel des Zinseszinseffekts. Viel wichtiger: Er lernt ein unverkrampftes, fast automatisches Verhältnis zum temporären Konsumverzicht und wird von diesem Verhaltensmuster lebenslang profitieren.

Wer bereits von klein auf einen Teil seines Geldes am Kapitalmarkt anlegt, wächst mit den finanziellen (und damit verbundenen emotionalen) Schwankungen des Markts auf – und lernt, sie so zu meistern.

Antwort 2: Früh Geld zu sparen, ist in lebensökonomischer Hinsicht Unsinn. Stellen Sie sich vor, Sie sind Studentin und kommen mit Ihrem Geld gerade so über die Runden. Sparen? Warum? Verdienen Sie in ein paar Jahren nicht vermutlich zwei-, drei- oder vielleicht viermal so viel Geld pro Monat? Nur mal angenommen, Sie haben nach Ihrem Studium doch ein paar Tausend Euro übrig: Ist es nicht das Klügste, das Geld in eine lange Reise zu investieren, an die Sie sich den Rest Ihres Lebens erinnern werden? Sie sind jetzt jung und voller Tatendrang – mit dem Geld kommen Sie nie mehr so weit wie jetzt. Die fetten Jahre dagegen stehen vermutlich unmittelbar bevor.

Wenn Sie klug handeln, finden Sie zwischen den beiden Lösungen die richtige Balance: Denn Geld klug auszugeben, gehört ebenso zu einem guten Umgang mit Geld wie das Bilden von ausreichenden Rücklagen. Für mich spricht viel dafür, früh mit dem Sparen anzufangen, aber in jungen Jahren die Sparquote, also den Anteil Ihrer Einnahmen, die in einen Sparvorgang fließen, mit 3 Prozent bis 5 Prozent relativ gering anzusetzen.

Das bringt uns zur zweiten Frage: Wie viel soll ich sparen? Da Menschen unterschiedliche Sicherheitsbedürfnisse und Ansprüche haben, gibt es hier keine One-size-fits-all-Lösung. Ein Vorschlag: Wenn Sie als Berufseinsteiger Ihre Sparquote auf mindestens 10 Prozent erhöhen und dann Gehaltserhöhungen oder Sonderzahlungen nutzen, um nicht nur den *absoluten* Betrag Ihres Sparvorgangs, sondern auch Ihre *relative* Sparquote schrittweise zu erhöhen, sind Sie auf einem sehr guten Weg.

Noch ein psychologischer Trick zum Schluss: Seine Sparquote von 5 Prozent auf 10 Prozent zu verdoppeln, ist ein fast unmöglicher Kraftakt. Auf etwas mehr als 5 Prozent seiner laufenden Ausgaben zu verzichten, ist hingegen kinderleicht. Das Ergebnis … Richtig: Es ist identisch.

FREITAG Denkpause

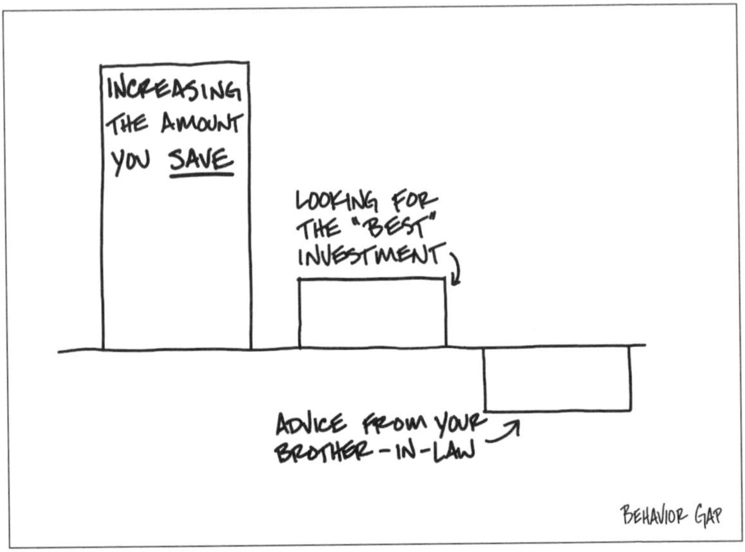

SAMSTAG Wie einmal falsch Abbiegen den finanziellen Spielraum einer Familie beschneidet

Lea, ihren Mann Timo und ihre neugeborene Tochter Anna haben Sie schon kennengelernt, als ihnen der Versicherungsmakler Paul Winther die unsägliche UBR verkauft hat. Nachdem die beiden ihre Tochter nun gut versorgt *glauben*, fangen sie an, sich mit ihrer eigenen Lebensplanung auseinanderzusetzen. Konkret mit der Frage: »Wie gelingt es uns am besten, unseren Lebensstandard für unser Alter zu sichern?« Sehr gute Frage. Nur leider finden Lea und Timo – wie die meisten Deutschen – darauf eine ganz schlechte Antwort und bringen sich so um jede Menge finanziellen Lebensspielraum. Lesen Sie selbst:

Zwei Wochen nach dem Abschluss der UBR sitzen Lea und Timo wieder bei Winther im Büro – zum »Beratungs«-Gespräch. Weil Lea ein kritischer Geist ist, will sie diesmal zunächst nicht viel von einer Versicherung wissen: Ihre Bekannte Simone meine, eine Rentenversicherung brauche kein Mensch, mit einem ETF-Aktien-Sparplan funktioniere das Sparen fürs Alter viel besser, und überhaupt … Vertriebsprovision in Gefahr? Nein. Winther ist nicht zu Unrecht auf ein Dutzend Vertriebsschulungen gegangen, um die Bedenken auszuräumen. Stichwort: Einwandbehandlung. Winther erwidert: Ja, Aktien seien im Prinzip eine gute Idee, da gehe er mit, aber im Mantel einer Versicherung habe man da ganz andere Möglichkeiten und handfeste Vorteile:

- **Rendite:** ETFs würden blind dem Verlauf des Markts folgen. Dr. Lex Luthor, der Manager des GrandePromessi Fonds, habe dagegen seit über fünf Jahre bewiesen, dass er mehr könne: nicht nur die besten Aktien kaufen und mehr Rendite erzielen, sondern auch in Krisenzeiten rechtzeitig reagieren.
- **Langfristigkeit:** Versicherungen hätten anders als Sparpläne einen disziplinierenden Effekt, da man nicht so einfach ans Kapital rankäme.
- **Steuer:** Im Versicherungsmantel lösten Umschichtungen und Dividenden während der Laufzeit keine Steuer aus. Noch besser: Am Ende der Laufzeit sei nicht nur die Hälfte des Gewinns steuerfrei – wegen der sogenannten Teilfreistellung würden auch davon nur 85 Prozent als Besteuerungsgrundlage herangezogen.
- **Sicherheit:** Am Ende der Laufzeit habe Lea die Wahl, eine Einmalzahlung zu bekommen oder eine lebenslange Rente: Wie hoch das pro 10 000 Euro gespartes Kapital sei, stünde jetzt schon fest und Lea habe die Sicherheit, dass ihr im Alter das Geld nie ausgehen würde.

Wer nichts weiß, muss alles glauben – und schon geht die Versicherung über den Ladentisch. Wir schauen genauer hin und bringen etwas Licht in den intransparenten Dschungel der Versicherung. Das wird anstrengend, ist aber dringend nötig.

Im Folgenden sehen Sie einen Vergleich, der über eine Laufzeit von 30 Jahren den Unterschied zwischen ETF-Sparplan und Versicherung aufzeigt. Dabei habe ich an ein paar Stellen Annahmen getroffen, die den Vergleich *zugunsten* der Versicherung beeinflussen, damit es nicht heißt, der Vergleich sei parteiisch. Einmal habe ich unterstellt, dass beim ETF-Sparplan am Ende der Laufzeit nach einem Verkauf sämtliche Gewinne versteuert werden. Das macht für den ETF-Sparer zwar keinen Sinn, aber nur so kann man beide Wege steuerlich korrekt vergleichen. Außerdem habe ich angenommen, dass der Durchschnittssteuersatz von Lea – inklusive der Versicherungszahlung – im Alter von 67 Jahren bei 26,375 Prozent liegt, also auf Höhe der heutigen Abgeltungssteuer, sprich: dass sie kaum andere Einnahmen hat.

	Versicherung[1]	**ETF-Sparplan**
Laufzeit	30 Jahre	
Sparbeitrag	500 Euro	
Jährliche Erhöhung der Sparrate (Dynamik)	2,5 %	
Durchschnittliche (nicht lineare![2]) Fonds-/ETF-Rendite	6,5 %	
davon Kursgewinn	5,0 %	
davon Dividenden	1,5 %	
Unterstellter Steuersatz von Lea mit 67 inkl. Soli	26,375 %	
Produktkosten Versicherung (RIY[3])/ETF-Fonds- und Handelskosten	1,82 %	0,2 %
Summe Kosten über die Laufzeit	102 200 Euro	12 383 Euro
Kapitalauszahlung vor Steuern[4]	519 728 Euro	687 841 Euro
Teilfreistellung der Gewinne auf Fondsebene	15 %	30 %
Halbeinkünfteverfahren auf persönlichen Steuersatz	ja	nein
Abgeltungssteuer + Soli	nein	ja
Faktischer Steuersatz auf Gewinne	11,21 %	18,46 %
Steuerzahlung 2055	28 731 Euro	59 560 Euro
Ergebnis nach Steuern	490 997 Euro	628 281 Euro

1 Hier: Tarif Allianz PrivatRente InvestFlex, IBED: 02.12.2024.

2 Der Berechnung liegt keine lineare, sondern eine schwankende, durchschnittliche Rendite von 6,5 % zugrunde – der *Mid Case* einer Monte-Carlo-Simulation mit dem Finanzplanungstool Fundsinflow. Die Ergebnisse für den *Mid Case* können je nach Simulation leicht abweichen.

3 Reduction in Yield (fand sich in den Unterlagen auf S. 34 von 116).

4 Im Fall des ETF-Sparplans ist das die Summe nach den bis 2025 bereits auf Dividenden gezahlten Steuern.

Ein Unterschied von 137 284 Euro! Was bedeutet dieser finanzielle Spielraum konkret – in besserer medizinischer Versorgung, unbeschwerten Urlauben, Familienfesten, guter Ausbildung und größerer Unabhängigkeit? Was Sie auch sofort sehen: Das gesamte Steuerargument erweist sich in mehrfacher Hinsicht als purer Unfug:

- Selbst wenn die Erträge aus der Versicherung steuerfrei wären – das Ergebnis im ETF-Sparplan wäre immer noch um über 100 Euro besser.
- Je höher der individuelle Steuersatz am Ende der Laufzeit ist, desto geringer ist der Steuereffekt zugunsten der Versicherung. Würde Lea 2055 den heutigen Spitzensteuersatz zahlen, wäre die Steuer bei der Versicherung *höher* als beim ETF-Sparplan.
- Wenn Lea aus irgendwelchen Gründen vor Ihrem 62. Geburtstag an das Geld muss, zahlt sie bei der Versicherung ihren vollen individuellen Einkommenssteuersatz und damit viel mehr als bei einem ETF-Sparplan. Sie erinnern sich: 70 Prozent aller Rentenversicherungen werden laut den Daten der Bankenaufsichtsbehörde BaFin vorzeitig aufgelöst.
- Eine Kostenersparnis von 1,62 Prozent pro Jahr ist eine 100 Prozent sichere Sache. Wie die Steuer in dreißig Jahren aussieht, weiß niemand. Blicken wir in den Rückspiegel: In den letzten dreißig Jahren lag der Spitzensteuersatz zwischen 57 Prozent und 44,3 Prozent; steuerfreie Kursgewinne auf Aktien und die generelle Steuerfreiheit von Lebensversicherungen wurden abgeschafft; dann wurden die Abgeltungssteuer und später die Teilfreistellung sowie Vorabpauschalen eingeführt. Wie wahrscheinlich ist es, dass sich in den nächsten Jahrzehnten nichts ändert?
- Anders als in meiner Kalkulation ergibt es keinen Sinn, mit 67 Jahren alle ETFs zu verkaufen und den Steuerstundungseffekt wegzuwerfen. Wenn Sie sich das Geld aus der Versicherung auszahlen lassen, ist die Steuer dagegen tatsächlich fällig. Alternativ die Versicherung verrenten zu lassen, ist allerdings eine noch schlechtere Idee, als die Versicherung jemals abgeschlossen zu haben. Auf Basis der garantierten Rente des hier untersuchten Produkts müssten Sie rund 110 Jahre alt werden, um Ihr angespartes Kapital *unverzinst* wiederzubekommen. Und weil das unfassbar viel Lebensqualität vernichtet, schauen wir

uns das Thema Verrentung in der vorletzten Woche dieses Kurses noch ganz genau an.[11]

Liebe Lea, *eine Versicherung ist kein Sparprodukt*! Mach das nicht!

SONNTAG **Ergebnissicherung**

Die sechste Woche und damit die Hälfte des Kurses liegen hinter uns. Wir sind knietief drin in der Umsetzung. Großartig, dass Sie drangeblieben sind! Es ist wieder Zeit, die wichtigsten Erkenntnisse festzuhalten, Ihnen ein paar Fragen zum Nachdenken und ein paar konkrete Aufgaben zur Umsetzung mitzugeben. Gerade heute lohnt sich ein Blick auf die Webseite zum Buch: Mit dem Sch😠☠💣😠-egalsparplan stelle ich Ihnen dort einen fünften Spartopf vor. Einen Topf, der wenig Budget erfordert und auch Sie glücklicher machen wird – versprochen. Außerdem gibt es den Hinweis auf ein wunderbares Video des Kabarettisten Chin Meyer mit Prof. Hartmut Walz zur Rürup-Rente.

1. Die wichtigsten Erkenntnisse der Woche

- Verlustaversion, Gegenwartsverzerrung und hyperbolisches Diskontieren sabotieren Ihr rationales Vorgehen beim Sparen.
- Deshalb müssen Sie sich ein Stück selbst überlisten: Zweigen Sie Sparraten direkt nach dem Gehaltseingang ab, visualisieren Sie Ihre Ziele und nutzen Sie Gehaltserhöhungen und Sonderzahlungen, um Ihre Sparrate und Sparquote zu erhöhen.
- Renten- und Kapitallebensversicherungen sind die denkbar ungünstigsten Instrumente für einen langfristigen Vermögensaufbau: ineffizient, unflexibel und vor allem viel zu teuer.
- Unterschiedliche Zwecke erfordern unterschiedliche Töpfe und Sparformen. Die folgenden Budgets sollten Sie voneinander trennen: Notfalltopf, mittelfristige Zahlungsverpflichtungen, lustvoller Konsum und langfristiger Vermögensaufbau.

- Greifen Sie nicht in die falsche Keksdose: Mit Ihrem Notfallbudget in den Urlaub zu fahren, ist genauso tabu, wie Ihren Konsumtopf in die langfristige Anlage zu verschieben.

2. **Fragen zum Nachdenken**
   - Wie wurde, als Sie jung waren, in Ihrer Familie vom Sparen gesprochen? Mit welchen Emotionen war das verbunden?
   - Wie schwer tun Sie sich mit dem Sparen? Unmöglich? Müssen Sie sich zwingen? Mühelos? Warum? Ist Ihre Motivation eine positive Vision der Zukunft oder Angst?
   - Wie schnell haben Sie sich an die letzte Gehaltserhöhung gewöhnt? Hat sie etwas langfristig an Ihrer Lebensqualität verbessert?
   - Wenn Sie eine Lebensversicherung abgeschlossen haben: Mit welchen Argumenten hat Sie Ihr Finanzproduktverkäufer überzeugt? Angst vor Altersarmut, staatlicher Förderung? Wie genau haben Sie sich die Kostenstruktur und die erwartbaren Renditen angesehen?

3. **Ihre Aufgabe für die laufende Woche**
   Konkretisieren Sie zunächst Ihren Finanzkompass. Gehen Sie dabei wie folgt vor:
   - Besprechen Sie mit Ihrem Partner (oder einer anderen vertrauten Person), warum Sie sparen wollen, malen Sie sich Ihre Ziele aus und halten Sie das unbedingt schriftlich fest, wenn Sie das noch nicht getan haben.
   - Skizzieren Sie Ihr eigenes Vier-Töpfe-System. Wie viel wollen Sie kurz-, mittel- und langfristig in welchen Topf sparen? Ergänzen Sie diese Informationen auf Ihrem Finanzkompass.
   - Ermitteln Sie mithilfe Ihres Haushaltbuchs: Wie viel Prozent Ihres Einkommens könnten in jeden Topf fließen?
   - Eröffnen Sie jeweils ein Tagesgeldkonto für Topf 1, 2 und 3 und starten Sie Sparpläne, die direkt nach dem Gehaltseingang abgebucht werden.

Überprüfen Sie danach Ihre kapitalbildenden Versicherungen:

- Fordern Sie Rückkaufswerte und Vertragsinformationen von Renten- und Kapitallebensversicherungen an und recherchieren Sie nach den jeweiligen Produktinformationsblättern. Ermitteln Sie die Lücke zwischen Ihrer Rendite vor und nach Kosten.
- Notfalls holen Sie sich Hilfe von einem unabhängigen Versicherungsberater nach § 34d Abs. 2 GewO.
- Wenn Sie es immer noch nicht kapiert haben, schreiben Sie hundertmal auf: *Eine Versicherung ist kein Sparprodukt!*

4. Was Sie sich langfristig angewöhnen sollten

- Wann rechnen Sie das nächste Mal mit einer Gehaltserhöhung oder einer Sonderzahlung? Planen Sie einen Teil davon verbindlich für die Aufstockung Ihrer Spartöpfe ein.
- Widersprechen Sie in Ihrem sozialen Umfeld den Thesen von Versicherungsverkäufern. Etwa: Die Produkte der Versicherungsbranche seien geeignete steueroptimierte Instrumente für die Altersvorsorge, die staatliche Rente hingegen sei völlig fehlgesteuert. Manchmal tun es da schon ein paar Nachfragen: »Woher weißt du das?« – »Warum erzählst du uns das?« – »Könntest du mir mal das offizielle Produktinformationsblatt zeigen?« – »Wenn ich da jetzt zehn Jahre schon eingespart hätte, wie viel hätte ich da bis heute über die Sparleistung hinaus verdient?« – »Was verdienst du daran?« – »Kann ich das bitte schriftlich haben?« Sie helfen damit nicht nur Ihren Freunden, sondern auch der Gesellschaft im Ganzen.

Weiterführende Literatur & Input

- David Chilton, *The Wealthy Barber Returns* (2011).

Unter neunundvierzig.com/gut-mit-geld finden Sie

- Blogartikel von mir und anderen Autoren zum Thema, darunter die Gebrauchsanweisung für den fast unverzichtbaren Sch😠☠💣😠-egalsparplan,
- weitere Fragen und Hinweise zum Nachdenken,
- einen Link auf das empfohlene Video von Prof. Hartmut Walz und Chin Meyer sowie
- eine Gebrauchsanweisung, wie Sie bei fondsgebundenen Rentenversicherungen auch ohne die Hilfe eines Produktinformationsblatts einen Großteil der Versicherungskosten ermitteln können.

Teil 3

Wie Sie Geld klug investieren

Sein Geld richtig zu investieren, scheint die Königsdisziplin im Umgang mit Geld zu sein. Das ist in mehrfacher Hinsicht falsch: Ihre Prägung in Bezug auf Geld zu verstehen, ein entspanntes und rationales Verhältnis zu Geld zu entwickeln, den Umgang mit Geld so zu gestalten, dass er auf Linie mit Ihren Werten und Zielen ist, Ihre Beziehungen unterstützt und einen erfüllenden Umgang mit Ihrer Zeit ermöglicht – das alles ist nicht nur viel wichtiger, es ist auch viel schwieriger als richtiges Investieren. Genauso ist es viel anspruchsvoller, sich solide gegen essenzielle Lebensrisiken abzusichern und Ihr Konsumverhalten so unter Kontrolle zu bekommen, dass Sie Schulden vermeiden und Reserven aufbauen können.

Auch beim Investieren werden Sie drei Leitmotive dieses Buchs wiederfinden. Erstens: Wichtiger, als alles richtig zu machen, ist es, unnötige Fehler (und Ihre Bankberaterin) zu vermeiden (Woche 7). Zweitens: Gut und beherrschbar ist besser als perfekt und sich dabei verheddern (Woche 8). Drittens: Der Schlüssel, um endlich gut mit Geld zu werden, liegt in Ihrem Verhalten (Woche 9). Sie müssen lernen, mit den vielen Denk- und Verhaltensfehlern umzugehen, die Menschen am Kapitalmarkt machen – weil wir eben keine Excel-Spreadsheets mit Beinen sind, sondern Menschen. Gott sei Dank.

WOCHE 7

Wie Sie Irrwege beim Investieren vermeiden

»Wir sind davon überzeugt, dass Märkte nicht vollständig informationseffizient sind. Nur durch fundamentales Research und aktives Portfoliomanagement können diese Ineffizienzen gewinnbringend genutzt werden. So bieten wir Chancen über eine Vielzahl von Anlageklassen und begrenzen gleichzeitig die Risiken durch die Formulierung einer Wertuntergrenze. Ein integriertes Risikomanagement ist unabdingbar, um das asymmetrische Profil eines dynamischen Wertsicherungsmandats erfolgreich zu managen.«

Matthias F., Portfoliomanager

Eine gute Kapitalanlage ist das, was übrigbleibt, wenn Sie die ganz großen und ein paar kleinere Fehler vermeiden. Daher kümmern wir uns die ganze siebte Woche darum, vermeidbare Fehler zu erkennen und abzustellen. Heute geht es los mit den Top Ten der schlimmsten Anlagefehler. Am Dienstag, Mittwoch und Donnerstag blicken wir dann im Detail auf die drei übelsten Holzwege: den Glauben, die richtigen Aktien auswählen zu können, den Versuch, das Auf und Ab des Markts richtig zu prognostizieren, und das sogenannte aktive Risikomanagement. Am Samstag erzähle ich Ihnen die Geschichte einer Familie mit einer besonders langen und blutigen Lernkurve beim Investieren. Und am Sonntag gibt es wie immer Ergebnissicherung.

Drei Fragen zum Warmwerden

1. Welchen der Fehler haben Sie selbst schon beim Investieren begangen?
2. Was hatte das für Konsequenzen?
3. Was haben Sie daraus gelernt?

MONTAG Zehn klassische (aber vermeidbare) Fehler beim Investieren am Kapitalmarkt

Fangen wir mit den ganz großen Fehlern an, die Ihr Geld und damit Ihre Lebensqualität gefährden. Wenn Sie die im Griff haben, sind Sie schon fast am Ziel. Alles richtig machen zu wollen, ist dagegen nicht nur verschwendete Energie, sondern selbst ein Anlegerfehler. Denn früher oder später stolpern Sie dabei über Ihre eigenen Füße.

Am Kapitalmarkt haben Sie zwei Feinde, die Ihrem finanziellen Erfolg im Weg stehen. Der erste und leichtere Gegner ist die Finanzindustrie, also die Hersteller und Verkäufer unnötiger und schädlicher Finanzprodukte. Damit man Ihnen nichts unterjubelt, sollten Sie die gängigen Verkäufertricks und beliebtesten Geschichten (er-)kennen. Der zweite Gegner ist schwieriger unter Kontrolle zu bekommen: Das sind Sie selbst respektive Ihre Emotionen und Denkfehler.

Achten Sie im Folgenden darauf, welcher Gegner Ihnen gegenübertritt. Sie werden sehen: Oft arbeiten die beiden in harmonischer Eintracht miteinander.

1. **Sie orientieren sich an vergangenen Erfolgen von Fondsmanagern:** Wenn Sie sich an Rennlisten aus Finanzzeitschriften orientieren, kaufen Sie den Fonds, den Sie vor fünf Jahren hätten kaufen sollen – wenn Sie eine Kristallkugel gehabt hätten. Welchen Sie heute kaufen müssten, erfahren Sie in fünf Jahren. Zu glauben, der Fondsmanager Dr. Bunsen van der Dunkel hätte ein besonderes Näschen oder Händchen für die richtigen Aktien oder Investitionszeitpunkte, ist naiv. Das Einzige, was sicher ist, sind die Managementgebühren von meist um die 2 Prozent pro Jahr. Ein weltweit investierender ETF, also ein Indexfonds, kostet einen Bruchteil davon.

2. **Sie verwechseln gute Geschichten mit guten Investments:** Hier eine Version des obigen Fehlers, der auf der Fehlannahme beruht, Sie könnten schlauer sein als alle anderen. Er sieht so aus: In Künstlicher Intelligenz oder Biotechnologie liegt die Zukunft. Inflation ist etwas ganz Gefährliches. Die Digitalisierung wird die Welt verändern. Wirklich? Das wissen vermutlich nicht nur wir beide. Eine runde Ge-

schichte ist eine runde Geschichte, aber sicher kein Informationsvorsprung an der Börse. Sie werden fast sicher auf ein heiß gelaufenes Modethema aufspringen. Wenn Sie Unterhaltung suchen, gehen Sie ins Kino, in die Oper oder ins Stadion.

3. **Sie verwechseln Glück mit Können und Investieren mit Spekulieren:** Eine weitere Version des Fehlers, die richtigen Werte identifizieren zu wollen: Ihr Nachbar hat 500 Prozent mit Nvidia gemacht, der Sohn vom Bekannten eines Freundes zockt mit CFDs, und Sie kennen einen, der einen kennt, der wegen seiner Kryptoinvestments nicht mehr arbeiten muss. Ein paar Klicks und schon ist das Depot beim Neobroker eröffnet. Wenn Sie Pech haben, gehen die ersten Trades gut und Sie verwechseln Glück mit Können. Bis sich früher oder später das Blatt wendet und Sie die Quittung für Ihr übersteigertes Selbstbewusstsein serviert bekommen. Das kann sehr teuer werden.

4. **Sie kaufen, was Sie kennen:** Hier die letzte Version desselben Fehlers: Ihr Vater hat bei Siemens gearbeitet, Sie fahren einen BMW und schon Ihre Oma war bei der Allianz versichert. Fast alle deutschen Anlegerdepots sind massiv deutschlandlastig. Doch Ihre wohlige Vertrautheit spielt überhaupt keine Rolle: Deutschland macht nur rund 2 Prozent des weltweiten Kapitalmarkts aus. Auch wenn Sie meinen, sich »zu Hause« besonders gut auszukennen: Sie wissen nichts über heimische Unternehmen, was Hunderte von Analysten in New York oder Tokio nicht viel besser wüssten. Eine gute Kapitalanlage ist deshalb immer weltweit gestreut und verzichtet auf Risiken aus Einzelwerten oder Wetten auf vermeintlich interessante Branchen.

5. **Sie weigern sich, zu verstehen, was Risiko am Kapitalmarkt ist:** Sie sind nicht gierig, so um die 4 Prozent reichen Ihnen? Da muss es doch was geben, Hauptsache ohne größere Risiken. Die Wahrheit lautet: Rendite und Risiko sind kein Gegensatzpaar, sondern zwei Seiten ein- und derselben Medaille. Noch einmal: Rendite = Risikoprämie = Lohn der Angst = Schmerzensgeld. Auch wenn Ihnen Ihr Bankverkäufer gern etwas anderes erzählt. Was Sie sich da wünschen, wird die Realität nicht weiter beeindrucken. Wenn Sie es trotzdem ausprobie-

ren, bekommen Sie intransparente Produkte mit netten Geschichten. Alles viel zu teuer und am Ende auch viel zu riskant.

6. **Sie glauben an exklusives Geheimwissen:** Die Reichen werden immer reicher, die Armen immer ärmer. Liegt es da nicht nahe, dass es irgendwelche exklusiven Investments gibt, die nur diesen offenstehen? Und ist es dann nicht ein Glücksfall, wenn Sie über den guten Freund einer Bekannten die Gelegenheit bekommen, da mitzumachen? Vielleicht ist es auch Ihr Banker oder »Berater«, der nur für kurze Zeit und ganz begrenzt Zugang zu so einem besonderen Produkt hat. Die Geschichten zu solchen Exklusiv-Investments sind oftmals beeindruckend und hoch plausibel; Zeitdruck sowie (imaginäre) Steuervorteile sind meist Teil der Verkaufsstrategie. Ja, diese Produkte sind hochattraktiv – für den Verkäufer. Top-Produkt = Top-Provision.

7. **Sie glauben, man könne Verluste durch rechtzeitiges Reagieren begrenzen:** Einer der ältesten Hüte bei Vermögensverwaltern ist – siehe das Eingangszitat – das Versprechen, in Krisen rechtzeitig aussteigen zu können. Nicht am absoluten Höchstpunkt, aber doch sehr zügig: Wenn eine gewisse Verlustschwelle überschritten ist, wird die Reißleine gezogen. Klingt toll, Kunden lieben es. Das Ergebnis ist meist ein Desaster. Verkauft wird erst nach einem signifikanten Verlust. Wenn sich die Kurse dann wieder erholen, ist der Anleger nicht mehr mit dabei. Was Verluste begrenzen soll, zementiert diese stattdessen.

8. **Sie gönnen dem Staat die Steuern nicht:** Wollen Sie in einem Land leben, in dem sich die Wohlhabenden hinter Stacheldrahtzäunen einigeln? Ich nicht. Also zahlen Sie Ihre Steuern. Sie sind ein Zeichen, dass Sie vorher etwas verdient haben. Das ist auch besser für Ihr Vermögen. 25 Prozent Abgeltungssteuer – das ist doch fast ein Steuersparmodell, oder? Für alles andere gilt: Der Steuervorteil ist fast immer geringer als die Kosten für das Produkt, das Ihnen helfen soll, Steuern zu sparen. Das gilt für die Lebensversicherung genauso wie für offensivere Steuersparmodelle. Häufig sieht es am Ende so aus: Erst kommt eine (steuerliche) Verlustzuweisung, dann der (reale) Verlust und – wenn es ganz übel läuft – die Staatsanwaltschaft.

9. **Sie investieren Geld, das Sie in den nächsten Jahren brauchen:** Geld, das Sie am Kapitalmarkt investieren, braucht Zeit. Je mehr Sie davon haben, desto besser. Über zehn oder besser zwanzig Jahre verlieren Schwankungen am Kapitalmarkt ihren Schrecken. Was Sie in den nächsten Jahren verbrauchen, dürfen Sie dagegen keinem Risiko aussetzen. Das gilt insbesondere für Ihren Notfalltopf.

10. **Sie denken über Ihr Geld in Teilbeträgen nach:** Die meisten Anleger suchen eine Lösung für 10 000 Euro hier oder 50 000 Euro dort. Wie praktisch, dass die nette Dame von der Bank da eine Lösung hat. Stopp! Das ergibt keinen Sinn. Denn Finanzprodukte lösen keine Probleme. Sie können immer nur Mittel zum Zweck sein. Investitionen sind stets nur im Rahmen einer auf Dauer angelegten Gesamtstrategie sinnvoll.

DIENSTAG Das Märchen vom genialen Fondsmanager

Wenn Sie sich nur einen Punkt aus der gestrigen Liste klassischer Anlagefehler merken wollen, dann dies: Der geniale Manager, der dank zutreffender Prognosen dauerhaft wiederholbar mehr als die durchschnittliche Rendite des Gesamtmarkts erwirtschaftet, existiert nicht. Die richtigen Werte dauerhaft zu identifizieren – sogenanntes Stockpicking –, funktioniert nicht. Hat es noch nicht und wird es auch nicht. Punkt. Ausrufezeichen! »Mag prinzipiell sein, aber Herr Drosselbart hat doch seit Jahren ein so feines Näschen; goldenes Händchen; unfassbares Bauchgefühl; beste Kontakte zu den Finanzvorständen diverser M-DAX-Konzerne; einen megainnovativen und geheimen KI-gestützten Algorithmus …« Nein! Der geniale Manager lebt im selben Land wie die Knusperhexe aus *Hänsel und Gretel*. Nur anders als die Knusperhexe richtet der geniale Fondsmanager seinen immensen Schaden nicht im Märchenwald, sondern im wirklichen Leben an. Und er wird in der Regel auch nicht zur Rechenschaft gezogen – satte Boni statt Backofen.

Nicht Hänsel und Gretel gehen am Ende der Geschichte mit Gold und Edelsteinen nach Hause, sondern die Knusperhexe.

Dass sich das Manager-Märchen so zäh hält, ist umso erstaunlicher, als die Frage, ob dauerhafte Überrenditen an den Kapitalmärkten planbar möglich sind, seit Jahrzehnten akademisch ausdiskutiert ist. Eine besonders illustrative Studie aus dem Jahr 2017 stammt von John Bogle, der als Erfinder der ETFs gilt. In seinem Buch *Keine Investmentzauberformel* hat er in einer über sechsundvierzig Jahre laufenden Studie zum US-Aktienmarkt nachgewiesen, dass von 355 Fonds lediglich zwei (!) dauerhaft eine Überrendite von mehr als 2 Prozent über dem Markt erzielen konnten – während fast 80 Prozent der Fonds wegen nachhaltiger Erfolglosigkeit ihren Betrieb einstellen mussten.[1] Seit den 1970er-Jahren kommen Regalreihen von Studien zu den unterschiedlichsten Zeiträumen, Regionen, Branchen und Märkten immer wieder zum selben Ergebnis: Überdurchschnittlich erfolgreiche Manager einer Drei-, Fünf- oder Zehn-Jahres-Periode verteilen sich in den nächsten drei, fünf oder zehn Jahren wieder rein zufällig über das Gesamtfeld. Und ja, das gilt für große etablierte Märkte genauso wie für sogenannte Megatrends, Nischenprodukte und Geheimtipps.

Warum hält sich dieser Märchenheld dennoch so hartnäckig? Die Erkenntnis, dass auch topausgebildete Profis mit fast unlimitierten Research-Möglichkeiten nicht in der Lage sind, dauerhaft besser abzuschneiden als der Durchschnitt, ist ausgesprochen kontraintuitiv. Sie widerspricht jeglichen Erfahrungen aus anderen Lebensbereichen. Ob Künstler, Sportlerin, Mediziner, Anwältin oder Handwerker: In fast jedem Beruf machen Ausbildung, Talent und hartes Training einen riesigen Unterschied beim Ergebnis. Würden Sie sich gern von einem durchschnittlichen Chirurgen am Herzen operieren lassen? Dann muss doch auch ein topausgebildeter Aktienanalyst in der Lage sein, zu erkennen, welche Aktien besonders günstig bewertet sind und welche nicht. Nein, leider nicht.

Dass auch Profis langfristig keine überdurchschnittlichen Ergebnisse erzielen, liegt nicht daran, dass man – ausgedrückt in den Worten Kostolanys – nirgendwo so viele Dummköpfe pro Quadratmeter trifft wie an der Börse. Im Gegenteil: All die topausgebildeten Analysten in den Türmen in London, Frankfurt, New York oder Tokio mit ihrer hochgerüsteten IT neutralisieren sich gegenseitig. Denn jegliche kursrelevante Information ist binnen Sekunden Teil der nächsten Kursfindung. Märkte sind, so lautet der Fachausdruck, informationseffizient. Da keiner der Spieler dauerhaft einen Informationsvorsprung vor den anderen hat, gelingt es auch keinem, dauerhaft auf Kosten der anderen eine Überrendite zu generieren. In anderen Worten: Nichts bündelt alle am Kapitalmarkt verfügbaren Informationen zu einem Wertpapier so effizient wie der aktuelle Preis dieses Papiers.

Dass trotzdem einzelne Manager immer wieder über drei, fünf, zehn oder gar fünfundzwanzig Jahre den Markt schlagen, liegt ganz einfach am Gesetz der großen Zahlen. 2023 gab es weltweit ungefähr gleich viele Aktien wie aktiv gemanagte Aktienfonds: etwas über 45 000.[2] Und unter diesen Fonds muss es zwangsläufig einige geben, die auch über lange Zeit gute Ergebnisse erzielen. Dass die dann vor Selbstbewusstsein kaum mehr laufen und die tollsten Geschichten erzählen können, ändert nichts daran, dass sie nur unverschämtes Glück hatten. Wenn einen Abend lang Hunderte Menschen ein Mensch-ärgere-Dich-nicht-Turnier spielen, dann gibt es auch da einen, der die meisten Sechser gewürfelt hat. Würden Sie ihn dafür bezahlen, dass er Sie nächstes Mal beim Würfeln berät?

Was für topausgebildete Manager im Fondsmanagement gilt, gilt erst recht für Ihren Bankberater um die Ecke, Ihren superschlauen Bekannten und für topinformierte Finanzjournalisten. Deren Job ist es nicht, dass Sie möglichst schnell reich werden, sondern dass Sie eine Finanzzeitschrift kaufen. Wenn Sie wüssten, welche Aktie sich übermorgen verzehnfacht, wie würden Sie dieses Wissen zu Geld machen? Die Aktie kaufen oder einen Artikel schreiben?

Und noch eine Sache sollten Sie nicht übersehen: Um über drei oder fünf Jahre eine großartige Überrendite ausweisen zu können, reicht meist ein wirklich gutes Startjahr. Eine kluge Fondsgesellschaft schiebt deshalb mehrere widersprüchliche Strategien gleichzeitig an den Start und stellt dann diejenige ins Schaufenster, die am besten funktioniert hat. Die anderen kommen in die Besenkammer oder zur Knusperhexe in den Backofen – werden also aufgelöst.

Vor dem Hintergrund ist die sogenannte Performance-Jagd – also die Nicht-Strategie, jeweils auf den Manager zu setzen, der die letzten Jahre besonders erfolgreich war – ein Teufelskreis der Geldvernichtung: Kaufe den in den letzten drei Jahren erfolgreichsten Investmentfonds, halte ihn für eine Weile, verkaufe ihn wieder, kaufe den dann in den letzten drei Jahren erfolgreichsten Investmentfonds … Teuer kaufen, billig verkaufen, teuer kaufen, billig verkaufen … Mal sehen, wie oft Sie das wiederholen müssen, um genug Geld verloren und Provision gezahlt zu haben, um damit aufzuhören oder pleitezugehen.

MITTWOCH Warum Market Timing zum Scheitern verurteilt ist

Wenn der Versuch, die richtigen Aktien zu identifizieren, nur unnötige Risiken und Kosten verursacht, kann ich nicht zumindest ungefähr die richtigen Zeitpunkte zum Einsteigen und – viel wichtiger – zum Aussteigen abpassen? Zu diesem sogenannten Market Timing gibt es Dutzende Spielarten, die in der Summe eines gemeinsam haben: Sie funktionieren zuverlässig … nicht.

Fangen wir mit der offensichtlich dümmsten davon an: Charttechnik. Hier wird versucht, anhand von Kurvenverläufen einzelner Aktien, aber vor allem größerer Indizes, deren zukünftigen Verlauf zu prognostizieren. Allein die Namen der einzelnen »Formationen« klingen – zu Recht – wie aus einer Satiresendung: Untertasse, Megafon, Schulter-Kopf-Schulter … Es gibt Widerstände und Unterstützungslinien – als sei der Chart ein lebendiges Wesen. Doch Vorsicht: Bloß nicht das Golden Cross mit dem Todeskreuz verwechseln … Und wenn die Charttechniker mal wieder komplett danebenlagen, dann greift die Generalbegründung: Ups, das war ein Fehlsignal.

Solange es keinerlei wissenschaftliche Evidenz für das Funktionieren von Charttechnik gibt und kein Charttechniker der Welt einen rein fiktiven von einem realen Chart unterscheiden kann, ergibt es keinerlei Sinn, sich damit auseinanderzusetzen. Erfolge sind rein zufällig, im besten Fall sind sie – für sehr kurze Zeiträume – sich selbsterfüllende Prophezeiungen.

Versuchen wir es mit einem anderen Zugang: den Blick auf die langfristigen ökonomischen Zusammenhänge. Ein primitives und daher besonders leicht durchschaubares Verfahren ist der alljährliche Brauch, dass Bankanalysten zu Beginn des Jahres tief in die Kristallkugel blicken, um den Stand eines im internationalen Kontext eher irrelevanten Indexes - den des DAX - zum Jahresende zu prognostizieren.[3] Wenn Sie sich die durchschnittlichen Trefferquoten von mehr als zwei Dutzend Banken ansehen, gibt es nur eine Schlussfolgerung: Das funktioniert nicht!

Im Jahr 2024 lag das durchschnittliche Ergebnis über alle 26 Banken – wie in vielen anderen Jahren auch – um den Faktor 7,5 neben der Realität. Prognose: + 2,53 Prozent; Realität: + 18,85 Prozent. Eine stramme Leistung, da ja die Banken, die zu viel getippt haben, und die, die zu wenig geraten haben, sich eigentlich ausgleichen sollten. Lediglich eine Bank lag 2024 annähernd in der Nähe des richtigen Ergebnisses. Einen herzlichen Glückwunsch an die Berenberg Bank, die im Vorjahr mit getippten rund + 12,76 Prozent um einen Faktor von 1,5 von den tatsächlichen 8,04 Prozent entfernt gewesen war. Unfreiwillig komisch sind da die fast korrekt erratenen durchschnittlichen 4,67 Prozent für das Coronajahr 2020. Dass der DAX während des ersten Lockdowns zwischendurch fast 40 Prozent unter Wasser gewesen ist, war sicher auch Teil dieser weitsichtigen Prognose …

Die DAX-Prognose ist nur eine von Dutzenden Spielarten eines Verliererspiels. Eine andere beliebte Version ist es, sich über den Ausgang politischer Ereignisse den Kopf zu zerbrechen: die nächste Krisensitzung der EU, die nächste US-Wahl, den Brexit etc. Ein in doppelter Hinsicht unsinniges Unterfangen: Zum einen muss die politische Prognose aufgehen und zum anderen muss auch noch der Markt so reagieren wie gedacht. 2016 etwa waren sich fast alle Analysten einig: Trump verliert die Wahl, aber falls er doch gewinnt, dann kollabieren die Märkte. Am Ende gewann der wichtigste amerikanische Index, der S&P 500, nach dem Wahlsieg Trumps in einem Monat über 5 Prozent dazu.

Was bei den albernen DAX-Prognosen ganz offensichtlich und bei politischen Wetten naheliegend ist, gilt leider auch für deutlich elaboriertere und seriösere Prognosen. Insbesondere wenn sie auf umfangreichen volkswirtschaftlichen Daten beruhen. Aus denselben Gründen, aus denen es sinnlos ist, sich »die besten Aktien« der Welt herauszupicken: Alle kursrelevanten Informationen sind für alle Investoren frei verfügbar und in Echtzeit Teil der nächsten Kursfindung. Wenn eine Wirtschaftskrise, eine Pandemie, ein Krieg droht, ist es zu spät, auf diese Information zu reagieren: Nicht die Krise selbst, sondern die Erwartung der Krise bewegt die Kurse – und zwar sofort. Etwa angesichts des von Trump verursachten »Zoll-Crashs« im April 2025 zu behaupten, »das habe ja schon vorher jeder gewusst«, ist daher blanker Unsinn. Hätte es »jeder« schon vorher gewusst, dann wären schon »vorher« die Kurse auf das Niveau nach Trumps Zollankündigung eingebrochen. So schlicht und so einfach. In Summe kommen wir immer wieder zur gleichen Schlussfolgerung: Überdurchschnittliche Erfolge am Kapitalmarkt beruhen auf Zufall. Sie sind nicht wiederholbar und dürfen daher nicht beeinflussen, wie Sie Verantwortung für Ihre finanzielle Zukunft übernehmen.

DONNERSTAG Risikomanagement: Weshalb der Versuch, sich vor Verlusten zu schützen, zu Verlusten führt

Heute setzen wir uns zum letzten Mal mit »genialen« Managementstrategien auseinander und vertiefen dabei die Erkenntnisse der letzten drei Tage. Wir schauen uns dazu das vermutlich älteste Märchen des Asset Managements an: das von Matthias F. im Eingangszitat geleistete Versprechen, in Krisen rechtzeitig aussteigen zu können und so die Kunden vor Verlusten zu bewahren. Die Grundzüge der Geschichte sehen immer gleich aus: Wenn man erkennt, dass sich die Situation »eintrübt«, reduziere man die Aktienquote oder steige »erst mal« aus dem Markt aus. Man könne zwar nie die absoluten Höchst- und Tiefpunkte erwischen, aber das Schlimmste allemal verhindern. Wenn sich dann alles wieder beruhigt habe, steige man wieder ein.

Gewährleistet wird das Ganze entweder durch mal sehr einfache, mal auch hochkomplexe Indikatoren und Kennzahlen. Die einfachen nennen sich »Signal«, die komplexeren Berechnungen »Algorithmus«.

Wenn man dem Kunden noch ein Stück mehr Sicherheit geben möchte, untermauert man dies mit einem Experten – am besten einem Hochschulprofessor.

Zu »Signal«, »Algorithmus« und akademischer Absicherung kommt oft der eigentliche Clou: das Versprechen, Sie könnten sich selbst aussuchen, wie viel Geld Sie maximal riskieren möchten. Das Zauberwort heißt Value at Risk (VaR). Genauer: Ein VaR von 20 Prozent bei einem Konfidenzniveau von 95 Prozent heißt, dass Ihnen das Management verspricht, dass Sie innerhalb eines Jahres maximal 20 Prozent Ihres eingesetzten Kapitals verlieren können – zumindest mit einer Wahrscheinlichkeit von 95 Prozent. Kein Wunder, dass Kunden so viel versprochene Sicherheit lieben und sich solche Produkte seit Jahr und Tag top verkaufen.

Der Pferdefuß ist dabei weniger das Schlupfloch, dass es zu 5 Prozent doch schiefgehen könnte und sich das Management im Notfall irgendwie herausreden kann. Das Problem ist vielmehr, dass der Manager versucht, sein Versprechen um jeden Preis zu halten, und exakt *damit* Geld vernichtet. Nicht aus Versehen, nicht als Panne oder in unglücklichen Extremszenarien, sondern mit Ansage.

Wie aus dem Lehrbuch ließ sich das während der Coronakrise bei Deutschlands bis dahin am meisten gehypter Online-Vermögensverwaltung beobachten. Hier deren VaR-20-Strategie: Weil der kapitalschützende Algorithmus – trotz eines auf fünfundvierzig Seiten dokumentierten Investmentprozesses – ins Leere lief, reagierte das Management zunächst nicht auf den rasanten Kursverfall an den Märkten. Wie der dafür zuständige Professor und CEO des Unternehmens später schmallippig und unfreiwillig komisch erklärte: Die Berechnung könne leider nur langfristig erkennbare Kapitalmarktkrisen erkennen, kurzfristig nicht erkennbare Krisen jedoch nicht. Erst am 16. März lag die ursprüngliche Aktienquote von rund 70 Prozent bei knapp unter 50 Prozent. Da hatte der MSCI World bereits über 30 Prozent verloren und die Strategie der versprochenen Schwelle von 20 Prozent Maximalverlust bereits gerissen. Die 5 Prozent Restrisiko hatten gnadenlos zugeschlagen. So weit, so schlecht.

In den folgenden vier Wochen stieg das Unternehmen weitgehend aus dem Aktienmarkt aus und realisierte satte zweistellige Verluste. Übrig blieb eine Restinvestition in Aktien von 21,75 Prozent. Ob das der Algorithmus oder die nackte Angst des Managements war, sei dahingestellt. Dieses war vermutlich heilfroh, dass sich der Markt wieder etwas erholt hatte und der Verlust wieder etwas weniger als 20 Prozent ausmachte – formal war nun ja wieder alles in Ordnung. Doch da das Management nun weder den Mut noch das Risikobudget hatte, um wieder in den Markt einzusteigen, schaute es der sprunghaften Erholung des Markts staunend hinterher. Denn die VaR-Strategie mit ihrer winzigen Aktienquote kam kaum von der Stelle. Erst im Juli lag die Aktienquote wieder bei etwas über 40 Prozent. Nur – da war es zu spät. Das Risikomanagement hatte aus einer vorübergehenden Schwankung einen dauerhaften Verlust gemacht. Zum Vergleich: Wer mit einem vernünftig strukturierten Portfolio einfach nur die Zähne zusammengebissen hat, lag Ende des Jahres mit seinen Investitionen wieder im Plus.

Wenn Sie glauben, das sei aber viel Pech oder eine drastische Ausnahme, dann muss ich Sie enttäuschen: Das ist kein Betriebsunfall, sondern ein bekanntes Problem. So bekannt, dass es seit Jahrzehnten einen eigenen Namen hat: Cash Lock oder Rentenfalle – also der Zustand, dass ein Fondsmanager aufgrund seiner eigenen Investmentvorgaben kein Risiko mehr eingehen kann, in sicheren Anlagen gefangen ist und deshalb keine Rendite mehr erzielen kann. Verrückt: Der Versuch, Verluste zu begrenzen, führt mittelfristig zu Verlusten, während die Fähigkeit, Verluste zu ertragen, Ihnen langfristig Gewinne einbringt. Warum, zeige ich Ihnen nächste Woche.

Übrigens: Die bis Anfang 2020 noch gefeierte VaR-Strategie des Unternehmens wurde erst »modifiziert« – und dann klammheimlich, wenn nicht mit der Asche der Knusperhexe, so doch mit dem für das Desaster verantwortlichen Chief Investment Officer und all seinen »Quants«[4] entsorgt. Und darin liegt das eigentliche Geheimnis, weshalb so viele der angebotenen Fonds in den Regalen der Produktverkäufer so gut aussehen: Survivorship Bias. Die richtig miesen Produkte werden eingestampft und verschwinden – sowohl aus den meisten statistischen Auswertungen als auch aus dem Gedächtnis der Anleger.

FREITAG Denkpause

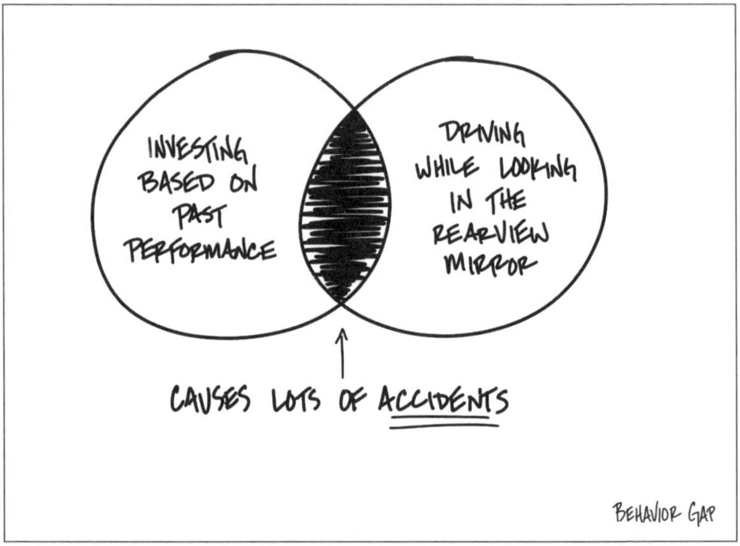

SAMSTAG Angst, Gier und gerissene Verkäufer: Die blutige Lernkurve der Familie Wandler

Die Anlegergeschichte von Ursula und Leopold Wandler ist typisch für viele Privatanleger, auch wenn die finanziellen Konsequenzen für die Wandlers sicher ein Stück drastischer waren. Mehrmals in ihrem Leben haben sie beim Investieren so ziemlich alles falsch gemacht, was möglich war.

Leopold Wandler hatte sich Anfang der 1990er-Jahre als Orthopäde in seiner Heimatstadt Neuhausen ob Eck niedergelassen. Seine Praxis lief nach den ersten Jahren ausgesprochen gut. Kurz nach der Praxisgründung kaufte Leopold für sich, seine Frau und die inzwischen drei Kinder ein Haus mit großem Garten, das er zügig abzahlte.

Als er damit fertig war, begann er, weitere Ersparnisse nach und nach an der Börse zu investieren. Die Zeiten schienen golden. Die Märkte kannten Ende des Jahrtausends nur eine Richtung: nach oben. In dem Umfeld warfen selbst die Produkte der örtlichen Sparkasse anständige

Gewinne ab. Davon angefixt, beschäftigte sich Leopold mehr und mehr mit der Börse, kaufte Finanzzeitschriften und diskutierte – wie so viele im Dotcom-Rausch – am Stammtisch nicht mehr über Fußball, Politik und Autos, sondern über Intershop, Adva Optical und EM.TV. Hier raus, da rein und auch da wieder raus und doch wieder rein. So schossen die Werte durch die Decke. Doch nicht alles, was Leopold und seine (ausschließlich männlichen) Bekannten behaupteten, hatten sie auch wirklich investiert, und über Verluste sprach man sowieso nicht gern.

Und dann platzte die Blase im März 2000. Der DAX verlor in den nächsten Jahren über 70 Prozent seines Wertes, der sogenannte NEMAX50, in dem die gehypten »Zukunftswerte« des neuen Markts gehandelt wurden, über 95 Prozent – im Durchschnitt über fünfzig Werte! Irgendwann im Sommer 2002 schmiss Leopold entnervt hin: Schlaflose Nächte, die aufreibenden Diskussionen und Vorwürfe seiner Frau konnte er nicht mehr ertragen. Lieber ein Ende mit Schrecken als ein Schrecken ohne Ende. Von einst 1,8 Millionen Euro waren noch gut 480 000 Euro übrig.

Wenn Leopold irgendetwas »gelernt« hatte, dann: Nie wieder Aktien. Angesichts der weiter fallenden Kurse sah er sich mehr als bestätigt, sein Geld lieber auf dem Festgeldkonto zu horten. Doch dann stiegen ab März 2003 die Kurse wieder: ein Jahr, zwei Jahre, drei Jahre … Mitte 2006 begannen die Wandlers, wieder langsam in den Aktienmarkt einzusteigen. Doch aus dem Scheitern von 2002 hatten sie ihre eigenen Rückschlüsse gezogen: keine hochspekulativen Einzelwerte und Fonds mehr, sondern Solides: Fonds in Standardwerte, vor allem aber Produkte mit Absicherungsmechanismen. Eine Strategie, zu der ihnen auch ihre neue Beraterin in der Großbankfiliale in Tuttlingen ausdrücklich geraten hat. Die schien generell ohnehin viel bessere und cleverere Ideen zu haben als die Banker aus Neuhausen.

Eine Produktgattung hatte es Leopold dabei besonders angetan: Zertifikate, insbesondere die mit komfortablen Sicherheitsschwellen. Sein Favorit war das »Best-in-one-World-five-Stars-Komfort-Relax-All-Depp-End-Zertifikat« auf den Eurostoxx 50, Dow Jones und Nikkei. Soweit Leopold es verstanden hatte, funktionierte das so: Wenn alles gut ging, »partizipierte« (so das schöne Wort) er ein Stück an der Wertentwicklung des Kapitalmarkts: 7 Prozent Bonus. Lag einer der Indizes im Minus, war das nicht weiter tragisch: Es passierte erst mal gar nichts, das Spiel lief einfach nur ein Jahr weiter, mit der Chance auf doppelt so viel Bonus. Nur falls einer der Indizes um mehr als 30 Prozent »korrigierte«, bekam er den Gegenwert dieses Index »geliefert«. Aber das war ja bei so etablierten Indizes nicht zu erwarten, soweit Leopold es verstanden hatte.

Ein paar Dinge hatte Leopold bei diesem Würfelspiel gegen die Bank allerdings nicht ganz verstanden:

1. Sein theoretischer Gewinn war begrenzt, sein theoretischer (und später praktischer) Verlust nicht. Auf Leopolds Würfel gab es also keine Fünf oder Sechs.

2. Die Indizes waren allesamt Kursindizes, das heißt, ausgezahlte Dividenden führten nicht zu einer Wertsteigerung des Indexes respektive wurden (wirtschaftlich) von der Bank einkassiert. Zu doof: Denn knapp ein Drittel der durchschnittlichen Rendite dieser Indizes fließt in der Regel aus den Dividenden.[5] Auf dem Würfel der Bank gab es also keine Eins.

3. Beim Strukturieren und Ineinanderverschachteln der unterschiedlichen Risiken hatte die Bank die fairen Preise der jeweiligen Risikoprämien nicht an Leopold weitergegeben, sondern zum Teil selbst eingestrichen. An der Casino-Kasse hatte Leopold 1 000 Euro auf den Tresen gelegt, aber nur Chips für 920 Euro bekommen. Auf dem Würfel der Bank gab es also auch keine Zwei.

4. Und: Sollte Leopold das Spiel trotzdem gewinnen: dann konnte ihm die Bank bereits nach einem Jahr die nächste Wette verkaufen.

Am Ende »korrigierte« nicht ein Index, sondern alle drei Indizes fielen um mehr als 30 Prozent. Das Zertifikat stürzte zusammen mit den anderen Anlagen der Wandlers im freien Fall ab. Leopold und Ursula fanden sich im selben Alptraum wieder wie sechs Jahre zuvor. In dieser Situation half ihnen ein »unabhängiger« Finanzberater, ein Bekannter einer Freundin, aus Ursulas Yoga-Gruppe. Bei ihm fühlten sich die beiden sofort wohl und wahrgenommen, denn er »half« ihnen, den Stress aus der Kapitalmarktanlage rauszunehmen: Im März 2009 – bei absoluten Tiefständen – tauschte er alle noch vorhandenen Aktienpositionen in »sichere« Immobilienfonds. Für den Berater waren das 15 000 Euro Provision, für das Paar ein realisierter Verlust von 300 000 Euro. Das nächste Elend: Die offenen Immobilienfonds, in denen die verbleibenden 450 000 Euro landeten, gerieten wenig später selbst unter die Räder. Als nach der Finanzkrise 2008 der Bedarf nach Büroimmobilien auch in Europa deutlich sank und die überhitzten Immobilienpreise deutlich korrigierten, kollabierten zahlreiche dieser Fonds, als in einer Kettenreaktion sehr viele Anleger gleichzeitig zur Ausgangstür rannten. Etliche Produkte wurden zwangsweise geschlossen, abgewertet und über Jahre hinweg abgewickelt.

In dieser Situation habe ich die Wandlers Ende 2011 kennengelernt. Obwohl die beiden geradezu traumatisiert vom Kapitalmarkt waren, arbeiten wir seitdem gut zusammen. Auch wenn – oder gerade weil – ich insbesondere Leopold immer wieder gebetsmühlenartig die Basics einer rationalen Kapitalanlage erklären und ihn von Kurswechseln, »guten« Ideen und dem Wunsch, die Reißleine zu ziehen, abhalten muss.

Falls Sie meinen, das wären alles olle Kamellen, muss ich Sie enttäuschen. Die Geschichte beinhaltet alle Rezepte, die Anleger heute nach wie vor anwenden, um erfolgreich ihr Vermögen zu zerstören. Selbst das Zertifikate-Unwesen feiert wieder fröhliche Urständ, steht diesmal aber wenigstens im Fokus der Aufsichtsbehörden.[6]

SONNTAG Ergebnissicherung

Die siebte Woche ist geschafft. Gratulation und wunderbar, dass Sie so konsequent dabei sind. Wieder Zeit, die wichtigsten Erkenntnisse festzuhalten, Ihnen ein paar Fragen zum Nachdenken und einige konkrete Aufgaben zur Umsetzung mitzugeben. Falls Sie noch mehr wissen wollen, gibt es ein paar Hinweise zu weiterführender Literatur.

1. **Die wichtigsten Erkenntnisse der Woche**
   - Konzentrieren Sie sich bei der Kapitalanlage nicht darauf, alles richtig zu machen, sondern versuchen Sie, die größten Fehler zu vermeiden.
   - Investieren auf Basis von Prognosen vernichtet Geld. Der Versuch, die richtigen Werte oder die richtigen Einstiegszeitpunkte zu identifizieren, erhöht Risiko sowie Kosten und senkt die erwartete Rendite.
   - Machen Sie einen großen Bogen um alles, was verspricht, eine anständige Rendite bei reduziertem Risiko zu erzielen. Entweder Sie kriegen keine Rendite oder Sie kriegen kein reduziertes Risiko. Und wenn Sie Pech haben, beides nicht.
   - Vergessen Sie nie: Ein Verkäufer ist kein Berater, egal, ob er in einer Bank/Sparkasse sitzt oder als »unabhängiger« Finanzberater auftritt. Übernehmen Sie selbst die Verantwortung oder suchen sich einen Honorar(anlage)berater.

2. **Fragen zum Nachdenken**
   - Welche Finanzprodukte haben Sie in den letzten Jahren gekauft und warum haben Sie sich für diese entschieden: Versprochene Sicherheit? Vergangene Rendite? Ansprechendes Thema? Innovatives Konzept?
   - War es geeignet, um Ihre finanziellen Lebensziele zu erreichen? Sprich: Deckt es sich mit Ihrer Finanzmission?
   - Wenn Sie sich wehgetan haben: Können Sie einen vermeidbaren Fehler als Ursache identifizieren?
   - Was hielten Sie vor fünf, zehn oder fünfzehn Jahren für eine aussichtsreiche Investmentidee? Haben Sie die Ideen »vergessen«, die rückblickend nicht funktioniert haben?

3. **Ihre Aufgabe für die laufende Woche**
   - Wenn Sie schon investiert sind: Gehen Sie Ihr Depot durch und markieren Sie hinter jeder Investition, ob und welchen Irrweg Sie eingeschlagen haben. Wenn Sie damit fertig sind, fangen Sie noch mal von vorne an. Strengen Sie sich an!

- Kaufen Sie sich eine *Börse Online*, *Focus Money* oder einen *Aktionär* und lesen Sie zwei, drei Artikel zu Empfehlungen. Beantworten Sie sich dabei folgende Fragen:
  a) Woher weiß die Journalistin das?
  b) Ist das Geheimwissen oder eine Binsenweisheit?
  c) Wie viele solche Empfehlungen produziert diese Journalistin pro Woche, Monat und Jahr – wie kommt sie an so viele heiße Informationen?
  d) Wie viele der Dutzenden Ideen gehen wohl (statistisch) auf?

  Wenn Sie von dem, was Sie da lesen, Kopfschmerzen bekommen, sind Sie auf einem guten Weg.

4. Was Sie sich langfristig angewöhnen sollten

- Schalten Sie bei den Börsennachrichten auf einen anderen Kanal. Nehmen Sie am Flughafen die *BUNTE* statt *Focus Money* mit.
- Sollten Sie doch Informationen über Finanzen suchen, lesen Sie besser Blogs mit Buch-Besprechungen als irrelevante Börsennachrichten. So kombiniert etwa Celine Nadolnys Bücher-Blog Finanzbücher klug mit Sachbüchern aus anderen Bereichen. Vermeiden Sie Monokonsum. Finanzen sind nicht das einzig relevante Thema auf der Welt.
- Wenn Sie doch noch mal auf einen Finanzproduktverkäufer stoßen, stellen Sie ihm die folgenden Fragen: »Wie viele Wertpapierprodukte müssen Sie diese Woche noch verkaufen?« – »Wie viel verdienen Sie, wenn ich das jetzt mache, heute und in den nächsten fünf Jahren?« – »Kann ich das schriftlich haben?« – »Um wie viele Kunden kümmern Sie sich?« – »Wie hat sich die Vermögensverwaltung/der Fonds entwickelt, die/den Sie noch vor fünf Jahren empfohlen haben?«
- Widersprechen Sie in Ihrem sozialen Umfeld das eine oder andere Mal, wenn jemand sich mit seinen Investments wichtig macht. Manchmal tun es da schon ein paar Nachfragen: »Woher weißt du das?« – »Warum ist sonst niemand auf diese Idee gekommen?« – »Warum ist dir das so wichtig?« – »Warum erzählst du uns das?«. Oder gehen Sie notfalls in einen anderen Raum.

Weiterführende Literatur & Input

- Hartmut Walz, *Einfach genial entscheiden in Geld- und Finanzfragen* (2024).

Unter neunundvierzig.com/gut-mit-geld finden Sie

- Blogartikel von mir und anderen Autoren zum Thema,
- Hinweise auf weitere Geschichten über Pinocchiobanker und scheiternde Anleger,
- weitere Fragen und Hinweise zum Nachdenken sowie
- einen Link auf Celine Nadolnys Bücher-Blog.

WOCHE 8

Wie Sie richtig investieren

»ETFs sind dummes Geld.«
Dirk M. (56), Fondsmanager

Die größten Fehler bei der Kapitalanlage kennen Sie jetzt. Diese Woche klären wir, wie Sie es richtig machen – nicht perfekt, aber gut genug. Am Montag zeige ich Ihnen, dass es an Ihnen liegt, ob Sie den Kapitalmarkt als Casino benutzen wollen oder als eine Maschine, die auch für Sie einen gewissen Wohlstand generiert. Dazu klären wir am Dienstag, wie Sie die weltweite Marktwirtschaft in Ihr Depot bekommen, am Mittwoch, wie Sie Ihren Risiko- und Ihren Sicherheitsbaustein richtig gewichten und am Donnerstag, wie Sie das Ganze konkret umsetzen. Die Geschichte am Samstag veranschaulicht, was richtiges Investieren mit Ihren Werten und Zielen, sprich mit Ihrer Finanzmission, zu tun hat und warum falsches Investieren Sie über die finanziellen Schäden hinaus Lebensqualität kostet. Und am Sonntag gibt es wie immer Ergebnissicherung und Lesetipps.

Drei Fragen zum Warmwerden

1. Sind Aktien Teufelszeug und der Kapitalmarkt ein Casino?
2. Durch welche Investition der letzten Jahre haben Sie am meisten gelernt?
3. Was ist Ihrer Meinung nach der wichtigste Erfolgsfaktor beim Investieren?

MONTAG Sie entscheiden selbst: Wollen Sie den Kapitalmarkt als Casino oder als Wohlstandsmaschine nutzen?

Vielen erscheint der Kapitalmarkt wie ein großes Casino, das Investieren in Wertpapiere ein Buch mit sieben Siegeln und das Beschäftigen mit beiden ein klarer Hinweis auf einen moralisch zweifelhaften Charakter. Völlig zu Recht. Denn so betreiben die meisten Anleger ihre Kapitalanlage: Je komplizierter, desto besser, hier rein, da raus und dort wieder rein. So verschwenden sie jede Menge Geld und noch wertvollere Lebenszeit – das Ganze getrieben von Angst und Gier. In mehrfacher Hinsicht ist dieses Spekulieren ein Loser's Game: finanziell, zeitlich und emotional.

Die gute Nachricht: Das können Sie so machen, müssen Sie aber nicht. *Sie* müssen das nicht. Um zu verstehen, warum es auch viel einfacher geht und warum einfacher nicht schlechter, sondern viel besser bedeutet, müssen Sie die Grundlagen der freien Marktwirtschaft verstehen. Und ich zeige Ihnen, wie Sie aus dem Kapitalmarkt ein Winner's Game machen: finanziell, zeitlich und emotional.

Der Kapitalmarkt wurde nicht erfunden, damit Menschen möglichst wild mit möglichst komplexen Wertpapieren spekulieren. Seine Aufgabe ist es, Menschen mit unternehmerischen Ideen mit Kapitalgebern zusammenzubringen. Auf der einen Seite ist der Unternehmer, der Geld benötigt und dafür verständlicherweise so wenig wie möglich bezahlen möchte. Auf der anderen Seite die Investorin, die für das Risiko, dass sie ihr Geld im schlimmsten Fall nicht wiedersieht, eine Entschädigung erwartet. Diese Risikoprämie erfolgt, wenn der Kapitalgeber dem Unternehmer Geld in Form einer Anleihe leiht, als Zinszahlung; für den Fall, dass der Kapitalist sich direkt am Unternehmen in Form einer Aktie beteiligt, als Dividendenzahlungen und Kurssteigerungen.

So handelt es sich um einen hochrationalen Prozess, der dank des Handels über die Börse schnell, kostengünstig und rechtssicher erfolgt. Und noch eine gute Nachricht: Da der Handel an der Börse stark reguliert ist, haben im Prinzip alle Marktteilnehmer alle kursrelevanten Informationen zeitgleich zur Verfügung: Diese Preistransparenz führt zu einer jederzeit aktuellen und fairen Preisfindung, indem der Preis die kollektiven Einschätzungen aller Marktteilnehmer widerspiegelt. So weit, so gut. Was daraus folgt, wenn man diese Erkenntnisse ernst nimmt:

1. Dass Investments regelmäßig schiefgehen, ist eine *gute* Nachricht. Deshalb – und nur deshalb – gibt es am Kapitalmarkt eine attraktive Rendite. Denn Rendite wird eben NICHT von Vermögensverwaltern oder durch clevere Produkte gemacht, sondern durch das Aushalten von Risiken. Wer immer noch glaubt, dass Risiko und Rendite Gegensatzpaare sind und nicht zwei Seiten einer Medaille, hat es einfach nicht verstanden. Das allgemeine Marktrisiko, auch systematisches Risiko genannt, ist also ein gewünschtes, ein gutes Risiko.

2. Kein Gesetz der Marktwirtschaft ist verletzt, wenn ein Unternehmen, und sei es Apple oder Microsoft, eine ganze Branche oder ein Land der Welt dauerhaft ökonomisch unter die Räder kommt. Schauen Sie mal auf die Gründungsmitglieder des DAX im Jahr 1988: Gerade mal elf der damaligen dreißig Werte sind noch im Index vertreten. Der Rest ist pleitegegangen, bedeutungslos, fusioniert oder einfach nur an eine andere Börse gewechselt. Die gute Nachricht: Diese »schlechten«, unsystematischen Risiken sind durch eine weltweite Streuung Ihrer Aktieninvestitionen vermeidbar.

3. Es ist nicht vorstellbar, dass der gesamte Kapitalmarkt dauerhaft zusammenbricht und sich nicht wieder erholt – zumindest nicht, solange wir in einer kapitalistischen (Welt-)Ordnung leben. Denn einen Kapitalismus, in dem der Investor systematisch leer ausgeht, gibt es nicht.

4. Es ergibt – ich kann es nicht oft genug wiederholen – keinen Sinn, Energie in die Analyse einzelner Aktien zu investieren und zu hoffen, selbst eine klügere Preisfindung zu gestalten als der Markt: für Sie nicht, für mich nicht, für Herrn Müller von der Kartoffelbank nicht und auch nicht für vermeintliche Gurus – mögen sie noch so bekannt sein und noch so große Egos und zufällige Erfolge vorweisen.

Vor dem Hintergrund ist der Kapitalmarkt eben KEIN Nullsummenspiel in einem Casino, sondern in seiner Gesamtheit ein fast automatischer Produzent von Wohlstand. Sie brauchen am Ende nur zwei »Zutaten«, um am Kapitalmarkt erfolgreich sein: eine maximale Streuung der Investitionen über alle Länder und Branchen sowie Zeit – am besten sehr viel Zeit.

Die freie Marktwirtschaft hat in den letzten etwas mehr als einhundert Jahren einiges erlebt: zwei Weltkriege, die Weltwirtschaftskrise, zahlreiche Währungsreformen in verschiedenen Ländern, den Ölschock, den Kalten Krieg, die Dotcom-Blase, die Finanzkrise und Corona. Wenn Sie sich die für die USA verfügbaren Zeitreihen seit 1872[1] ansehen, hat sich der Kapitalmarkt immer wieder erholt, auch wenn Investorinnen zwischendurch tapfer auch mal über zehn Jahre durchhalten mussten. Aber ist das ein Problem? Würde Ihnen das bei einer Immobilieninvestition überhaupt auffallen?

Ja, wir leben in schwierigen Zeiten. Wenn ich sehe, wie weltweit die Demokratie und die Aufklärung in der Defensive sind und Extremisten sowie Populisten die Agenda setzen, wird mir ausgesprochen schlecht. Aber um den Kapitalismus mache ich mir gar keine Sorgen. Und sollte der Kapitalismus doch zusammenbrechen, hilft Ihnen keine noch so schlaue (dumme) Strategie der Welt.

DIENSTAG Wie Sie die weltweite Marktwirtschaft in Ihr Depot bekommen

Fassen wir an dieser Stelle noch einmal die wichtigsten Ergebnisse der letzten Woche zusammen, um zu verstehen, wie Sie die Erkenntnis, dass der Kapitalmarkt Ihnen langfristig eine positive Rendite schuldet, in eine konkrete Lösung übersetzen:

1. Wenn jede aktive Entscheidung für einzelne Aktien, Branchen, Länder oder Trends sinnlos, sogar schädlich ist, dann sollten Sie so breit gestreut investieren wie möglich: im besten Fall in ein Produkt, das alle Aktien der Welt abbildet.

2. Wenn es die schlimmste Investmentsünde ist, aus dem Markt ein- und auszusteigen, sei es auf der Suche nach der Extra-Rendite oder im Versuch, sich größere Schmerzen zu ersparen, dann müssen Sie logischerweise dauerhaft investiert bleiben.

3. Wenn aktives Management unnötige Risiken und Kosten verursacht, müssen Sie sich ein »passives« Produkt aussuchen, das – bei solider Qualität – so kostengünstig ist wie möglich.

Die gute Nachricht: Für all das gibt es eine einfache Lösung – einen sogenannten ETF (Exchange Traded Fund), einen börsengehandelten Indexfonds. So ein ETF verursacht nur etwa ein Zehntel der Kosten eines aktiven Fonds und erspart Ihnen die Risiken einzelner Investmententscheidungen. So kauft etwa ein ETF auf den DAX einfach alle 40 DAX-Werte in der entsprechenden Gewichtung und bildet so die Entwicklung des DAX nach. Und Sie haben noch einen weiteren wesentlichen Vorteil: Sie wissen genau, wie und wo Sie investiert sind, vermeiden Überschneidungen oder merkwürdige Gewichtungen einzelner Werte und Branchen.

Da Deutschland gerade mal 2 Prozent des weltweiten Kapitalmarkts ausmacht, sollten Sie keinen DAX-ETF kaufen, sondern einen ETF, der möglichst den weltweiten Kapitalmarkt abbildet. Meinem neunjährigen Sohn habe ich das so erklärt: »Wir kaufen einfach alle Firmen der Welt.« Das Ganze ist leicht umsetzbar: Der entsprechende Index heißt MSCI ACWI IMI[2]. Er beinhaltet die Kapitalmärkte von dreiundzwanzig Industrienationen und vierundzwanzig Schwellenländern und damit gut 85 Prozent des weltweiten Kapitalmarkts. Legen Sie die historischen Daten zugrunde, können Sie bei einer langfristigen Investition mit so einem Vorgehen auch zukünftig mit rund 5,1 Prozent Rendite[3] nach Inflation rechnen. Schnell reich werden Sie damit nicht. Aber über lange Zeiträume führt der Zinseszins zu erstaunlichen Ergebnissen. Sie erinnern sich an das Kapitel über den Vergleich zwischen Kapitallebensversicherung und ETF-Sparplan?

Also, alles in einen solchen ETF investieren und sich an den Strand legen? Nicht ganz. Der Aktienpart ist nur einer von zwei Bausteinen Ihres Portfolios. Es ist zwar wunderbar, wie einfach es ist, sich die langfristig erwartbare Rendite des weltweiten Kapitalmarkts ins Depot zu legen. Allerdings kommt diese Rendite nicht zum Nulltarif. Denn der Aktienpart ist nicht nur der Teil Ihres Portfolios, der die Rendite bringt, sondern auch derjenige, an dem das Risiko hängt, sprich: der Teil, der den Schmerz verursacht. Denn – man kann es nicht oft genug betonen – Rendite und Risiko sind keine Gegensatzpaare, sie sind Siamesische Zwillinge, zwei Seiten einer Medaille. Ein anderes Wort für Rendite ist Risikoprämie (oder Schmerzensgeld). Wer Ihnen etwas anderes erzählt, ist Teil des Problems, nicht Teil der Lösung.

Für dieses Risiko hat die Finanzbranche eine ganze Reihe niedlicher Ausdrücke, etwa Volatilität, Sharp Ratio oder – wie oben schon gesehen – Value at Risk. Was diese Begriffe alle gemein haben: Sie liefern Profis sinnvolle Anhaltspunkte, für den Normalbürger sind sie dagegen in ihren Konsequenzen kaum verstehbare Nebelkerzen – Nebelkerzen, die den Eindruck erwecken, sie könnten Risiko nicht nur messen, sondern auch beherrschen.

Wesentlich greifbarer ist dagegen, wenn Sie sich ansehen, wie viel Geld Sie mit einer Investition in den weltweiten Aktienmarkt in der Vergangenheit im schlimmsten Fall hätten (vorübergehend) verlieren können. Im Finanzsprech heißt das *Maximum Drawdown*: Im schlimmsten Fall sollten Sie damit rechnen, dass sich Ihr Aktienanteil innerhalb von zwölf Monaten halbiert. Die gute Nachricht: Solange es auf der Welt freie Marktwirtschaft gibt, *muss* sich der Aktienmarkt auf globaler Ebene immer wieder erholen. Sie haben ja nicht auf einzelne Werte, Länder oder Branchen gewettet, und es gibt keinen Kapitalismus, in dem die Kapitalgeber langfristig leer ausgehen. Doch dafür brauchen Sie Zeit; wenn es schlecht läuft, kann das mehr als zehn Jahre dauern.

50 Prozent Minus und mehr als zehn Jahre Durststrecke – das kann doch kein Mensch nervlich aushalten. Korrekt. Und deshalb ist der Aktienpart ja auch nur ein Baustein des Portfolios. Was Sie zusätzlich brauchen, ist ein Widerlager, das ihr Portfolio und damit auch Ihre Nerven stabilisiert. Konkret ein Baustein in Anleihen auf Euro: Sie leihen also einem Staat oder einem Unternehmen Geld gegen einen vorher festgelegten Zinssatz. Und weil Sie hier das Risiko so stark wie möglich begrenzen wollen, leihen Sie das Geld nur sehr soliden Schuldnern und auch denen nur für kurze Zeit. Indizes, die Sie hier verwenden können,

sind etwa der Bloomberg Barclays 1–3 Year Euro Government Bond, der Euro Government Bond 1–3 oder einfach ein ETF auf deutsche Staatsanleihen mit einer Laufzeit unter drei Jahren. Hier dürfen Sie nicht der Versuchung unterliegen, eine Extra-Rendite rauszukitzeln, auch wenn bei schwächeren Schuldnern, längeren Laufzeiten oder gar anderen Währungen höhere Zinsen locken. Die Aufgabe dieses Bausteins ist Sicherheit, nicht Performance. In den Hinweisen am Sonntag finden Sie eine Gebrauchsanweisung, wie Sie ein brauchbares Produkt finden.

MITTWOCH Wie mische ich Risiko- und Sicherheitsbaustein richtig?

Heute schauen wir uns an, wie Sie die beiden Bausteine Risiko und Sicherheit am besten gewichten. Generell sind Aktienquoten unter 30 Prozent kaum in der Lage, Sie vor der Inflation zu schützen, während Aktienquoten von über 70 Prozent für viele kaum aushaltbar sind. Das gilt insbesondere, wenn sie höhere Summen investiert haben oder auf das Geld langfristig angewiesen sind. Portfolios mit Aktienquoten zwischen 60 Prozent und 70 Prozent sind unter portfoliotheoretischen Gesichtspunkten besonders effizient, haben also ein gutes Risiko-Rendite-Profil.

Was *für Sie* das richtige Mischungsverhältnis zwischen Risiko- und Stabilitätsbaustein ist, lässt sich dagegen nicht pauschal beantworten. Die richtige Risikoquote zu finden, ist sicherlich der schwierigste Schritt für Menschen, die sich in finanziellen Entscheidungen auf eigene Beine stellen wollen. Hier finden Sie ein paar Anhaltspunkte:

1. Wenn Sie die Kapitel zu Schulden und Sparen noch vor Augen haben, ist klar: Bevor Sie Geld am Kapitalmarkt anlegen, müssen Sie erst alle Konsumschulden getilgt und Ihren Notfalltopf gefüllt haben.

2. Gehen Sie davon aus, dass sich Ihr Aktienpart in Krisenphasen halbiert und der Rest stabil bleibt. Hören Sie in sich hinein, ob Sie das aushalten, insbesondere wenn Ihnen die Medien wie in der Finanzkrise oder während COVID parallel das Ende der Welt ausmalen.

3. Gehen Sie davon aus, dass Sie für jede 10 Prozent an Aktienquote ein Jahr brauchen, bis sich Ihr Portfolio in einem Worst-Case-Szenario wieder erholt, für jeden Schritt, der über 50 Prozent hinausgeht, zwei Jahre. Bei 60 Prozent Aktienquote sind das also 5 + 2 = 7 Jahre. Das ist Ihr absoluter Mindestanlagehorizont. Kommen Sie für einen so langen Zeitraum ohne das Geld aus und halten Ihre Nerven auch längere negative Kapitalmarktphasen durch?

Fast alle Menschen können mehr Risiko tragen als ertragen. Nehmen Sie die mentale Belastung nicht auf die leichte Schulter. Das ist so wichtig, dass wir uns das die gesamte nächste Woche im Detail ansehen. Fangen Sie im Zweifel beim Risiko lieber eine Etage tiefer an.

Falls Ihnen das alles zu viel Schmerz für zu wenig *erwartete* Rendite ist und Sie lieber nichts tun wollen, sollte Ihnen eines klar sein: Sie können nicht *nichts* tun. Auch wenn Sie Ihr Geld auf dem Konto liegen lassen, entscheiden Sie sich: nämlich dafür, Ihr Geld der Inflation zu überlassen. In den letzten dreißig Jahren hätten Sie damit über 40 Prozent Ihrer Kaufkraft eingebüßt. Ein Übel, das durch das Verschieben dieser Gelder auf verzinste Tages-, Festgeld- oder Sparkonten ein kleines Stück abgemildert, aber mitnichten verhindert wird. Der einzige Trost für Sie: Sie befinden sich – wenn wir die ineffizienten Renten- und Kapitallebensversicherungen mitrechnen – mit dieser Form der Vermögensvernichtung Stand Ende 2024 mit knapp 70 Prozent des deutschen Geldvermögens in bester Gesellschaft.[4] Dazu kommt: Festgelder, Tagesgelder, Giro- oder Spareinlagen sind juristisch ein Kredit an Ihre Bank – ein Unternehmen, das wie jedes andere auch pleitegehen kann, wobei jedes Guthaben, das über die faktische Staatsgarantie (gesetzliche Einlagensicherung) von 100 000 Euro pro Kunde hinausgeht, im Fall einer Bankenpleite nicht richtig abgesichert ist. Das ist kein wahrscheinliches Szenario, aber eines, das bei seinem Eintritt Ihre gesamte finanzielle Lebensplanung umstürzen kann – der klassische »schwarze Schwan«[5] – also ein völlig unerwartetes Ereignis, das alle bisherigen Planungen oder Annahmen auf den Kopf stellt

Bevor Sie Ihren finanziellen Spielraum mit Ansage dezimieren, sollten Sie noch einmal auf die erste Woche unseres Kurses zurückblicken. Denn häufig sind es in der Kindheit vermittelte Glaubenssätze, die zu überzogenen Ängsten vor Kapitalmarktschwankungen führen: »Wir haben nie spekuliert« oder: »Für so was arbeite ich zu hart.« Kapitalanlage wird als ein schmutziges Nullsummenspiel empfunden für Menschen mit fragwürdiger moralischer Infrastruktur … Das haben wir doch schon hinter uns – oder?

DONNERSTAG Die letzten Schritte zur konkreten Umsetzung

Jetzt fehlen nur noch zwei Schritte: Sie brauchen erstens eine Bank, bei der Sie ein Depot für Ihre Wertpapiere eröffnen. Eine Filialbank hat viel zu teure Handelskosten. Suchen Sie sich eine etablierte Online-Bank mit funktionierenden Prozessen und günstigen Transaktionskosten. Ein Depot lässt sich dort in der Regel mit ein paar Mausklicks eröffnen.

Nutzen Sie zweitens, sobald Sie investiert sind, einmal pro Jahr Ihren Eichhörnchentag, um zu überprüfen, ob Sie noch auf Linie sind. Wenn nicht, setzen Sie Ihr Portfolio zurück auf Werkseinstellung. Das ist wichtig, weil sich Ihr Portfolio ganz automatisch immer weiter von seiner Startallokation entfernt und es ohne Eingreifen irgendwann nicht mehr zu Ihrer finanziellen Lebensplanung passt.

Was heißt das konkret? Zunächst überprüfen Sie, ob Sie mehr als 10 Prozent von Ihrer ursprünglichen Aktienquote entfernt sind. Ein konkretes Beispiel: Sie haben sich für eine Aktienquote von 60 Prozent entschieden, dann ist alles zwischen 54 Prozent und 66 Prozent Aktienanteil in Ordnung. Also machen Sie das, was vielleicht am schwierigsten ist: nichts. Liegen Sie mehr als 10 Prozent von Ihrer Zielaktienquote entfernt, dann müssen Sie handeln. Nach schlechten Kapitalmarktjahren verkaufen Sie Teile Ihres Anleihen-ETFs, um damit Ihr Aktien-ETF nachzukaufen. Nach guten Kapitalmarktjahren machen Sie es umgekehrt. Falls Sie Geld übrighaben, ist das ein perfekter Moment, um Ihr Portfolio aufzustocken. Logisch: billig kaufen, teuer verkaufen. Wie ein guter schwäbischer Hausmann. Und das ganz ohne Kristallkugel, Vogelflugdeutung und Prognosen. Geht doch.

Es gibt eine Situation, in der Sie gerne von diesem strikten Verfahren abweichen dürfen: Wenn die Kurse in Krisenzeiten stärker schwanken, sprich: Ihnen Ihr Aktienbaustein (gefühlt) um die Ohren fliegt und mehr als 10 Prozent verloren hat. Dann müssen Sie nicht bis zum Stichtag warten, um Ihr Aktien-ETF nachzukaufen. Aber machen Sie das nur, wenn Sie akzeptieren, dass Sie keine Ahnung haben, ob der Markt danach weiter fällt und wann er sich wieder erholt. Fangen Sie bloß nicht an, rumzudoktern! Halten Sie sich einfach ans Rezept: stur schematisch und regelbasiert. Wenn Sie nur eine Sache aus der letzten Woche mitgenommen haben, sollte es das sein: Sich Gedanken über die weitere Kursentwicklung an den Kapitalmärkten zu machen, ist für erfolgreiche Investorinnen absolut verboten – am Tag des Rebalance mehr denn je! Kapitalmärkte sind NICHT prognostizierbar.

Ist das wirklich so einfach? Zwei ETFs? Einmal im Jahr überprüfen? Ich verstehe, wenn sich da bei Ihnen Widerstand regt. Und das ist mit Abstand die größte Schwierigkeit, wenn Sie meiner Empfehlung folgen wollen: diese Einfachheit mental auszuhalten und nicht vom Weg abzukommen. Ich bin mir sicher, dass sich auch in Ihrem Hinterkopf eine Stimme regt und fragt: »Hat mein Leben nicht mehr Komplexität, Mühe und Anstrengung verdient?«

Und das erst mal völlig zu Recht. Man kann ein Portfolio ein gutes Stück präziser und differenzierter, ja auch besser konstruieren, etwa Teilmärkte, die im MSCI ACWI IMI Index abgebildet werden, separat kaufen und damit Kosten sparen. Sie könnten auch sogenannte Faktoren wie Size, Value, Quality, Profitability oder Momentum durch entsprechende Indizes abbilden oder Europa und Asien ein Stück weit über geeignete Indizes nachkaufen und so das massive US-Gewicht ein Stück abmildern. Auch die Anleihenseite könnte man nach Laufzeiten und Bonitäten optimieren.

Das Portfolio weiter zu optimieren, ist *in der Theorie* gar nicht so schwierig. Das Problem: Theoretisch sind Praxis und Theorie dasselbe. Praktisch nicht. Die Menschen, die ich getroffen habe, die so was *in der Praxis* dauerhaft sauber durchgezogen haben, kann ich an einer Hand abzählen. Immer wieder lerne ich Selbstentscheider kennen, die mir mit leuchtenden Augen erzählen, sie hätten alle Bücher von Gerd Kommer gelesen; Menschen, die mit mir über Faktorprämien und erwartete Renditen von Sub-Assetklassen diskutieren wollen. In ihrem Depot: Kraut und Rüben. In ihrem Leben: jede Menge unnötiger Stress, verschwendete Zeit und Energie.

Ich rate Ihnen daher, Ihr Portfolio lieber nicht perfekt zu gestalten und es dafür beherrschbar zu halten. So verhindern Sie, dass Sie sich verzetteln oder vom Weg abkommen. Sie benötigen nicht die weltbeste Anlage, sondern eine dauerhaft umsetzbare Strategie. Je langweiliger, desto besser. Gut ist gut genug. Nutzen Sie die ersparte Zeit und Energie lieber für sich oder Ihre Familie.

FREITAG Denkpause

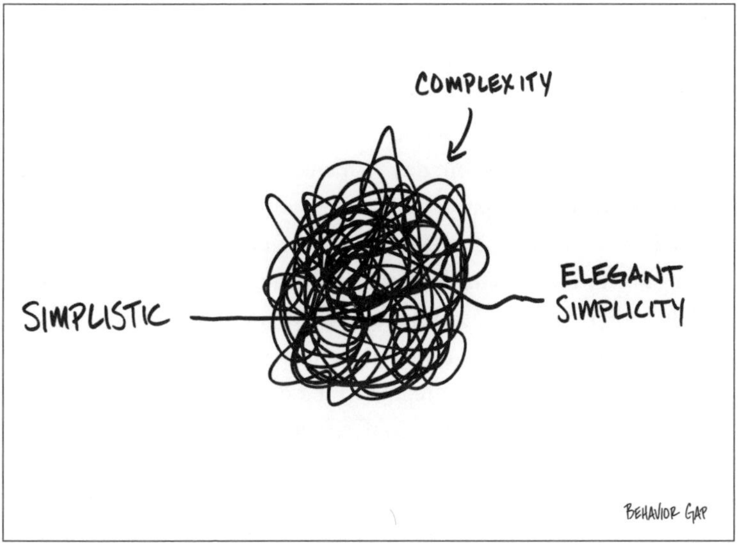

SAMSTAG Endlich finanziell frei – und dann?

Die meistverbreitete Fehlannahme in Bezug auf Geld ist die naive Vorstellung, dass wenn Sie nur *genügend* Geld haben, so ziemlich alle Probleme von selbst verschwinden. Am Ende spricht wesentlich mehr für eine Einsicht, die von Horaz bis zu Notorious B.I.G. Dutzende Künstler und Philosophen hatten: Mo(re) Money Mo(re) Problems. Zumindest, wenn Sie sich die falschen Fragen stellen.

Lukas habe ich Anfang 2023 kennengelernt – und ich mochte ihn von Anfang an: offen, freundlich, schnell im Kopf, und obwohl er mit Mitte dreißig durch den Verkauf seiner Firma mehr Geld hatte, als (für ihn) vielleicht gesund war, bescheiden und auf dem Boden geblieben.

Lukas hatte das, was man wohl einen bildungsbürgerlichen Background nennt: In Berlin in der City-West aufgewachsen, die Mutter Gymnasiallehrerin für Deutsch und Geschichte, sein Vater Amtsrichter. Es gab wichtigere Dinge als Geld in Lukas' Familie. Kein Wunder in einer Konstellation, in der immer genug Geld da war, es aber auch keine positiven finanziellen Perspektiven gab.

Schon während seines BWL-Studiums begann Lukas mit Paul, einem befreundeten IT-Studenten, an einer Softwarelösung zur Optimierung der Stromnutzung in Bürogebäuden und Eigentumswohnungen zu arbeiten. Am Anfang schrieb Paul die Software allein mit einem Coder aus Chile, während Lukas sich um Marketing und Vertrieb kümmerte. Seine spektakulärste Aktion, das Firmenlogo nachts an den Meiler eines Atomkraftwerks zu projizieren, brachte ihnen zwar eine gewisse Popularität fürs Guerillamarketing, doch über punktuelle Erfolge kamen sie lange nicht hinaus: eine kleinere Wohnbaugesellschaft hier, ein paar Mittelständler dort. Und so lebten die beiden während der ersten fünf Jahre von der Hand in den Mund.

Das ist nicht lustig, wenn man sich in der Start-up-Szene als erfolgreicher Jungunternehmer positionieren muss, um vielleicht doch irgendwann einmal einen Investor zu finden – eine Hoffnung, die sich nie erfüllte. Und dann auf einmal der Durchbruch: Durch einen zufälligen Kontakt zwischen ihrem größten Kunden und einem börsennotierten Immobilienkonzern fand sich Lukas, ehe er sich's versah, in einem Meeting mit nahezu dem gesamten *Innovation Hub* des Konzerns. Und die wollten nicht einfach Lukas' Kunden werden, die wollten Lukas' Firma kaufen. 50 Prozent sofort und die nächsten 50 Prozent in vier Jahren. Dr. Steinbeck, die Chefin der Einheit, sinngemäß: Lukas müsse verstehen, dass man für die erste Hälfte jetzt »nur« 2,5 Millionen zahlen könne, aber falls sich das Potenzial der Software auch realisieren lasse, gäbe es in drei bis fünf Jahren »ernsthaft Geld«.

Als Lukas nach Hause ging, um die Sache mit Paul zu besprechen, drehten sich die Zahlen in seinem Kopf. Der Rest ist schnell erzählt: Lukas und Paul quälten sich die nächsten Jahre damit ab, mit den Konzernstrukturen zurechtzukommen. Aber nach dem endgültigen Verkauf hatten beide mehr Geld auf dem Konto, als sie sich je hätten vorstellen können.

»Doch mit dem, was danach kommt«, so Lukas zu mir wörtlich, »damit haben wir uns nie beschäftigt, weder mental noch finanziell.« Da sich so ein Firmenverkauf leicht recherchieren lässt, flatterten binnen Kurzem Dutzende Angebote ins Haus. Besonders beeindruckend: Mit Füller handgeschriebene Briefe »feiner« Privatbanken oder »exklusiver« Vermögensverwalter, die Lukas die Türen zu den exklusiven »Opportunitäten« und Investmentmöglichkeiten der Hochvermögenden zu öffnen schienen. Und so fand sich Lukas wenig später in diversen schicken Konferenzsälen wieder: mal holzvertäfelt mit Ledersesseln, mal bis ins Detail modern durchdesignt.

Was dabei als Investment herausgekommen war, habe ich rund zweieinhalb Jahre später gesehen: Vertriebstechnisch hatte die Bank den innovationsorientierten Ex-Unternehmer Lukas voll abgeholt: Denn er konnte sich sein Portfolio so zusammenstellen, wie es seinem Weltbild am besten entgegenkam: hier Branchen übergewichten, da ausschließen, dort ein Nischeninvest und dann noch ein paar Megatrends (Autsch!). Mit anderen Worten: Lukas bekam, was er wollte, respektive was man ihm am besten verkaufen konnte, aber nicht, was er brauchte. Klar: Verkauf beruht auf Konsens, Beratung auf Widerspruch.

Was Lukas in seinem Unternehmen erfolgreich gemacht hatte – selbst entscheiden und seinen eigenen Weg gehen –, übertrug er – von der Bank ermutigt – auf seine Kapitalmarktinvestitionen. Damit machte er den für Unternehmer wohl typischsten Denkfehler. Auf die Entwicklung seines eigenen Unternehmens hatte Lukas großen Einfluss gehabt. Aber am Kapitalmarkt? Da war er raus – wie wir alle.

Am Ende stand Lukas vor einem Potpourri wenig befriedigender Einzelentscheidungen, nicht vor einer Gesamtstrategie. Das absurde Resultat: Lukas fühlte sich als hochvermögender Mann in Geldfragen gestresster als zu der Zeit, als er mehr als einmal mit dem Rücken zur Wand stand. Was, wenn er wieder alles verlöre? Und so kam er zu uns und wollte Antworten: Was soll ich mit dieser Position machen? Was mit jener? Kann ich das Wertpapier jetzt überhaupt verkaufen, wo es doch im Verlust ist? Ist *jetzt* ein guter Moment, mehr Geld zu investieren? Anders formuliert: Lukas stellte sich, von seinen bisherigen Bankberatern trainiert, jede Menge wenig relevanter und schlechter Fragen.

Wir haben daher erst einmal viel Zeit investiert, um zu verstehen, wo Lukas' Problem lag, und ihm zu helfen, den Fokus zu verschieben: weg von der taktischen Frage »Mit welchen Investmentideen kann ich jetzt am meisten Geld verdienen?« zu »Wie kann ich die gewonnene finanzielle Unabhängigkeit und die damit verbundenen Spielräume in meinem Leben dauerhaft erhalten und nutzen?«. Dazu haben wir das ganze Investmentthema für die nächsten Gespräche zur Seite geschoben und eine langfristige Budget- und Szenarioplanung gemacht. Lukas' wichtigste Erkenntnis: »You won the game – stop playing.« Erst auf dieser Basis haben wir danach drei Geldtöpfe und Investmentstrategien definiert:

- Einen Topf in Geldmarkt-ETFs für kurzfristige Ausgaben, am wichtigsten: eine halbjährige Auszeit mit seiner Freundin. Denn Lukas brauchte dringend Zeit, um darüber nachzudenken, was er jetzt tun wollte, wer er als Unternehmer noch war, jetzt, ohne Unternehmen.
- Einen Topf, um so viel Geld hinter die Brandmauer zu bekommen, dass sein Lebensstandard dauerhaft auch bei jeder Menge ungünstiger Szenarien gesichert war. Wenig überraschend lief das im Wesentlichen auf ein weltweit gestreutes ETF-Portfolio hinaus.
- Und einen zukünftig erst aufzubauenden Topf für risikoreiche Investitionen. Dass das nicht die heißen Investmentideen der »feinen« Privatbank sein konnten, sondern unternehmerische Projekte, bei denen Lukas selbst involviert sein würde, lag auf der Hand.

Die Umsetzung der Strategie war dann nur noch eine technische Formsache. Heute, zweieinhalb Jahre später, ist Lukas wesentlich entspannter. Nach einem halben Jahr in Lateinamerika hat er seine Freundin geheiratet und ist inzwischen zum ersten Mal Vater geworden. Und auch ein neues Unternehmen hat er vor Kurzem gegründet …[6]

SONNTAG Ergebnissicherung

Die achte Woche und damit zwei Drittel des Kurses sind geschafft. Gratulation und wunderbar, dass Sie drangeblieben sind. Zeit, die wichtigsten Erkenntnisse festzuhalten, Ihnen ein paar Fragen zum Nachdenken und einige konkrete Aufgaben zur Umsetzung mitzugeben. Und für die, die noch mehr wissen wollen, gibt es ein paar Hinweise zu weiterführender Literatur, darunter die Klassiker zum souveränen Investieren von Gerd Kommer.

1. Die wichtigsten Erkenntnisse der Woche

- Viele Anleger nutzen den Kapitalmarkt als weltweites Casino. Sie müssen da nicht mitmachen.
- Solange es freie Marktwirtschaft gibt, schuldet der Kapitalmarkt dem Investor auf Dauer und global gesehen eine angemessene Rendite.
- Der Preis für eine langfristig *erwartete* Rendite von rund 5 Prozent nach Inflation sind Rückschläge von 50 Prozent innerhalb von zwölf Monaten und Erholungszeiträumen von über zehn Jahren.
- Für den Hausgebrauch reicht ein Portfolio aus zwei Bausteinen: ein weltweit gestreutes Aktien-ETF als Renditebaustein und ein Anleihen-ETF als Ruhepol. Gut ist gut genug.
- Fummeln Sie nicht im Portfolio herum. Am Eichhörnchentag auf Werkseinstellung zurückstellen reicht. Nutzen Sie Ihre Zeit besser.

2. Fragen zum Nachdenken

- Wenn Sie morgen in Ihr Portfolio schauen und einen Verlust von 30 Prozent sehen – wie viel Zeit und Reserven haben Sie, um den Crash auszusitzen, ohne an Ihre Aktieninvestitionen gehen zu müssen?
- Fallen Ihnen weitere Felder ein, in denen es wichtiger ist, sich aufs Wesentliche zu konzentrieren, als alles perfekt hinzukriegen? Bei Ihren Beziehungen? In Ihrem Beruf, bei einem Hobby oder Sport?

3. **Ihre Aufgabe für die laufende Woche**
   - Eröffnen Sie ein Depot bei einer Online-Bank und investieren Ihre ersten ETFs.
   - So finden Sie ein geeignetes ETF für Ihren Aktien-Baustein: Gehen Sie auf die ETF-Suche von Seiten wie just-ETF oder Extra-ETF. Geben Sie oben links in die Suchmaske: MSCI ACWI ein. Wählen Sie eines der angezeigten Produkte. Nutzen Sie KEINE Produkte mit Zusätzen wie Hedged oder Zusätzen, die auf Branchen (etwa Low Carbon; Future Mobility) verweisen oder andere Einschränkungen (etwa Multi-Factor) haben.
     Die Zusätze ESG (Environmental, Social, Governance) oder Socially Responsible Investment (SRI) verweisen auf einen Nachhaltigkeitsfilter. Falls Sie sich dafür entscheiden, schließen Sie kontroverse Branchen wie Suchtmittel, Waffen und Unternehmen mit hohen CO_2-Emissionen aus und belohnen die Firmen, die in Relation zu anderen ein kleineres Übel darstellen. Ob das Ergebnis besser oder schlechter als das einer konventionellen Anlage ausfällt, beruht meiner Überzeugung nach auf Zufall. Das Risiko der Anlage dürfte leicht steigen; die Abweichungen von einem konventionellen Produkt können erheblich sein.
   - So finden Sie den richtigen Anleihen-ETF: Selektieren Sie auf der linken Seite gleichzeitig die folgenden Kategorien: Anleihen; Land: Deutschland; Anleihen- oder Rentenart: Staatsanleihen. Wählen Sie ein Produkt mit einer Laufzeit von maximal drei Jahren. Die Laufzeit finden Sie am Ende des Produktnamens (z. B. 1–3; 1.5–2.5yr;). Je länger die Laufzeit ist, für die Sie sich entscheiden, umso stärker ist die potenzielle Wertschwankung des ETFs. Verzichten Sie ebenfalls auf alle Produkte mit Zusätzen, die Sie nicht eindeutig interpretieren können.
   - Wenn Sie schon investiert sind, nehmen Sie die Produkte, die Sie letzte Woche als »Irrweg« in Ihrem Depot identifiziert haben, verkaufen diese und investieren Ihr Geld in die neue Strategie.
   - Für den langfristigen Vermögensaufbau in Topf 4 starten Sie jetzt zwei Sparpläne in die oben ausgewählten ETFs. Ergänzen Sie das auch bei den konkreten Maßnahmen auf Ihrem Finanzkompass.

- Bitte lesen Sie auch den Warnhinweis/Disclaimer auf Seite 4 über dem Impressum.

4. Was Sie sich langfristig angewöhnen sollten

- Zu verstehen, dass der Kapitalmarkt langfristig funktionieren muss, ist nicht nur rational. Es ist auch eine lebensbejahende Geisteshaltung, die von der Überzeugung ausgeht, dass die Zukunft gestaltbar ist und Menschen in der Lage sind, Probleme zu bewältigen. Diese Haltung ist nicht nur gut für Ihr Vermögen. Sie macht auch wesentlich bessere Laune, als Gejammer und Angst zu verbreiten.
- Deshalb ist es für diese Lektion wichtiger denn je: Widersprechen Sie in Ihrem sozialen Umfeld das eine oder andere Mal, insbesondere wenn jemand Untergangs- und Crash-Fantasien verbreitet. Zwischen Crash-Propheten und Verschwörungstheoretikern des rechtsextremen Abgrunds gibt es einen fließenden Übergang. Manchmal tun es da schon ein paar Nachfragen: »Woher weißt du das?« – »Warum ist dir das so wichtig?« – »Warum erzählst du uns das?« – »Wie hätte sich mein Vermögen entwickelt, wenn ich mir den Fonds eines solchen Crash-Propheten vor zehn Jahren gekauft hätte?«. Gehen Sie notfalls in einen anderen Raum.

Weiterführende Literatur & Input

- Grundlegend bleibt Gerd Kommer, *Souverän Investieren mit Indexfonds und ETFs* (2025), von dem es auch eine Einsteigerversion gibt: Gerd Kommer, *Souverän Investieren für Einsteiger* (2024).
- Für jüngere Leserinnen und Leser: Henning Jauernig, *Young Money Guide* (2020).
- Sehr gut zugänglich und illustrativ: Simon Buck, *Stecknadel oder Heuhaufen* (2025).
- Und um den Glauben an die Zukunft nicht zu verlieren (und dies mit Statistiken zu unterlegen): Hans Rosling, *Factfulness* (2018).

Unter neunundvierzig.com/gut-mit-geld finden Sie

- Blogartikel von mir und anderen Autoren zum Thema »Klug investieren«,
- weitere Fragen und Hinweise zum Nachdenken,
- Links auf die wichtigsten Tools zur ETF-Suche sowie
- einen Link auf unsere Spotify-Playlist zu Geld inklusive Notorious B.I.G., Wu-Tang Clan, Pink Floyd und Roy Bianco & Die Abbrunzati Boys.

WOCHE 9

Wie Sie trotz Kursschwankungen gelassen bleiben

»Lieber ein Ende mit Schrecken als ein Schrecken ohne Ende.«
Franziska G. (49), Zahnärztin

Richtig investieren ist relativ einfach. Ich bin mir sicher, dass auch Sie das Prinzip verstanden haben: »Global gesehen müssen Kapitalmärkte dauerhaft eine positive Rendite erwirtschaften; keiner hat eine (funktionierende) Kristallkugel; in Krisenzeiten billiger nachkaufen, in guten Zeiten Gewinne realisieren.« Ist ja auch mehr als logisch. Gut, *verstanden* haben Sie es vermutlich, aber so richtig *glauben* wollen Sie es nicht. Stimmt's?

Und da liegt das eigentliche Problem beim Investieren: Viele Menschen scheitern bei der Kapitalanlage, obwohl sie *wissen*, wie es geht, ihnen aber jede Menge Emotionen und kognitive Verzerrungen in die Quere kommen. Sie laufen so Gefahr, eine rationale Anlagestrategie auf Dauer nicht durchzuhalten.

Insofern ähneln sich Kapitalanlage und gesunde Ernährung: Gibt es in Deutschland über 50 Prozent übergewichtige Menschen[1], weil ihnen nie jemand gesagt hat, dass Übergewicht ein massives Gesundheitsrisiko ist, dass sie sich mehr bewegen und weniger Fett und Zucker zu sich nehmen müssten? Natürlich nicht. Es liegt daran, dass die meisten Übergewichtigen zwar wissen, was sie tun sollten, es aber nicht tun. Wie gesunde Ernährung ist gesundes Investieren in erster, zweiter und dritter Linie eine Frage des richtigen Verhaltens und nicht eine des Verstandes. Schade – sonst wäre es auch zu einfach gewesen.

Und wie bei der Ernährung sind die Folgen des falschen Verhaltens gravierend: Irrationales Anlegerverhalten vernichtet nachweislich mehr Vermögen als die Finanzindustrie. So beziffert etwa das Unternehmen Morning Star den durchschnittlich durch Anlegerfehler verursachten Renditeschaden auf 1,2 Prozent – Jahr für Jahr – und das ganz unabhängig davon, ob die Investoren ETFs oder aktive Fonds nutzten.[2] 7,0 Prozent statt 8,2 Prozent mag erst mal harmlos klingen, auf eine Sicht von dreißig Jahren macht das bei einer Investition von 100 000 Euro allerdings ein rund 132 000 Euro niedrigeres Endvermögen aus: 469 581 Euro statt 601 423 Euro.[3] Das ist noch bitterer, wenn man bedenkt, dass bei 2,0 Prozent Inflation der Euro nach dreißig Jahren nur noch 55 Cent wert ist. Vor diesem Hintergrund ist die Renditedifferenz nicht einfach nur Geld, sondern verlorene Lebensqualität, weniger Sicherheit im Alter, verpasste gemeinsame Erlebnisse sowie eingeschränkte kulturelle und soziale Teilhabe.

Kognitive Verzerrungen und emotionale Kurzschlüsse beim Investieren gibt es Dutzende. Wir konzentrieren uns diese Woche auf die gefährlichsten. Das sind: montags und dienstags Angst, am Mittwoch Gier und Selbstüberschätzung und am Donnerstag falsche Referenzpunkte. Am Samstag erzähle ich Ihnen eine Geschichte, die verdeutlicht, weshalb ausgerechnet Unternehmer oft die schlechtesten Kapitalmarktinvestoren sind. Und am Sonntag gibt es wie immer Ergebnissicherung.

Drei Fragen zum Warmwerden

1. Haben Sie schon mal Geld am Kapitalmarkt verloren? Wie haben Sie sich dabei gefühlt?
2. Wie oft haben Sie in den letzten Jahren gedacht »Nie mehr Aktien«?
3. Und wie oft haben Sie gedacht »Wieder alles verpasst«?

MONTAG Warum es (fast) unmöglich ist, in Kapitalmarktkrisen gelassen zu bleiben

Schauen wir uns zunächst die Fehlentscheidung an, die den größten Schaden an Ihrem Vermögen anrichtet:

- Wenn Märkte sich langfristig wieder erholen,
- wenn massive Kursgewinne oft innerhalb weniger Tage passieren (so erholten sich die Kapitalmärkte – gemessen am MSCI ACWI – vom Tiefpunkt während der Coronakrise innerhalb von vier Tagen um 16,5 Prozent!),
- wenn es keine Methode gibt, den richtigen Moment für einen Aus- oder Einstieg zu finden,
- wenn klassisches Risikomanagement – wie wir vor zwei Wochen gesehen haben – eine Maschine zur Geldvernichtung ist,

dann ist der Ausstieg aus dem Markt während eines Crashs DER GANZ GROSSE FEHLER.

Soweit der Verstand. Um nachzuvollziehen, warum Privatanleger diesen Fehler immer wieder begehen und irrationales Anlegerverhalten so tief sitzt, konzentrieren wir uns als Erstes auf ein psychologisches Phänomen, das uns im Laufe dieses Buchs bereits mehrfach begegnet ist: Verlustaversion, also die Tatsache, dass Menschen ausgesprochen schlecht darin sind, unter Risiko rationale (finanzielle) Entscheidungen zu fällen.[4] Und Verlustaversion lässt sich vereinfacht auf eine Emotion zurückführen: Angst.

Hunderttausende Jahre, bevor die ersten Vormenschen von den Bäumen geklettert sind, und viele Tausend Jahre danach waren unsere Vorfahren Beutetiere, Angst war für sie eine Frage des Überlebens. Angesichts einer konkreten Bedrohung, etwa durch ein Raubtier, war Nachdenken im wahrsten Sinne des Wortes tödlich – ein Mechanismus, der im Wesentlichen auch dem modernen Menschen erhalten geblieben ist.

Es ist eine neurologische Tatsache, dass Menschen unter Angst und Stress keine klaren Entscheidungen fällen können. Im präfrontalen Cortex, der für das logische Denken zuständig ist, macht sich eine Art Gewitter breit: Der Körper stellt uns unter eine regelrechte Hormondusche. Das Stresshormon Adrenalin versorgt uns mit Kraft, während Cortisol uns hellwach macht und voll auf das akute Problem fokussiert. Das Hirn schaltet auf Notfallbetrieb um, blockiert die rationalen Informationswege und wählt zwischen Angriff und in der Regel Flucht. Das kann je nach Situation lebensrettend sein.

Die schlechte Nachricht: Bei komplexeren Problemen führt das instinktive Notprogramm fast unweigerlich ins Desaster. Denn im Fall einer Kapitalmarktkrise heißt Flucht: nur weg, alles verkaufen. Angriff ist auch keine gute Alternative, denn das hieße, einen Schuldigen zu finden, an dem Sie Ihre Emotionen auslassen können. Wenn das etwa Ihr Partner ist, dann führt eine vorübergehende Kapitalmarktkrise schlimmstenfalls zu einer dauerhaften Beziehungskrise.

Auch wenn wir weniger weit in die Vergangenheit schauen, wird der Zusammenhang zwischen Geld und Angst deutlich: Wir alle stammen von Menschen ab, die Wintervorräte angelegt haben. Denn diejenigen, die es nicht gemacht haben, haben sich nicht vermehrt. Und da die moderne Version eines Wintervorrats Geld ist, läuft in unserem Inneren ein existenzbedrohender Film ab, wenn unser Geld in Gefahr scheint: Ratten in der Speisekammer, die Scheune brennt, die Kartoffeln verschimmeln im Keller … Mittendrin wir, in der Hauptrolle! Schwierig, da klar bei Verstand zu bleiben. Deshalb ist es auch so wichtig, dass Sie nur Geld am Kapitalmarkt anlegen, das Sie mittelfristig nicht benötigen. Wenn Ihre Töpfe für Notfälle, mittelfristige Ausgaben und lustvollen Konsum gut gefüllt sind, der nächste und auch der übernächste Winter gesichert sind, kommen Sie mit Kapitalmarktschwankungen nicht nur finanziell, sondern auch mental viel besser klar.

Ziehen wir eine ernüchternde Zwischenbilanz: Geld ist ein Medium, das durch und durch mit Angst aufgeladen ist. Unsere DNA, unsere Hormone, ein Teil unserer Hirnfunktionen, unsere Psyche, unsere gesamte Sozialisation als Menschen und unser kulturelles Gedächtnis: Alle scheinen sich verschworen zu haben, unseren rationalen Umgang mit Kapitalanlagen zu sabotieren. Diese Tatsachen sind umso gefährlicher, da die meisten Anleger sie ignorieren oder für sich als nicht relevant vom Tisch wischen. Die gute Nachricht: Wenn Sie sie ernst nehmen, können Sie auch lernen, damit umzugehen. Wie das geht, zeige ich Ihnen morgen.

DIENSTAG **Crash – was tun? Ihr Notfallplan für gruselige Kapitalmärkte**

Dass in Krisen- und Stresssituationen regelmäßig der Verstand versagt, ist erst einmal ganz normal. Wichtig ist daher, dass Sie einen Notfallplan haben, wie Sie in einer Krisensituation reagieren. Das ist ein Verfahren, das Sie sicher auch aus anderen Lebensbereichen kennen. Ob Feueralarm, Unfallmeldung, Mann-über-Bord-Manöver, Katastrophenschutz oder SEK-Einsatz: Überall, wo Menschen unter immensem Stress entscheiden müssen, gibt es Notfallpläne, die immer wieder geübt und verinnerlicht werden. Denn wenn Angst und Emotionen die Oberhand gewinnen, können die Folgen dramatisch sein.

Zum Glück geht es bei uns nicht um Leben und Tod, aber die Auswirkungen einer gravierenden Fehlentscheidung auf Ihre zukünftige Lebensqualität können ebenfalls dramatisch sein. Früher mit dem Arbeiten aufhören? Eine lang geplante Rundreise durch Europa? Dauerhaft in der eigenen Wohnung leben können? Alles kann durch eine massive Dummheit auf einmal massiv gefährdet sein. Und deshalb brauchen auch Sie einen Notfallplan für Kapitalmarktkrisen. Diesen Plan müssen Sie regelmäßig hervorholen und üben. Und üben heißt nicht nur durchlesen, sondern auswendig lernen, schrittweise durchgehen, visualisieren, abschreiben, laut singen, mit Ihrer Partnerin als Theaterstück aufführen, was auch immer dazu führt, dass sich das Ganze tief in Ihr Gedächtnis einbrennt. Machen Sie das mindestens einmal im Jahr, am Eichhörnchentag, am besten öfter. Das Risiko ist sonst viel zu hoch, dass Sie alle rationalen Erkenntnisse aus diesem Buch längst vergessen haben, während der Alarmismus der Finanzberichterstattung voll auf Sie einprasselt.

1. **Bewahren Sie Ruhe:** Mit dem richtigen Portfolio ist eine Krise am Kapitalmarkt KEIN Notfall. Es fühlt sich nur so an. Wenn es sich sehr schlimm anfühlt, machen Sie ein paar Minuten Atemübungen. Denn bevor Sie irgendeinen klaren Gedanken haben können, müssen Sie erst Ihren Adrenalin- und Cortisolspiegel wieder nach unten bekommen. In den Worten des Finanz-Bloggers Holger Grethe: »Vergiss die Börse und fang an zu meditieren.«[5]

2. **Schalten Sie unnötige Stressquellen ab:** Schalten Sie das finanzpornografische Netzwerk ab. Ignorieren Sie Finanzpresse, n-tv und besonders alle Untergangspropheten und Panikmacher. Natürlich haben die jetzt Oberwasser und können vor lauter Selbstbewusstsein kaum laufen. Das legt sich wieder. Auch eine kaputte Uhr zeigt zweimal am Tag die richtige Zeit. Die kommenden zehn Jahre liegen sie wieder daneben, ruinieren das Vermögen und die gute Laune ihrer Anhänger.

   Besonders gefährlich ist alles, was über einen Bildschirm kommt: Wenn wir in die entsetzten Augen von konsternierten Börsianern schauen, übertragen sich deren Gefühle über sogenannte Spiegelneuronen direkt auf uns: so wie wir uns während eines Thrillers fürchten oder bei einer Romanze gerührt sind. Hier hilft nur Ausschalten.

3. **Verwechseln Sie Rationalisieren nicht mit Denken:** Mit an Sicherheit grenzender Wahrscheinlichkeit werden Sie sich bei der nächsten Krise denken: Diesmal ist alles anders! Woher ich das weiß? Weil man sich das bei jeder größeren Krise denkt. Ja, jede Krise ist anders, aber auch die nächste wird dem Kapitalismus nicht weltweit den Garaus machen. Was Sie sich da erzählen, nennt man Rationalisieren. Sie suchen für Ihren emotionalen Fluchtreflex – den Drang, Ihr Aktien-ETF zu verkaufen – im Nachhinein eine rationale Begründung. Eine rationale Entscheidung wird es dadurch noch lange nicht.

4. **Verständigen Sie Hilfe:** Wenn Sie einen unabhängigen Berater haben, dann reden Sie mit ihm. Er wird Ihnen helfen, die Übersicht zu bewahren. Wenn Sie keinen Berater haben, lesen Sie meine aktuellen Blog-Beiträge oder die von Gerd Kommer, Dani Parthum oder Hartmut Walz. Wenn die Märkte verrücktspielen, können Sie sicher sein, dass wir aktuell und zeitnah Stellung nehmen und unseren Lesern durch die Krise helfen. Machen Sie in jedem Fall einen großen Bogen um alle Finanzproduktverkäufer: Die sind oft selbst verunsichert und werden Ihre Angst nur zu gerne bedienen. Krisen sind ein optimaler Moment, um Ihnen ein »innovatives« Produkt mit Kapitalschutz zu verkaufen. Machen Sie das nicht.

5. **Erinnern Sie sich:** Rückschläge am Kapitalmarkt sind nicht prognostizierbar und unvermeidlich. Nur weil es das Risiko dieser Rückschläge gibt, erhalten Sie am Aktienmarkt auch eine deutlich höhere Rendite als bei anderen Anlagen. Ohne diese Risikoprämie wäre Ihr Vermögen schutzlos der Inflation ausgeliefert. Lesen Sie ein paar Weltuntergangsprognosen, die während Covid-19 und der Finanzkrise den Zusammenbruch der Wirtschaftsordnung prognostiziert haben. Überzeugend?

6. **Nutzen Sie Chancen:** Da eine weltweit gestreute Investition in Aktien generell sinnvoll ist, ist es rational, jetzt billiger nachzukaufen. Ziehen Sie den Termin für das Rebalance vor: Verkaufen Sie Anteile an Ihrem Anleihen-ETF und kaufen Sie Ihr Aktien-ETF nach, sodass Ihr Portfolio wieder auf Werkseinstellung steht. Wenn Sie Geld übrighaben, ist jetzt ein perfekter Zeitpunkt, um mehr zu investieren. Nicht, weil Sie wissen, dass das Schlimmste vorbei ist, aber weil Sie wissen, dass es früher oder später wieder besser wird.

7. **Stellen Sie sich notfalls tot:** Wenn das Denken trotz allem nicht funktioniert, dann nutzen Sie eine andere jahrtausendealte Überlebensstrategie. Stellen Sie sich tot – die dritte Option neben Kampf oder Flucht. Wenn Ihnen Ihr Unterbewusstes einflüstert, dass der Kapitalmarkt ein Raubtier ist: Stellen Sie sich keinen Tiger, sondern eine Klapperschlange vor. Solange Sie still stehen bleiben und nicht hektisch reagieren, kriecht diese irgendwann an Ihnen vorbei. Schauen Sie nicht mehr ins Depot, öffnen Sie die Post der Bank nicht mehr. Nur eines dürfen Sie *nie* tun: Anteile an Ihrem Aktien-ETF verkaufen, sonst werden Sie gebissen.

8. **Haben Sie Geduld:** Die freie Marktwirtschaft hat zwei Weltkriege, die Weltwirtschaftskrise, den Kalten Krieg, die Internetblase, die Finanzkrise und die Pandemie überlebt. Auch die nächste Krise wird vorübergehen … Atmen Sie ein, atmen Sie aus.

Vorausgesetzt, Sie verfügen über ein sauber aufgestelltes Portfolio, haben Sie die besten Chancen, unbeschadet die nächste Krise zu überstehen. Zum Schluss noch eine gute Nachricht: Mit der Zeit gelingt Ihnen das leichter. Je öfter Sie kleinere oder größere Rückschläge durchgemacht haben, desto leichter lassen sie sich ertragen.

MITTWOCH Gier und Hybris: Wie es Ihnen gelingt, auf dem Teppich zu bleiben

Fast so verheerend wie Angst kann deren kleine Schwester Ihr Vermögen schädigen: die Gier. Wenn Sie genauer hinsehen, wird schnell klar, dass Angst und Gier nur scheinbar gegensätzliche Emotionen sind. Denn am Ende ist Gier nur eine besondere Spielart der Angst: FOMO, *Fear of missing out*, also die Angst, etwas zu verpassen. Und so ist es auch nicht weiter verwunderlich, dass beide – Angst und Gier – die gleiche Wurzel haben: Verlustaversion.

Dass Gier ein starkes Kaufmotiv ist und sprichwörtlich das Hirn frisst, weiß auch die Finanzindustrie und macht sich das zunutze. In der Vertriebsschulung werden die klassischen Kaufmotive zwar meist nicht Angst, Gier, Eitelkeit und Faulheit genannt, sondern Wunsch nach Sicherheit, Rendite, Prestige oder Bequemlichkeit– gemeint ist aber das Gleiche.

Sollten Sie sich – trotz meiner Warnung – doch in eine Bank verirren, dann sollten Sie sich spätestens bei den folgenden Schlagworten daran erinnern, dass Sie dort nichts verloren haben. Phrasen wie »attraktive Rendite bei überschaubarem Risiko«, »Megatrend«, »Geheimtipp«, »Opportunität«, »fast schon ausplatziert« oder »nur für unsere besten Kunden« sind uralte Verkäufertricks. Der Klassiker für ein kontraproduktives Gier-Investment schlechthin ist dabei das Steuersparmodell. Denn mit nichts kommt der Verkäufer so schnell am Verstand seines Kunden vorbei wie mit dem Satz: »Herr Dr. Huber, Sie wollen doch nicht fürs Finanzamt arbeiten. Ich hab da was für Sie.« In Summe sind all diese Schlagworte Hinweise auf wunderbar runde Geschichten, aber leider auch auf viel zu riskante und überteuerte Investments. Ein verwertbarer Informationsvorsprung versteckt sich dahinter sicher nicht.

Da bei einer hundertprozentigen Aktieninvestition langfristig 9 bis 10 Prozent vor Kosten, vor Steuern und vor Inflation drin sind, gilt: Bei Investitionen, die mehr versprechen, müssen Sie mit hohen Rückschlägen rechnen, etwa beim Wetten auf einzelne Aktien, bei Preisspekulationen auf Rohstoffe oder auf Krypto-Währungen. Bei Investitionen in Risikokapital (*Venture Capital*) ist der Totalverlust der Regelfall. Das heißt nicht, dass Sie das in keinem Fall machen dürfen. Ich bin nicht Ihr Kindermädchen – aber Sie sollten wissen, was Sie tun, und auf das Geld genauso gut verzichten können. Ich selbst mache so was nicht. Spätestens wenn die versprochenen Renditen unrealistisch hoch werden, man Ihnen 2 Prozent, 3 Prozent oder mehr *im Monat* verspricht, ist die Grenze zwischen Investment-Märchen und Anlagebetrug schnell überschritten. Traumhafte Renditen sind fast immer geträumte Renditen. Bevor Sie da mitmachen, nutzen Sie einen Zinsrechner aus dem Internet, rechnen Sie nach, was da in zwanzig Jahren rauskommen würde, und fragen Sie sich: Kann das sein? Nein, kann es nicht.[6]

Und noch etwas: Machen Sie sich bewusst, warum Sie das tun. Sehr wahrscheinlich hat Ihre Investmententscheidung emotionale Motive, typischerweise Selbstüberschätzung respektive Hybris oder männliches Imponiergehabe. Ja, Sie haben richtig gelesen: Wenn Sie zu Hochrisiko-Investitionen neigen, gibt es eine hohe Wahrscheinlichkeit, dass Sie ein Mann sind und sich (und anderen) beweisen wollen, dass Sie ein Gewinner sind. Frauen neigen deutlich weniger dazu, sich über Spekulationsgewinne aufgewertet zu fühlen. Ob das am Testosteron oder an kulturell codierten Geschlechterrollen liegt? Mein Tipp: Wenn Sie etwas für Ihr Ego machen wollen, spenden Sie das Geld lieber.

DONNERSTAG **Kognitive Verzerrungen für Fortgeschrittene: falsche Referenzpunkte**

Wenn Sie es schaffen, sich nicht von Angst und Gier leiten zu lassen, sind Sie auf einem guten Weg. Doch Vorsicht: Unterschätzen Sie Ihren härtesten Gegner nicht. Ihre emotionale Seite hat eine ganze Reihe von

Tricks auf Lager, um wieder ins Geschäft um die Deutungshoheit in Ihrem Hirn zu kommen. Hier die vier wichtigsten:

1. Besitztumseffekt

Menschen halten oft an einer Sache aus dem einzigen Grund fest, dass sie die Sache bereits haben: einen geerbten Bauernhof in Fallingbostel, ein zusammengewürfeltes Portfolio aus erratischen Einzelentscheidungen, Klumpenrisiken in Mitarbeiteraktien oder Krypto-Spekulationen … Der Besitztumseffekt ist eine Ausprägung von Verlustaversion, über die ich in jedem zweiten Gespräch mit zukünftigen Mandanten stolpere und der manchmal sogar verhindert, dass mein Gegenüber mit einer rationalen Strategie überhaupt anfängt.

Hier kann ein Perspektivwechsel helfen: Wenn Sie Ihre finanzielle Zukunft »eigentlich« auf rationale Füße stellen wollen, aber »nun schon mal investiert« sind, sollten Sie sich folgende einfache Frage stellen: Wenn ich heute 300 000 Euro in Cash hätte, würde ich

1. davon eine Immobilie in einem strukturschwachen Gebiet kaufen, das 500 Kilometer von meinem Zuhause liegt?
2. in die Kopfschmerzbank gehen und die Produkte der Woche kaufen?
3. alles in Aktien meines Arbeitgebers oder
4. in Bitcoin stecken?

Natürlich nicht! Insbesondere, wenn Sie Verantwortung für andere Menschen tragen und die 300 000 Euro ein wesentlicher Teil Ihres Vermögens sind, geht das gar nicht. Weg damit. Und bitte fangen Sie nicht an, mit mir (oder sich) zu verhandeln:

- »Nur noch ein bisschen.« Nein: Jetzt!
- »Aber bitte nicht alles …« Na gut, wenn das für Ihr inneres Gleichgewicht unbedingt nötig ist, behalten Sie halt 5 Prozent. (Bei dem Bauernhof in Fallingbostel können Sie ja die Katze behalten.)

2. Einstiegs- und Höchststanddenke

»Ich will doch nur warten, bis der Verkaufspreise/Kurs (wieder) bei X ist.« Beim Entrümpeln des Depots eine nötige Verkaufsentscheidung so lange zu verzögern, bis ein erreichter Höchststand oder der bezahlte Einstandspreis wieder erreicht ist, ist gleichermaßen verständlich wie dumm. Für die Beurteilung der Sinnhaftigkeit eines Investments spielt ein einmal erreichter historischer Preis keinerlei Rolle. Erst recht interessiert sich kein Marktteilnehmer dafür, was Sie ursprünglich bezahlt haben. Wenn das Investment nicht passt, müssen Sie es beenden. Alles andere ist Unfug: Sie versuchen, schlauer als alle anderen zu sein und den richtigen Handelszeitpunkt für eine spezifische Aktie zu finden. Pfui! Stockpicking und Market Timing! Das hatten wir doch schon überwunden – lassen Sie diese Denke nicht durch die emotionale Hintertür wieder rein.

Umgekehrt: Wenn Sie mit Ihrem Timing beim Einstieg in Ihr sinnvoll strukturiertes ETF-Investment Pech gehabt haben oder einen starken Rückschlag verkraften mussten, ergibt es keinen Sinn, sich davon – erleichtert durchatmend – zu verabschieden, sobald Sie wieder schwarze Zahlen sehen. Das ist nur eine (harmlosere) Variante DES GANZ GROSSEN FEHLERS. Einatmen, ausatmen, weitermachen.

3. Kurzfristdenken

Während die meisten Menschen über eine Immobilieninvestition in Jahrzehnten nachdenken, führt die Preistransparenz am Kapitalmarkt zu Kurzfristdenken und Hektik. Wie sinnvoll ist es, dass uns Banken und Finanzvertriebe durch jährliche Performance-Berichte darauf trainieren, über eine langfristige Investition in willkürlichen Zwölf-Monats-Zeiträumen nachzudenken? Dieser irrelevante Bezugsrahmen trägt nur dazu bei, uns von einer langfristigen Strategie abzubringen.

Wissen Sie, wie häufig negative Kapitalmarktergebnisse sind? Seit 1978 endeten gemessen am MSCI World zwar 46 Prozent aller Handelstage, 35 Prozent aller Handelsmonate und immer noch 26 Prozent aller Handelsjahre mit einem negativen Ergebnis. Über rollierende Zehn-Jahres-Zeiträume waren es dagegen nur noch 8 Prozent und über zwanzig Jahre kein einziger.[7]

4. Unsinnige Vergleichsrahmen

Unsinniges Kurzfrist-Nicht-Denken in Hochpotenz wird uns jeden Abend kurz vor der *Tagesschau* präsentiert, wenn in der Sendung *Börse vor acht* neben Kapitalmarkterklärungen der aktuelle Stand des DAX durchgegeben wird. Was könnte unbedeutender sein als die zufälligen Tageschwankungen eines – im globalen Kontext gesehenen – Dorfindexes? Das befeuert nicht nur die Fehlvorstellung, der Kapitalmarkt sei ein Casino und Nullsummenspiel, in dem es mal hoch und mal runter geht. Es entsteht auch der Eindruck, der DAX sei ein sinnvoller Vergleichsmaßstab für die eigene Kapitalmarktanlage.

Das ist er nicht! *Ihr* Portfolio ist weltweit diversifiziert, wovon Deutschland nur einen kleinen Teil ausmacht. Es besteht auch nicht nur aus Aktien, sondern zusätzlich aus einem defensiven Anleihenbaustein. Wenn Sie Ihr Portfolio mit dem DAX vergleichen, vergleichen Sie nicht Äpfel mit Birnen, sondern einen Obstkorb mit Kartoffeln. Als kleine Illustration: Beim DAX liegt das Risiko, gemessen am anzunehmenden maximalen Verlust auf Jahressicht, dreimal *höher als bei einem weltweit diversifizierten Portfolio aus 60 Prozent Aktien und 40 Prozent Renten.*[8]

Wenn Sie unbedingt vergleichen wollen, nehmen Sie eine zusammengesetzte Benchmark aus MSCI World und einem Rentenindex wie dem FTSE World Government Bond – Developed Markets (EUR hedged). Am besten lassen Sie es aber ganz und zerbrechen sich nicht den Kopf über unvermeidliche Abweichungen. Diese können durchaus deutlich ausfallen, insbesondere, wenn Sie sich für einen Nachhaltigkeitsfilter entschieden haben. Der Erkenntnisgewinn durch das Vergleichen hält sich stark in Grenzen. Das sogenannte Referenzrahmenrisiko, dass Sie die falschen Rückschlüsse ziehen und danach falsch abbiegen, ist immens.

FREITAG Denkpause

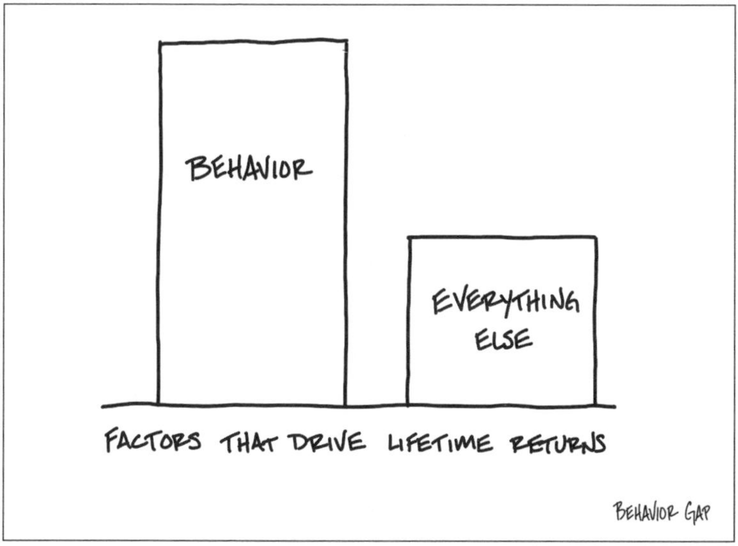

SAMSTAG Wenn die Realität keine Rücksicht auf das eigene Ego nimmt: Warum Unternehmer oft schlechte Kapitalanleger sind

Erfolgreiche Unternehmer sind es gewohnt, hohe Risiken einzugehen, Chancen und Trends zu erkennen und das Ruder im Notfall herumzureißen. Sie haben alle die Erfahrung gemacht, dass persönliche Fähigkeiten und harte Arbeit den Unterschied zwischen Sieg und Niederlage machen. Beste Rezepte, um auch erfolgreiche Kapitalmarktanleger zu sein? Nein. Falsch.

Dr. Frank Schneider ist die Blaupause eines Typus, den man »89er« nennen könnte: Kurz nach dem Fall der Mauer zum Studium an die Uni in Mannheim gegangen, war er von dem Wunsch geprägt, als zukünftiger Unternehmer möglichst vermögend zu werden. In einem Umfeld, in dem der Kalte Krieg gewonnen war, schien dem Ziel, alles auf finanzielle Selbstoptimierung zu setzen, kaum mehr etwas im Weg zu stehen: Der Neoliberalismus gab das nötige ideologische Gerüst, die staatliche

Deregulierung den erforderlichen rechtlichen Rahmen und eine rasch voranschreitende Globalisierung das Spielfeld für eine ganze Generation ehrgeiziger BWLer.

Nach seiner Promotion und einer kurzen Station bei einer Investmentbank gründete er in Frankfurt eine kleine M&A-Boutique. Sein erstes Projekt: deutschlandweit Schlüsseldienste zusammenzukaufen. Auftragsannahme, Marketing, Abrechnung, HR und Administration wurden zentralisiert, Prozesse optimiert – um dann nach einigen Jahren an den nächsten Investor zu verkaufen. Rückblickend musste Dr. Schneider, als ich ihn rund fünfzehn Jahre später kennenlernte, immer noch schmunzeln: Das Eigenkapital von in Summe 5 Millionen Euro sammelten er und sein erster Mitarbeiter ebenso mühsam und kleinteilig ein wie die Zielobjekte: Schlüsseldienste in der ganzen Republik.

5 Millionen – lächerlich! So viel investierte er inzwischen selbst in neu aufgelegte Projekte seines Unternehmens, deren Volumen meist satte dreistellige Millionenbeträge ausmachten. Unter 1 Million Euro musste man schon fünf Jahre nach Gründung gar nicht mehr nachfragen, ob man noch mitmachen durfte. Entsprechend hatte Frank Schneider finanziell alles erreicht, was er sich erträumt hatte und was so das Klischee »der Reichen« ausmacht: Villa, Ferienhäuser in Italien und der Schweiz, einen kleineren Fuhrpark, Depots zwischen je 4 und 9 Millionen Euro bei fünf verschiedenen Banken, einen ganzen Wust unterschiedlicher Beteiligungen, dazu fünf laufende Investments im eigenen Unternehmen zwischen 3 und 5 Millionen Euro. Dazu ein Unternehmen, das heute mindestens 100 Millionen Euro wert ist.

Auf gewisse Weise mochte ich Schneider. Ja, er war sehr selbstbewusst, man merkte, dass er es gewohnt war, das zu bekommen, war er wollte, und er strahlte diese Präsenz von Macht aus, die Geld Menschen verleiht: vor allem, wenn es sehr viel Geld ist und der Vermögende nicht aufpasst und bewusst gegensteuert.

Aber umgekehrt: Was für eine – sorry – geile Erfolgsgeschichte! Ist es nicht großartig, wenn Menschen ihre Träume verwirklichen und die Chancen einer freien Marktwirtschaft nutzen? Und: Schneider war bei aller finanzieller Selbstoptimierung kein Egoist und spendete hohe Summen für philanthropische Projekte. Zudem war er ausgesprochen einnehmend im Umgang und so schnell im Kopf, dass ich voll da sein musste, um ihm zu folgen.

Was seine Kapitalanlage anging, hatte Schneider bisher auf aktive Investmententscheidungen gesetzt: Opportunitäten, Trends und vor allem das rechtzeitige Ein- und Aussteigen am Kapitalmarkt. Diese Herangehensweise lag für ihn als Unternehmer ausgesprochen nahe: Wenn es einen Menschen gab, der es gewohnt war, im Driver Seat zu sitzen, aktiv zu entscheiden und sein Schicksal selbst zu bezwingen, dann Dr. Frank Schneider.

Insofern war es nicht ganz einfach, ihn von einer komplett gegensätzlichen Strategie zu überzeugen. Ich habe versucht, ihm zumindest die wichtigsten Kernbotschaften und Grundlagen für eine erfolgreiche Zusammenarbeit klarzumachen:

1. Noch keiner unserer Mandanten ist durch uns reich geworden. Wir sorgen dafür, dass Sie nicht wieder arm werden. Reich werden Sie durch Ihr Unternehmen.

2. Als Unternehmer sind Sie im Driver Seat und müssen auf eine Nische setzen. Am Kapitalmarkt dagegen sind Sie raus, auch wenn Sie der große Dr. Frank Schneider sind.

3. Weil es unmöglich ist, zukünftige Börsenkurse zu prognostizieren, müssen Sie so breit diversifizieren wie möglich. Wetten auf Länder, Branchen oder einzelne Unternehmen sind tabu.

4. Zeit und Gesundheit sind für Sie deutlich wertvoller als noch mehr Geld. Unnötige Komplexität bei der Anlage sollten Sie daher unbedingt vermeiden. Ihr Beruf ist zeitraubend und stressig genug.

Rein vom Verstand her stimmte Schneider jeder meiner Aussagen zu. Auf einer tieferen Ebene verstießen sie aber gegen alles, was Schneider ausmachte und wovon er überzeugt war: Einsatz, harte Arbeit, Wettbewerb sowie Kategorien wie Sieg und Niederlage. Wenig später investierten wir rund 3 Millionen Euro, damit Schneider die Strategie eines weltweit aufgestellten, prognosefreien Portfolios »erst mal« mit einer »überschaubaren« Summe ausprobieren konnte.

Es ging nicht lange gut: Er freute sich über jeden kleinen kurzfristigen Kursgewinn, umgekehrt wurde er bei jedem Wackler am Markt nervös. Seine Metaphern konnten dann ziemlich farbig und ausfallend werden. Mit rationalen Argumenten war der sonst so intelligente und smarte Schneider dann kaum mehr erreichbar. Für Schneider, der seinen Selbstwert so sehr an seinem Vermögen festmachte, war jeder finanzielle Rückschlag ein Frontalangriff auf sein Ego, seine Identität, seine kompetitive Männlichkeit und folglich eine persönliche Niederlage. Kein Wunder, dass er mich als den scheinbaren Verursacher dieser Niederlage dafür verantwortlich machte.

Unvergessen in diesem Zusammenhang bleibt mir der Sommer 2015, als ich für zwei Monate in Elternzeit war. Mein damaliger Vertreter und heutiger Sozius hatte für diese Zeit meine Mandanten übernommen, als im August der DAX innerhalb weniger Tage von 11604 auf unter 9648 Punkte fiel. Schneider reagierte übernervös und ließ meinen Kollegen ohne Zurückhaltung an seinen Emotionen teilhaben. Im Zwei-Minuten-Takt gab er ihm am Telefon den aktuellen DAX-Stand durch: »Der DAX steht bei 9732 Punkten – was machen Sie jetzt? … Jetzt sind es nur noch 9704 – verkaufen Sie immer noch nicht? … Soll er erst unter 9500 fallen … oh, jetzt sind es schon unter 9700 …« Zu Wort kam mein Kollege Stefan kaum; der Versuch, eine langfristige Strategie zu erklären, war vergeblich.

Ein promovierter, hoch erfolgreicher Unternehmer – und dann solch unsinnige Reaktionen. Es heißt, manche Menschen sähen den Wald vor lauter Bäumen nicht. Schneider war nicht mal in der Lage, einen Ast zu erkennen, so viele Blätter waren da dran. Stefan, der mich danach irgendetwas zwischen traumatisiert und amüsiert anrief, riet mir dringend, mich von Schneider zu trennen. Doch ich machte erst mal weiter: Erstens hatte der Markt schon am Folgetag gedreht und wir zunächst unsere Ruhe. Zweitens wollte ich mir selbst nicht eingestehen, dass ich nicht in der Lage sein würde, Schneider vor seinen eigenen Fehlentscheidungen und seiner Impulsivität zu schützen.

Fünf Monate später korrigierte der Kapitalmarkt erneut – und dann habe selbst ich kapiert, dass Schneider nicht zu helfen war, und ihn gebeten zu gehen. Seitdem versuche ich, Menschen, für die Geld Macht, Status und Selbstwert bedeutet, rechtzeitig zu erkennen und als Mandanten abzulehnen. Wenn Sie so wollen, folge ich damit nur meinem eigenen Rat: Zeit und Gesundheit sind wertvoller als Geld. Und das gilt für uns alle, egal, wie arm oder wie reich wir sind.

SONNTAG Ergebnissicherung

Die neunte Woche ist geschafft. Gratulation und wunderbar, dass Sie so konsequent dabei sind. Wieder Zeit, die wichtigsten Erkenntnisse festzuhalten, Ihnen ein paar Fragen zum Nachdenken und einige konkrete Aufgaben zur Umsetzung mitzugeben. Und falls Sie noch mehr wissen wollen, gibt es wieder ein paar Hinweise zu weiterführender Literatur, darunter die nicht nur in Geldfragen bahnbrechende Lektüre von Daniel Kahnemans Klassiker *Schnelles Denken – langsames Denken*.

1. Die wichtigsten Erkenntnisse der Woche

- Die immense Lücke zwischen der am Kapitalmarkt *erzielbaren* und der von einzelnen Kapitalanlegern *erzielten* Rendite ist im Wesentlichen keine Wissenslücke, sondern eine Verhaltenslücke. Das vernichtet jede Menge Geld und Lebensqualität.
- Das größte Einfallstor für Fehlentscheidungen ist auch beim Investieren Verlustaversion, einfacher ausgedrückt: Angst.
- Weil Stress und Angst rationales Denken blockieren, brauchen Sie bereits VOR einer Kapitalmarktkrise einen verlässlichen Notfallplan, der Sie später vor Fehlentscheidungen bewahrt.
- Wunschdenken, Gier und übersteigertes Selbstbewusstsein verleiten uns am Kapitalmarkt dazu, irrational hohe Risiken einzugehen.
- Orientieren Sie sich nicht an falschen Bezugspunkten: Was Sie (zufällig) bereits haben, zu welchem Preis Sie eine Investition mal gekauft haben, wie viel Ihre Investition schon einmal wert war oder wie sie sich im Vergleich zum DAX entwickelt hat, ist irrelevant.

2. Fragen zum Nachdenken

- Erinnern Sie sich an die Zeit vor dem Platzen der Dotcom-Blase: Haben auch Sie gedacht, dass Tech-Titel und Neuemissionen ein totsicheres Rezept sind, um schnell Geld zu machen? Wie viel Geld haben Sie verloren?

- Haben Sie während der Finanzkrise geglaubt, das Weltfinanzsystem stehe vor dem Abgrund? Haben Sie die Nerven verloren und verkauft?
- Wie oft haben Sie während der Euro-Staatskrise(n) mit dem Zusammenbruch des Kapitalmarkts gerechnet? Waren Sie deshalb nicht (ausreichend) investiert?
- Waren Sie (wie wir) zu Beginn der Coronakrise überzeugt, dass sich der Rückschlag an den Märkten über Jahre hinziehen würde? Sind Sie trotzdem (wie wir) investiert geblieben und haben in der Krise nachgekauft?

3. Ihre Aufgabe für die laufende Woche

- Schreiben Sie sich Ihre Version eines Notfallplans in Ihren eigenen Worten auf. Hier noch mal in Kürze: Ruhe bewahren – Stressquellen ausschalten – Rationalisieren nicht mit Nachdenken verwechseln – Hilfe suchen – sich an die Grundregeln rationalen Investierens erinnern – Chancen nutzen und Aktien-ETF nachkaufen – Geduld haben – notfalls totstellen.
- Schreiben Sie sich zusätzlich eine Art Mantra für Kapitalmarktkrisen auf: »Die freie Marktwirtschaft wird nicht absperren; langfristig haben sich Kapitalmärkte immer wieder erholt; Märkte sind nicht prognostizierbar; eine Kapitalmarktkrise ist kein Säbelzahntiger …«

4. Was Sie sich langfristig angewöhnen sollten

- Spielen Sie Mantra und Notfallplan jährlich an Ihrem Eichhörnchentag durch, optimalerweise mit verteilten Rollen: Fragen Sie sich gegenseitig ab oder versuchen Sie, sich spielerisch absichtlich vom Weg abzubringen. Das Verhalten in Notfällen müssen Sie üben – am besten gemeinsam mit Ihrem Partner, Ihrer Partnerin.
- Um auf Kurs zu bleiben, abonnieren Sie zwei, drei gute Finanzblogs, wie den von Gerd Kommer, Hartmut Walz oder »Geldfrau« Dani Parthum – und natürlich gern auch unseren, den Blog der Neunundvierzig Honorarberatung.

- Und wie so oft: Widersprechen Sie in Ihrem sozialen Umfeld das eine oder andere Mal, wenn jemand besonders dumme Thesen über Investments von sich gibt. Manchmal tun es da schon ein paar Nachfragen. »Woher weißt du das?« – »Warum erzählst du uns das?« Oder konkreter: »Du hast schon vorher gewusst, dass die Kurse einbrechen? Gratuliere. Wie oft hast du das schon früher geglaubt und es ist nichts passiert?« oder: »KI wird die Welt verändern? Echt – super! Bist du dir sicher dir, dass das nicht ein paar andere vor dir rausgekriegt haben?« Notfalls gehen Sie in ein anderes Zimmer.

Weiterführende Literatur & Input

- Daniel Kahneman, *Schnelles Denken – langsames Denken* (2011).
- Carl Richards, *The Behaviour Gap* (2012).

Unter neunundvierzig.com/gut-mit-geld finden Sie

- Blogartikel von mir und anderen Autoren zum Thema,
- Hinweise auf weitere Geschichten über Anleger und ihre emotionalen Fehlentscheidungen,
- weitere Fragen und Hinweise zum Nachdenken,
- eine Arbeitshilfe zu Ihrem persönlichen Notfallplan und
- ein übersichtliches Arbeitsblatt, das Sie jedes Jahr durch Ihren Eichhörnchentag führt, und die Links zu den empfohlenen Blogs.

Teil 4

Wie Geld zu einem gelungenen Leben beiträgt

Nachdem Sie in den vergangenen Wochen einen soliden Einblick in die wichtigsten Themen bekommen haben, kommen wir im letzten Abschnitt dieses Buchs auf die spannendste aller Geldfragen zurück. Diese Frage haben Sie in der ersten Woche kennengelernt: Was hat Geld mit meiner Identität zu tun? Und darauf aufbauend: Wie kann es zu einem gelungenen Leben beitragen? Dazu schauen wir uns drei Themenfelder an:

In Woche 10 lernen Sie, wie Geld ein Zuhause, eine Heimat und damit ein Stück Familienidentität schaffen kann und welche Risiken und Nebenwirkungen damit verbunden sind. In Woche 11, wie Sie mit Geld Ihren Lebensstandard dauerhaft aufrechterhalten können und welche Ausgaben Sie glücklicher und zufriedener machen. Und abschließend in der letzten Woche, wie Sie im Laufe Ihres Lebens Geld generationenübergreifend so einsetzen, dass Sie und Ihre Familie ein Maximum an Lebensqualität daraus ziehen.

WOCHE 10
Wie Geld ein Zuhause schaffen kann

»Mieten ist was für Dumme.«
Volksdummheit

Eine eigene Immobilie zu besitzen, ist für viele Menschen so untrennbar mit dem Leben verbunden wie Geburt, Einschulung, Ausbildung, Familiengründung, Ruhestand und Tod. Immobilien sind mit Abstand die emotionalste Investition, aber sind sie auch die sinnvollste? Heute gebe ich Ihnen einen kurzen Überblick, warum das selbstgenutzte Eigenheim und erst recht die fremdvermietete Immobilie als Kapitalanlage entgegen landläufiger Meinung meist weder ein sicheres noch ein lukratives Investment ist. Am Dienstag erkläre ich Ihnen, weshalb der Erwerb einer selbstgenutzten Immobilie trotzdem immense finanzielle Vorteile hat, wenn auch vielleicht ganz andere, als Sie meinen. Ab Mittwoch blicken wir auf die emotionale Seite des Immobilienbesitzes und ich zeige Ihnen, warum ein Eigenheim eines der schönsten Dinge sein kann, die Sie mit Geld erwerben können. Allerdings hat ein Eigenheim auch jede Menge Schattenseiten für Ihr Wohlbefinden, mit denen wir uns am Donnerstag befassen. Am Samstag erzähle ich eine Geschichte zu einem Thema, das fast jeden überfordert, der damit konfrontiert wird: »Was tun mit dem geerbten Elternhaus?« Und am Sonntag gibt es wie immer Ergebnissicherung, Fragen zum Nachdenken, konkrete Aufgaben und weiterführende Literatur.

Drei Fragen zum Warmwerden

1. Wie denken Ihre Eltern, Großeltern, Geschwister und Ihr soziales Umfeld über die Frage: kaufen oder mieten?
2. Wenn Sie das Haus Ihrer Eltern erben, würden Sie …?
3. Wenn Sie heute ein Eigenheim kaufen würden – sehen Sie sich da auch noch in dreißig Jahren?

MONTAG Die eigenen vier Wände: NICHT die beste Investition der Welt

Vermutlich sind Sie irritiert, das Kapitel über Immobilien nicht unter der Überschrift »Investieren« zu finden. Haben wir nicht alle von den Eltern, Großeltern, aus dem Freundeskreis und den Medien Weisheiten gelernt wie: »Keine Anlage ist so sicher und lohnend wie die eigenen vier Wände.« Oder: »Jeder bezahlt in seinem Leben eine Wohnung ab, entweder die eigene oder die seines Vermieters.« Weisheiten, wie sie aus naheliegenden Gründen erst recht von Bausparkassen, Banken, Immobilienwirtschaft und Maklern wiederholt werden. Und genau hier liegt die Crux: Es handelt sich nicht um Fakten, sondern um nicht weiter reflektierte Glaubenssätze, anekdotische Evidenz oder interessengeleitetes Marketing. Sie sagen mehr über den aus, der sie von sich gibt, als über die Sache selbst.

Die Realität schaut anders aus: Wie Gerd Kommer zuletzt im September 2025 für einen Zeitraum von fünfundfünfzig Jahren nachgewiesen hat: Mieten ist finanziell meist deutlich attraktiver – solange Sie den sonst für den Immobilienerwerb nötigen finanziellen Aufwand in Ihr ETF-Portfolio umlenken.[1] Zeit für einen Faktencheck. Schauen wir uns dazu erst die Renditekennziffern an:

- Die Instandhaltungskosten, die von der Immobilienwirtschaft meist pauschal mit 1,0 Prozent des Verkehrswerts angesetzt werden, liegen realistischerweise eher bei 1,3 Prozent.[2] Da die wenigsten Menschen

Buch über die realen Kosten ihrer Immobilie führen, liegt die gefühlte Mietrendite ihres Objekts jedoch meist viel höher als die tatsächliche. Die dürfte im Schnitt wohl bei rund 2,5 Prozent liegen.[3]

- Je häufiger Sie Ihre Immobilie im Laufe Ihres Lebens austauschen, desto mehr belasten die Transaktionskosten (Makler, Notar, Grundbuch und Grunderwerbssteuer) von durchschnittlich rund 10 Prozent Ihr Vermögen.[4] Und: 10 Prozent auf den Immobilienpreis können bei kreditfinanzierten Käufen ganz schnell 20 Prozent bis 30 Prozent Ihres Eigenkapitals sein.
- Auch auf eine fulminante Wertsteigerung zu setzen, erweist sich als Illusion. Der steile Preisanstieg deutscher Wohnimmobilien von 2009 bis 2021 war mit hoher Wahrscheinlichkeit eine Sondersituation. Zu glauben, Sie seien – frei nach dem Makler-Blödismus »Lage, Lage, Lage« – (Achtung, Wortwitz!) in der Lage, besser als die anderen Marktteilnehmer zu identifizieren, welche Immobilien ein überdurchschnittliches Potenzial haben, ist ein klassischer Fall von Selbstüberschätzung. Die Zahlen sprechen eine andere Sprache: Von 1970 bis 2020 lag die Wertsteigerung von Wohnimmobilien in Deutschland bei gerade 0,6 Prozent pro Jahr.
- Und falls Sie meinen, Sie könnten ja die Rendite auf Ihr eingesetztes (Eigen-)Kapital durch einen günstigen Kredit hebeln, liegen Sie wieder falsch: Sie verschlechtern Ihre Rendite damit statistisch, während sich Ihr Risiko – insbesondere bei Zinsanstiegen – deutlich erhöht.[5]

Das wäre vielleicht gar nicht so schlecht, hätten Wohnimmobilien nicht deutlich höhere Risiken, als es unsere Glaubenssätze uns einflüstern:

- Da es – anders als an der Börse – keine transparenten Preise gibt, blenden Immobilieneigentümer Wertschwankungen meist aus. So hat Gerd Kommer für die Jahre 1981 bis 2009 für Deutschland einen inflationsbereinigten Werteinbruch von 30 Prozent nachgewiesen[6] – eine 28-jährige Durststrecke, die jeden Aktieninvestor in den Wahnsinn getrieben hätte. Das Absurde: Für die meisten Immobilieneigentümer blieb dieses finanzielle Desaster fast unbemerkt – da es scheibchenweise erfolgte und durch die Inflation verdeckt wurde.

- Wenn Sie kein immenses Vermögen besitzen und Sie nicht Dutzende von Immobilien an unterschiedlichsten Standorten kaufen können, liegen alle Eier in einem Korb: Probleme mit Mietnomaden, Mängel an der Bausubstanz oder Abwertung der Mikrolage treffen Sie voll und Ihr Risiko erhöht sich signifikant.
- Und nicht zuletzt: Da Wohnraum nicht nur eine Investition, sondern stets auch ein gesellschaftlicher Faktor ist, kann – nein, *wird* – der Staat hier immer wieder über Steuern und Regulatorik zugreifen: Mietendeckel, Mietpreisbremse, Kündigungsschutz, Umwandlungsverbot, Grundsteuer, Grunderwerbssteuer, Auflagen von Wasserwirtschaftsamt und Denkmalschutz, Barrierefreiheit, energetische Sanierung …

DIENSTAG Warum die Nachteile einer Immobilieninvestition oft gut für Sie sind

Wenn wir auf die positiven finanziellen Aspekte eines Eigenheimerwerbs blicken, stolpern wir über ein wundersames Paradox. Viele der grundsätzlichen Nachteile wenden sich auf der Ebene der Privatanlegerin in Vorteile:

- **Ausdauer:** Hohe Transaktionskosten; oft irrationale Ausgaben bei der Verschönerung der eigenen vier Wände; der hohe Aufwand bei der Suche, Finanzierung und gegebenenfalls Renovierung des Objekts – sie alle zwingen den Anleger, langfristig durchzuhalten.

- **Was ich nicht weiß, macht mich nicht heiß:** Während viele Aktieninvestoren beim ersten Gegenwind die Nerven verlieren, blenden Immobilieninvestorinnen Risiken meist konsequent aus oder kennen sie häufig gar nicht. Sie haben 2021 zu Höchstpreisen eine Wohnung in Hamburg gekauft und zu 80 Prozent finanziert? Schlechte Nachricht: Sie haben bis heute (Mitte 2025) fast Ihr gesamtes Eigenkapital verloren. Totalverlust. Die gute Nachricht: Vermutlich wissen Sie das gar nicht und machen stoisch weiter.

- **Zwangssparen:** Der drohende Gesichtsverlust, wenn Sie sich die eigenen vier Wände nicht mehr leisten können, ist immens. Die Briefe der Bank, wenn Sie mit den Raten im Verzug sind, haben dagegen eine Klarheit, die Sie von diesem Haus sonst nicht gewöhnt sind. Zins und Tilgung sind jeden Monat fällig – Punkt. Ausrufezeichen! Insofern schaffen Verbindlichkeiten Verbindlichkeit. Wenn der Urlaub ansteht und Sie knapp bei Kasse sind: Ein ETF-Sparplan lässt sich schnell pausieren und bei der Gelegenheit auch gleich ein paar Anteile auflösen. Das Ergebnis: Eigenheimbesitzer bilden bei gleichen finanziellen Voraussetzungen trotz einer ineffizienteren Anlage mehr Vermögen.[7]

- **Haptisches Verstehen:** Immobilien kann man anfassen und dadurch viel einfacher *begreifen* als Kapitalmarktinvestitionen. Dass die juristischen und steuerlichen Regelungen, die laufende Verwaltung und Instandhaltung von Immobilienbesitz für den Privatinvestor deutlich komplexer sind als bei Wertpapierbesitz, tut dem keinen Abbruch.

Immobilien sind in Summe also eine Vermögensklasse, die schädliches Anleger- und Konsumverhalten wesentlich unwahrscheinlicher macht als Kapitalmarktanlagen. Unterschätzen Sie das nicht! Denn für Ihren finanziellen Erfolg ist das Vermeiden von kontraproduktiven Verhaltensfehlern wichtiger als eine optimale Anlage – erinnern Sie sich an Woche 7 und 9.

Daneben gibt es zwei weitere Aspekte, die für Immobilien als Investition sprechen. Beide nicht sehr logisch, aber dafür hochwirksam – und das ist die Hauptsache:

- Eltern und Großeltern sind in vielen Familien bereit, ihre Nachkommen beim Kauf ihrer eigenen vier Wände zu unterstützen. Sie zeigen als Eigenheimerwerberin ein sozial erwünschtes Verhalten, das sich mit den Wertvorstellungen der älteren Generation deckt, und das wird entsprechend belohnt. »Danke, Oma, sehr lieb von dir, aber das mit der Immobilie ist mir zu viel Risiko, ich kauf mir von dem Geld lieber einen Aktien-ETF …« Glauben Sie, es sei realistisch, dass die Enkelin damit Erfolg hat?

- Immobilien bieten zahlreiche Möglichkeiten, höhere Vermögenswerte steuerfrei in die nächste Generation zu übertragen, dabei aber weiter die wirtschaftliche Kontrolle über das Vermögen zu behalten.[8] Zusätzlich ist die Vererbung des selbstgenutzten Eigenheims dann steuerfrei, wenn Witwe(r) oder Kind die nächsten zehn Jahre die Immobilie weiter bewohnen. Warum der Staat Menschen steuerlich dafür belohnt, in zu großen Immobilien wohnen zu bleiben oder in Häuser zu ziehen, die meist nicht in die eigene Lebensplanung passen, ist nicht nachvollziehbar.

MITTWOCH Die emotionale Rendite der eigenen vier Wände

Schauen wir noch einmal auf die letzten beiden Tage zurück: Heißt das, wer in Immobilien investiert, ist des Wahnsinns fette Beute? Dass der einzige relevante Vorteil von Immobilien darin liegt, uns durch Intransparenz und Zwang vor uns selbst zu schützen? Natürlich nicht, sondern es bedeutet lediglich, dass für das Eigenheim die gleichen Regeln gelten wie für alle anderen Investitionen auch. Es ist kein Ausweg aus dem untrennbaren Zusammenhang zwischen Rendite und Risiko. Verschieben Sie daher den Fokus beim Nachdenken über Immobilien auf die für Ihr Leben wirklich relevante Frage: »Wie sehr kann eine eigene Immobilie zu einem glücklicheren Leben für mich und meine Familie beitragen?«

Wenn wir auf die mit einem Eigenheim verbundenen positiven Emotionen blicken, ist es belanglos, ob diese Emotionen rational begründet sind oder auf Wunschdenken beruhen. Ihre gefühlte Realität ist erst einmal die Realität, in der Sie leben. Zumindest, solange Sie sich das leisten können, sprich: Ihre Fehlannahmen bezüglich Risiken und Nebenwirkungen von Immobilien Sie nicht unliebsam auf den Boden der Tatsachen zurückholen.

Mit Immobilienbesitz ist ein gewisser Gewinn an Status und Selbstgefühl verbunden. Die Enkelin, die mit Omas Hilfe in ihr »erstes« eigenes Appartement einzieht, gewinnt nicht nur in den Augen ihrer Großmutter an Status, sondern auch in ihrer Selbstwahrnehmung. Sie genießt einen Schub an Selbstbewusstsein und Wohlfühlen, das ein ETF-Portfolio ihr nicht bieten kann.

Das Gefühl, nicht mehr vertrieben werden zu können, die eigenen vier Wände nach eigenem Belieben umbauen und verschönern zu können und sich ohne Rückfrage drei Hauskatzen zulegen zu können: All das trägt zu einem stärkeren *Gefühl* von Sicherheit bei – auch wenn die objektiven Risiken in Deutschland ohnehin überschaubar sind: Wegen eines im internationalen Vergleich hervorragenden Mieterschutzes und angesichts steigender Reallöhne sind die objektiven Risiken eher gering: Denn dass der prozentuale Anteil, den die Miete an Ihren Ausgaben ausmacht, steigt oder dass Sie gekündigt werden, ist relativ unwahrscheinlich. Zudem ist, wie zuvor gezeigt, auch der Immobilienerwerb mit einer ganzen Reihe von Risiken verbunden, die Mieter nicht tragen müssen. Dem subjektiven Sicherheitsgefühl des Eigenheimerwerbers tut das allerdings keinen Abbruch.[9]

Die Erkenntnisse aus der Glücksforschung zum Zusammenhang zwischen Vermögen, Einkommen und Lebenszufriedenheit lassen sich auch auf den Immobilienbesitz übertragen: Die durch den Kauf einer Immobilie kurzfristig gestiegene Lebenszufriedenheit nimmt – ähnlich wie die nach einer Gehaltserhöhung – tendenziell schnell wieder ab und spielt daher für Ihr tägliches Wohlbefinden kaum eine positive Rolle. Für Ihr reflektierendes Ich, also den Teil Ihres Selbst, der auf sein Leben zurück und in seine Zukunft vorausschaut, sieht das anders aus: Denn die gestiegene Zufriedenheit *mit der Immobilie* scheint deutlich langfristiger anzuhalten, was damit auch zu einer dauerhaft verbesserten *Einschätzung* Ihrer eigenen Lebensqualität führt. Pointiert formuliert: Ihr reflektierendes Ich glaubt, es geht Ihnen mit dem Eigenheim besser, obwohl das Ihr erlebendes Ich gar nicht mitkriegt.[10]

Die meisten Menschen verbinden mit Familiengründung das eigene Häuschen – bevorzugt mit eigenem Garten. Spätestens dann, wenn Kinder ins Spiel kommen, steigt die emotionale Rendite, aber auch die emotionale Verbundenheit gegenüber den eigenen vier Wänden deutlich an. Der Besitztumseffekt, den wir bereits als kognitive Verzerrung beim Investieren am Kapitalmarkt kennengelernt haben, schlägt bei keiner anderen Anlageklasse so gnadenlos zu wie bei Immobilien. Je länger eine Immobilie im Familienbesitz ist, desto stärker wird der Effekt, an ihr festzuhalten, nur weil sie schon einmal da ist: Das Haus, genauer DAS HAUS, erhält eine eigene Persönlichkeit, wird Teil der Familienidentität. Im Prinzip ist das etwas Wunderbares: Ein Gefühl von Heimat und Zugehörigkeit; da zu leben, wo schon Ihre Eltern oder Großeltern großgeworden sind; wo Sie die eigenen Kinder großgezogen haben – diesen emotionalen Mehrwert können Sie nicht mit Geld kaufen und Sie sollten ihn auch nicht reinen Renditegesichtspunkten opfern.

Die finanziell irrationalste Form einer Immobilie ist sicher der Kauf eines Ferienhauses. Wenn Sie nicht das Glück haben, dass die Preise steigen, rechnet sich das hinten und vorne nicht. So oft können Sie gar nicht ein Appartement mieten oder am Wochenende ins Hotel gehen. Dennoch kann ein solches Häuschen eine kluge Sache sein, gerade für größere Familien, bei denen mehrere Generationen die Immobilie nutzen können, oder wenn Sie zeitlich und geografisch unabhängig sind. Dann wird eine solche Immobilie im besten Fall ein Ort der Begegnung oder ein Rückzugsort vom Alltag. Nur verbrämen Sie es nicht als Investition, sondern betrachten Sie es als Konsumausgabe auf sehr hohem Niveau.

DONNERSTAG Wie Sie es schaffen, sich mit einer Immobilie unglücklich zu machen

Die hohe emotionale Aufladung des Vermögenswerts Immobilie ist Fluch und Segen gleichermaßen: Segen, weil sie uns hilft, eine langfristige Anlagestrategie durchzuhalten. Fluch, weil sie das Einfallstor für jede Menge Fehlentscheidungen ist, die Sie am Ende viel Geld und Lebensqualität kosten.

Die Ursache für die unterschiedlichsten Übel ist dabei immer die gleiche: Die Immobilie kostet zu viel – zu viel Geld, zu viel Potenzial, zu viel Zeit und zu viel Lebensenergie, die dann an anderer Stelle fehlen.

- **Die Immobilie kostet zu viel Geld:** Während zukünftige Immobilienkäufer in den Jahren vor dem Erwerb das nötige Eigenkapital ansparen, können sie keine Kapitalmarktrisiken eingehen und lassen so statistisch jede Menge Rendite liegen. Diese Ressourcenverschwendung setzt sich nach dem Eigenheimerwerb fort: Nach dem Motto »Ich bau in meinem Leben nur *ein* Haus« haben selbstgenutzte Immobilien eine hohe Tendenz, teurer, luxuriöser und größer zu werden als Mietwohnungen. Insbesondere sobald die Kinder ausgezogen sind, verbrauchen Eigentümer überproportional viel Wohnraum – ein anderer Ausdruck für brachliegendes Kapital. Und auch Zinsen und Instandhaltungskosten sind nicht weniger verschwendet als die laut Volksweisheit aus dem Fenster geworfene Miete.

Zu einer gravierenden finanziellen Falle wird die eigene Immobilie zudem, wenn sie ihre angeblich segensreiche Wirkung in der Altersvorsorge – mietfreies Wohnen – entfalten soll: Anders als ein ETF-Portfolio können Sie Ihre Immobilie nicht schrittweise verbrauchen.[11] Das Resultat: Viele Eigenheimbesitzer sind im Alter *house rich, cash poor*, haben daher keinen finanziellen Spielraum mehr und verringern massiv ihre Lebensqualität. Wenn Sie nicht neben Ihrer Immobilie genügend Einkünfte und liquides Vermögen haben, um im Alter das Leben zu führen, das Sie sich wünschen, ist eine Immobilie ein No-Go! Vermutlich werden Sie es trotzdem kaum schaffen, sich in einer solchen Situation wieder von Ihrem Eigenheim zu befreien. Ihre Immobilie hat inzwischen Besitz von Ihnen ergriffen. Sie gehören dem Haus – nicht umgekehrt.

- **Die Immobilie kostet zu viel Potenzial:** Immobilien machen immobil. Sie haben (vielleicht) die Liebe Ihres Lebens getroffen und überlegen: Soll ich dafür das Risiko eingehen, nach Hamburg zu ziehen? Egal, wie Sie sich entscheiden – bleiben, umziehen, Immobilie verkaufen oder vermieten: Ihre Wohnung wird zu einer Belastung für Ihre neue Beziehung. Und wenn Sie umziehen, finden Sie sich entweder in einer ungewollten Rolle als Vermieter wieder oder die hohen Transaktionskosten eines Verkaufs fressen Ihre Rendite – oder schlimmer – größere Teile Ihres Eigenkapitals auf.

  Dasselbe gilt, wenn Sie einen Traumjob in einem anderen Land oder nur einer anderen Stadt angeboten bekommen: 700 Euro netto mehr im Monat für die nächsten dreißig Jahre – wissen Sie, auf wie viel Geld Sie da verzichten, wenn Ihre Immobilie Sie festhält? Unterstellt, Sie nutzen dieses Kapital für Ihren langfristigen Vermögensaufbau: Bei der langfristig historischen Realrendite von 5,1 Prozent am Aktienmarkt hätten Sie nach dreißig Jahren *inflationsbereinigt* 593 473 Euro angespart. Ganz abgesehen davon, dass sich der Verzicht auch negativ auf Ihre Persönlichkeitsentwicklung auswirken kann. Und was ist mit folgender Situation: Ihr Job macht Sie unglücklich? Sie wollen sich eine neue Arbeit suchen oder gar ein eigenes Unternehmen gründen? Mit einer Finanzierung von ein paar Hunderttausend Euro im Nacken? Trauen Sie sich das? Wäre das klug?

- **Die Immobilie kostet zu viel Zeit:** Was für die eine ein wunderbares Tüftler-Hobby ist, wird für den anderen schnell zur Beschäftigungstherapie: Reparaturen, Instandhaltung, Renovierung, Dialoge mit Behörden. Von der immensen zeitlichen und nervlichen Belastung, wenn Sie sich für den Bau eines Hauses entscheiden, ganz zu schweigen. Das alles kostet Zeit – Zeit, die für Kinder, Freunde, Beziehung, Sport, Kultur und Beruf fehlt. Die Falle, die am meisten Zeit und Lebensfreude frisst, unterschätzen viele: Der Kauf einer eigenen Immobilie bedeutet oft den Umzug nach Suburbia. Die Folge sind lange Pendelzeiten – und wir wissen aus zahlreichen Untersuchungen, dass kaum etwas so viele negative Folgen auf Work-Life-Balance sowie körperliches und psychisches Wohlbefinden hat wie Pendeln – insbesondere mit dem Auto.[12]

- **Die Immobilie kostet zu viel Lebensenergie:** Am Ende fressen alle oben genannten Punkte nicht nur Geld, Potenzial und Zeit, sondern stets auch Lebensenergie. Dazu wird eine Verschuldung schnell zum Mühlstein und zwingt Sie auch bei finanziellem Gegenwind, die Raten zu bedienen. Am Ende fehlt Ihnen diese Energie für die Dinge und die Menschen, die Sie mehr lieben (sollten) als Ihr Haus. So kann letztendlich eine eigene Immobilie nicht nur ein Projekt sein, das einem gemeinsam Leben Sinn verleiht, sondern eben auch ein veritabler Beziehungskiller.[13]

Wenn es dann schiefgeht, ist neben den Kindern die (noch) gemeinsame Immobilie das natürliche Schlachtfeld einer schmutzigen und teuren Scheidung: Wertpapiere, Cash oder Gold lassen sich einfach aufteilen. Das steingewordene Monument des Scheiterns einer großen Liebe ist dagegen mit jeder Menge Emotionen aufgeladen und lädt so zu langwierigen Konflikten, Gutachten und Gegengutachten ein: Was ist das Haus wert, wer hat wann wie viel reingesteckt, wer zahlt wen aus …[14] Die Folge sind emotionale Verletzungen und horrende Kosten. Verletzungen, die nicht nur Sie selbst betreffen, sondern auch Ihre Kinder und den Menschen, den Sie einmal geliebt haben.

Auch wenn Sie sich mit einer Immobilie in einer Erbengemeinschaft wiederfinden sollten, haben Sie ein hohes Risiko, mit Kosten für Anwälte, Gerichtsterminen, Gutachtern sowie emotionalen Verletzungen konfrontiert zu werden. Die Frage, wen Mama und Papa am liebsten hatten, lässt sich posthum mit nichts so gut austragen wie beim Streit um die geerbte(n) Immobilie(n). Ein ETF-Depot auf drei Personen aufteilen? Langweilig.

FREITAG **Denkpause**

SAMSTAG Was tun mit dem geerbten Elternhaus?

Es gibt eine Frage, die mich immer wieder an meine Grenzen als Berater bringt, und das, obwohl sie auf fachlicher Ebene meist leicht zu beantworten ist: *Was tun mit dem geerbten Elternhaus?*

Die Ausgangssituation

Mit Florian und Sabine arbeite ich seit über zehn Jahre konstruktiv zusammen. Wir vertrauen und schätzen uns, und in 95 Prozent aller Fälle folgen sie meinen Empfehlungen. Die beiden leben in – wie Friedrich Merz es nennen würde – geordneten finanziellen Verhältnissen. Sabine ist eine fachlich wie finanziell sehr erfolgreiche Juristin. Florian betreibt eine größere radiologische Praxis in München. Die 180-Quadratmeter-Wohnung in München, in der die beiden mit ihren Kindern leben, ist abbezahlt. Dazu kommt ein ansprechendes, satt siebenstelliges Wertpapiervermögen. Selbst wenn man die auskömmlichen Versorgungsansprüche der beiden ignoriert und unterstellt, dass die Kinder studieren, bis sie dreißig sind: Die beiden sind in finanzieller Hinsicht gut aufgestellt.

Auch das Verhältnis der beiden zu ihrem Geld ist tief entspannt. In Kapitalmarktkrisen habe ich sie nie panisch, nicht mal aufgeregt erlebt. Sie haben auf jede Menge Unsinn mit ihrem Geld verzichtet: kein Steuersparmodell, keine Modeinvestments, keine »exklusiven« Beteiligungen. Durch diese Gelassenheit und Rationalität haben sie sich gleichzeitig auch jede Menge unnötige Komplexität, Stress und Ärger erspart.

Das Problem

Mitte 2022 hatte Sabine mit ihrer Schwester Steffi ihr Elternhaus geerbt: ein Reiheneckhaus Baujahr 1974 mit 154 Quadratmetern am Rand von Saarbrücken. Nach dem Tod ihres Mannes hatte Sabines Mutter dort zuletzt neun Jahre allein gelebt, bevor sie vor fünf Jahren in ein betreutes Wohnheim zog – seitdem stand das Haus leer. Renoviert wurde das

Haus das letzte Mal gegen Ende der 1990er-Jahre, seitdem wurde nur noch das Nötigste gemacht. Mit einer gehörigen Portion Optimismus war das damals faktisch unvermietbare Haus maximal 160 000 Euro wert. Es lag jetzt nicht direkt im »Wolfserwartungsland« – aber die strukturellen Probleme unattraktiver Immobilienstandorte in Deutschland, etwa eine relativ hohe Leerstandsquote, waren auch hier nicht zu übersehen. Um das Haus für irgendwas zwischen 750 Euro bis 850 Euro zu vermieten, wären wohl eher 50 000 Euro als 30 000 Euro Renovierungskosten nötig gewesen.

Weder Sabine noch Steffi hatten nach dem Tod ihrer Eltern noch einen Bezug zu ihrer ehemaligen Heimat. Zurückzuziehen ins Saarland, war für keine der Schwestern ein vorstellbarer Lebensentwurf. Außerdem war Steffi – anders als Sabine – als alleinerziehende Mutter mit einem bescheidenen Angestelltengehalt meist ausgesprochen klamm. Geld für eine Sanierung war also nicht vorhanden.

Die Lösung

Die Lösung für das Problem war so einfach wie offensichtlich: Wir verkaufen das Haus unserer Mutter. Selbst wenn es Sabine und Steffi gelungen wäre, das Haus mit 30 000 Euro Budget wieder vermietbar zu machen und einen Mieter zu finden, der langfristig und zuverlässig seine Miete zahlt, wäre das keine kluge Entscheidung gewesen. Für Sabine, die wie ihr Mann weit mehr als 50 Stunden in der Woche arbeitete, war Zeit eine viel wertvollere Währung als Geld: Wie sollte sie eine Baustelle managen, die mehr als fünf Stunden entfernt lag? Auf welche der ohnehin raren Treffen mit Freunden wollte sie dafür verzichten? Welche der Unternehmungen mit ihren Kindern, die ihre Eltern unter der Woche ohnehin viel zu wenig sahen, wollte sie dafür streichen? Wo sollte die Energie für so ein Projekt herkommen, zumal sie von Immobilien und Baustellen keinerlei Ahnung hatte? Das Ganze an ihre Schwester zu delegieren, war aussichtslos. Die lebte in Wien und war, was wirtschaftliche Fragen anging, weitgehend unbedarft.

Als die beiden Schwestern schließlich nach mehreren Monaten das Haus mit schlechtem Gewissen für 145 000 Euro verkaufen konnten, waren sie mehr als erleichtert. Steffi tilgte den Restkredit für das Auto, das sie vor vier Jahren gekauft hatte, und fuhr mit ihren Kindern seit Langem erst einmal richtig in den Urlaub – froh, finanziell endlich ein bisschen Wasser unterm Kiel zu haben. Sabine und ihr Mann Florian waren einfach nur erleichtert, sich von diesem Mühlstein, der sie die letzten Monate so viel beschäftigt hatte, befreit zu haben.

Happy End? NEIN … Schön wär's.

Was wirklich geschah

Der Gedanke, das eigene Elternhaus zu verkaufen, kam Sabine und ihrer Schwester wie ein Verrat vor. Ein Eingeständnis, dass ihre Eltern nun tatsächlich gestorben waren. An der Immobilie klebten endlos Emotionen: Kindheitserinnerungen, Freundschaften, erste Liebe, achtundvierzig Jahre Ehe der Eltern, die lange Krankheit des Vaters … Sabine erkannte das Problem zwar glasklar, wenn ich mit ihr sprach – aber sie konnte nicht aus ihrer Haut, der Besitztumseffekt hatte sie fest im Griff. Vor der (gefühlten) Verpflichtung gegenüber ihren Eltern gingen ihre sonst so ausgeprägte Rationalität, ihre Gelassenheit und ihr Wunsch nach Einfachheit und Transparenz in die Knie.

So begannen Sabine und Steffi, sich das Ganze schönzureden und schönzurechnen: »Wenn wir die Renovierung für 25 000 Euro oder 30 000 Euro hinbekommen und das Haus für 900 Euro vermieten, dann ist das für uns doch auch irgendwie ein Stück Sicherheit. Eine Immobilie, das ist ja auch was Solides, und über 5 Prozent Rendite – wo bekommt man so was noch – fast ohne Risiko. Und jetzt, wo die Preise gesunken sind, sollten wir sowieso nicht verkaufen …«

In den nächsten neun Monaten waren Sabine und Florian abwechselnd fast zehnmal vor Ort, haben sich mit Handwerkern und Maklern und zu allem Überfluss auch mit einem der Nachbarn herumärgern müssen. Für die Renovierung, die laut Sabine so gut wie fertig ist, sind inzwischen etwas über 50 000 Euro draufgegangen. Geld, das Sabine vorgestreckt hat, denn ihre Schwester Steffi hatte ja keine Rücklagen. Da die Koordination der Renovierung fast ausschließlich an Sabine hängengeblieben war, wurde auch das sonst so harmonische Verhältnis der Schwestern zumindest vorübergehend stark belastet. Immerhin ist es den beiden gelungen, das Objekt zu vermieten, auch wenn es mit den 800 Euro Miete über fünf Jahre dauern wird, nur die Kosten für die Renovierung wieder reinzubekommen.

Wenn ich Sabine heute sage: »Es ist noch immer nicht zu spät, verkauft doch jetzt einfach«, dann antwortet sie mir: »Vermutlich hast du recht, aber jetzt, nachdem wir so viel Energie da reingesteckt haben, kann ich das einfach nicht aufgeben.« Ein weiterer klassischer Denkfehler, die sogenannte Falle versunkener Kosten:[15] Diese besonders bösartige kognitive Verzerrung verleitet uns, an unsinnigen Entscheidungen festzuhalten, weil wir schon so viel Geld und Zeit hineininvestiert haben und uns nicht eingestehen wollen, falsch gelegen zu haben. Sabine kann sich – anders als ihre Schwester – diese Irrationalität zumindest finanziell leisten – aber emotional, zeitlich und, wenn sie Pech hat, gesundheitlich nicht.

Die Geschichte von Steffi und Sabine habe ich das erste Mal vor zwei Jahren als Kolumne für den *SPIEGEL* erzählt.[16] Sie ist die bisher mit Abstand erfolgreichste Kolumne, die ich geschrieben habe. Für Steffi und Sabine war die Geschichte dagegen kein Erfolg: In der Zwischenzeit ist der erste Mieter zahlungsunfähig geworden und nach ein paar Monaten ausgezogen. Zudem ist Sabine offenbar ein gravierender Formfehler beim Förderantrag für die Solaranlage auf dem Dach unterlaufen.

Als ich sie das letzte Mal getroffen habe, habe ich sie gefragt: »Stell dir vor, du würdest von deiner Tante 160 000 Euro erben – würdest du dir davon ein renovierungsbedürftiges Reihenhaus in Cham oder Chemnitz kaufen?« Ihre Antwort: »Ich bin doch nicht bescheuert …«

SONNTAG **Ergebnissicherung**

Die zehnte Woche liegt hinter uns und damit das vermutlich emotionalste Geldthema: das Eigenheim. Es ist so vermint und komplex, dass hier nur eine erste Übersicht über die wichtigsten Aspekte möglich war. Ich hoffe aber, dass Sie eines verstanden haben: Bevor Sie eine eigene Immobilie kaufen, müssen Sie sehr genau nachdenken und sich weiter informieren. Denn kaum eine finanzielle Entscheidung hat so einen starken Einfluss auf Ihr weiteres Leben. Umso notwendiger ist es, die wesentlichen Erkenntnisse festzuhalten, Ihnen einige Fragen zum Nachdenken und vor allem klare Aufgaben zur Umsetzung mitzugeben. Und für die, die noch mehr wissen wollen, gibt es ein paar Hinweise zu weiterführender Literatur, mit Abstand am wichtigsten: Gerd Kommers Buch *Kaufen oder Mieten?*. Eine Immobilie zu kaufen, ohne dieses Buch gelesen und verstanden zu haben, ist fahrlässig.

1. Die wichtigsten Erkenntnisse der Woche

- Entgegen der landläufigen Meinung und den interessengeleiteten Aussagen der Immobilienwirtschaft: Die Renditen von Immobilien sind niedriger, die Kosten und Risiken höher als angenommen.
- Hohe Transaktionskosten, Intransparenz, der Druck, Kreditraten bedienen zu müssen, und die nur scheinbare leichte Verständlichkeit: All diese objektiven Nachteile einer Immobilieninvestition motivieren Anleger paradoxerweise zum Durchhalten und verhindern, dass sie durch Wertschwankungen nervös werden, ja, diese überhaupt mitbekommen.
- Die eigenen vier Wände haben eine positive emotionale Rendite: Statusgewinn, Selbstbestimmung als Eigentümerin und ein Gefühl von Zugehörigkeit führen zu einer erhöhten emotionalen Sicherheit – ganz unabhängig davon, ob das durch Fakten gedeckt ist.
- Eigengenutzte Immobilien fressen wesentlich mehr Kapital als gemietete – Geld, das an anderer Stelle fehlt und Gestaltungsspielräume einschränkt. Drastisch wird dies, wenn im Alter zu viel Geld im Eigenheim gebunden ist und nicht verbraucht werden kann.
- Immobilienbesitz macht immobil, kann sinnvolle Lebensentscheidungen blockieren und frisst Zeit, die am Ende für wichtigere Dinge wie Beruf, Familie, Freunde und Beziehungen fehlt. In Summe kann Immobilienbesitz so extrem viel Lebensenergie fressen.
- Im Fall einer Scheidung oder im Rahmen einer Auseinandersetzung nach einer Erbschaft liefern Immobilien ein optimales Schlachtfeld für emotionale und finanzielle Blutbäder.

2. **Fragen zum Nachdenken**
   - Von wem haben Sie Ihre Glaubenssätze bezüglich Immobilien übernommen? Haben Sie versucht, diese anhand von Zahlen und Fakten zu überprüfen?
   - Wenn Sie sich mit dem Wunsch herumschlagen, eine eigene Immobilie zu kaufen: Ist das *Ihr* Traum, oder jagen Sie unreflektierten Vorstellungen nach, die Ihnen in der Kindheit mitgegeben wurden?
   - Wenn Sie zur Miete oder in einer eigenen Immobilie wohnen: Wie wohl fühlen Sie sich damit?

3. **Ihre Aufgabe für die laufende Woche**
   - Machen Sie eine Liste von den Dingen, die Sie an Ihrer jetzigen Wohnsituation am meisten schätzen. Wie stellen Sie sicher, dass Sie das langfristig erhalten können? Schreiben Sie die nötigen Maßnahmen auf.
   - Füllen Sie eine Liste mit den Aspekten, die Sie an Ihrer jetzigen Wohnsituation am meisten belasten. Wie sehr würde sich Ihr Leben verbessern, wenn Sie das ändern könnten? Gibt es unterschiedliche Wege, um diese Verbesserung zu erreichen?
   - Sprechen Sie mit Ihrem Partner, Ihrer Partnerin darüber.

4. **Was Sie sich langfristig angewöhnen sollten**
   - Hinterfragen Sie unkritische Berichterstattung in der Presse über explodierende Immobilienpreis oder Mieten: Gibt es Daten, die deren Aussagen unterstützen?
   - Vermeiden Sie Immobilienverkäufer, Mitarbeiter von Bausparkassen oder Maklerinnen, um die Frage zu klären, ob Sie lieber mieten oder kaufen sollten. Wenn Sie ein Gespräch nicht vermeiden können, fragen Sie nach: »Auf welchen Daten beruht Ihre Einschätzung?«, »Wie passt das zu meiner Lebenssituation?« oder »Wie viel verdienen Sie daran?«.

- Widersprechen Sie in Ihrem sozialen Umfeld unreflektierten Aussagen zum Thema Eigenheim: »Jeder bezahlt im Laufe seines Lebens eine Immobilie ...« – »Mieten ist für Dumme.« Manchmal tun es da schon ein paar Nachfragen: »Woher weißt du das?« – »Hast du das in der *BUNTEN* gelesen oder von deiner Oma gelernt?« – »Mit welchem Geld machst du dann mit fünfundsechzig deine erträumte Weltreise?« – »Wie finden es deine Kinder, dass sie wegen deines Traums vom Häuschen nicht in den Urlaub fahren oder in einer anderen Stadt studieren können?« – »Kann ich mal die Excel-Tabelle sehen, mit der du die Kosten deiner Immobilie nachverfolgst?«. Gehen Sie notfalls in einen anderen Raum.

Weiterführende Literatur & Input

- Gerd Kommer, *Kaufen oder Mieten?* (2021).

Unter neunundvierzig.com/gut-mit-geld finden Sie

- Blogartikel und Podcasts von mir und anderen Autoren zum Thema,
- Hinweise auf weitere Geschichten über Sinn und Unsinn von Immobilieninvestitionen und
- weitere Fragen sowie Hinweise zum Nachdenken.

WOCHE 11

Wie Sie Geldausgeben zufriedener macht

»Mein Haus, mein Auto, mein Boot …«
Marius P. (42), Bauträger

Kommen wir zu dem, was am Ansparen eines Vermögens das Schönste sein sollte: es wieder auszugeben. Und dennoch tun sich viele Menschen immens schwer damit, angespartes Geld wieder zu verbrauchen. Warum? Eine richtige harte Nuss ist – wie immer – die emotionale Seite des Problems, sprich: wie Sie mit Ihrer Verlustaversion und den Tücken des Finanzvertriebs zurechtkommen. Damit fangen wir am Montag und Dienstag an. Die technische, fachliche Seite ist zwar komplex, aber im Vergleich die einfachere Übung: Wie organisiere ich meinen Kapitalverbrauch so, dass mir das Geld im Alter nicht ausgeht, ich meinen Lebensstandard aber auch nicht unnötig einschränke? Das klären wir am Mittwoch. Am Donnerstag wird es richtig spannend: Gibt es Konsumausgaben, die Sie glücklicher und zufriedener machen als andere? Die kurze Antwort: Ja. Am Samstag erzähle ich Ihnen die Geschichte von Georg, den seine übertriebenen Ängste im Alter (beinahe) um jede Menge Lebensqualität gebracht hätten. Und am Sonntag gibt es wie immer Ergebnissicherung.

Drei Fragen zum Warmwerden

1. Wenn Sie an Ihre finanzielle Sicherheit im Alter denken: Wie (un-)wohl fühlen Sie sich dabei?
2. Wofür geben Sie richtig gerne Geld aus – und was war die beste Konsumausgabe Ihres Lebens?
3. Welche vermeidbare Ausgabe der letzten zwölf Monate ärgert Sie noch heute?

MONTAG Warum Kapitalverbrauch eine Zumutung ist

Sein angespartes Vermögen – oder nur Teile davon – wieder zu verbrauchen, ist eine emotionale Zumutung. Eine Zumutung, die umso härter zuschlägt, da sie viele Menschen auf dem falschen Fuß erwischt. Denn was große Teile der Nachkriegsgeneration, der Boomer, und der Generation X gemeinsam haben, ist die naive Annahme, dass man, wenn man nur sein Leben lang hart genug gearbeitet und gespart hat, irgendwann fast automatisch im Märchenland des »wohlverdienten« und »sorglosen« Ruhestands ankommt. Nicht mehr arbeiten müssen, genug Geld haben – und alles wird gut. So läuft das aber leider nicht.

Da ist erst mal die unangenehme Tatsache, dass gerade die, die beruflich sehr erfolgreich waren, mit dem Ruhestand einen erheblichen Bedeutungsverlust und den Wegfall vieler sozialer Beziehungen erleben. Das kann in den Worten eines befreundeten Coachs »schlimmer sein als die Pubertät«. Sie ahnen es: Auch das trifft Männer häufiger als Frauen. Wer Geld als Bestandteil seiner Identität versteht, erlebt eine Abnahme seines Vermögens immer auch als Infragestellung, ja Schrumpfen des eigenen Selbstwertes. Kein Wunder, dass solche Menschen Kapitalverbrauch um jeden Preis verhindern wollen.

Auch unabhängig davon gilt: Wer sein Leben lang gelernt hat, sparsam zu sein und sich einzuschränken, um es »später irgendwann« mal »richtig gut« zu haben, tut sich eben ausgesprochen schwer damit, es nicht irgendwann, sondern jetzt »richtig gut« zu haben. Sich selbst etwas zu gönnen, sich eine als unnötig oder luxuriös empfundene Ausgabe zu erlauben – fast unmöglich.

Und so verursacht das, was sich wie eine wohlverdiente Belohnung anfühlen sollte, Widerwillen und Scham, nagt am eigenen Selbstbild: »Das sind wir nicht.« Als Folge wird das Programm von »Dieses Geld soll dafür sorgen, dass ich es im Alter gut habe« mit dem Tag des Ruhestands fast nahtlos in »Dieses Geld darf nicht mehr weniger werden« umgestellt. Ein klassischer Zielkonflikt: »You can't have your cake and eat it.«

Das ist einer der Gründe, warum ich von Anfang an neben den Töpfen für kurz-, mittel- und langfristigen Vermögensaufbau auch immer einen Topf für lustvollen Konsum empfehle. Nicht nur in Bezug auf das Sparen, sondern auch auf das Ausgeben gilt: Was Hänschen nicht lernt, lernt Hans nimmermehr. Dieses Unvermögen schlägt direkt auf Ihre Lebensqualität durch. Dass das Nichtausgeben des Geldes unsinnig ist, sollte offensichtlich sein: Denn ist Geld, das Sie nie ausgeben, nicht wie Geld, das Sie nie gehabt haben? Und bitte kommen Sie mir nicht mit dem Argument »Ihre Kinder«: Wir werden uns im nächsten Kapitel den Kopf darüber zerbrechen, wann der richtige Moment ist, Geld an Ihre Kinder zu übertragen. Der zufällige Moment Ihres eigenen Todes ist es sicher nicht. Geben Sie den Kindern, was für die Kinder gedacht ist, so früh wie möglich (und so spät wie nötig). Und Ihren Teil: den geben Sie aus, solange Sie leben![1]

DIENSTAG Wie Verlustaversion und Finanzvertrieb Ihren finanziellen Spielraum im Alter beschneiden

Wenn die von Amos Tversky und Daniel Kahneman beschriebene Verlustaversion[2] und damit die Angst die Leit-Emotion im Umgang mit Geld ist, dann gilt das für den Kapitalverbrauch im Alter erst recht. Kein Wunder: Dass Kapitalverbrauch im Alter eine emotionale Zumutung ist, haben wir uns gestern angesehen. Dazu kommt: Wir bekommen sowohl von der Politik als auch vom Produktvertrieb permanent eingetrichtert, dass es uns nicht reichen wird, dass unsere finanzielle Situation im Alter gefährdet ist, dass wir privat vorsorgen müssen. Das nutzen Banken und Versicherungsvertriebe, um mithilfe des Schreckgespenstes Altersarmut Ihnen das zu verkaufen, was Sie sich sooo sehr wünschen: Sicherheit.

Denn die Vertriebsmasche ist in mehrfacher Hinsicht unethisch. Erstens blockiert Angst einen rationalen Umgang mit dem Thema. Wie Sie schon wissen, gilt zweitens: *Eine Versicherung ist kein Sparprodukt*. Renten- oder Kapitallebensversicherungen sind deshalb ungeeignet, Ihre Versorgungslücke zu schließen. Und drittens hat die verkaufte Sicherheit nicht nur einen viel zu hohen Preis – es gibt sie schlicht nicht.

Schauen wir uns das Phantasma der hundertprozentigen Sicherheit näher an: Wussten Sie, dass Ihre Lebensversicherung Ihren Vertrag im

Rahmen eines sogenannten Run-off an ein anderes Versicherungsunternehmen verkaufen kann? Dass daraufhin Ihre monatliche Rentenzahlung – ganz legal – spürbar abgesenkt werden darf? Dazu kann bei starken wirtschaftlichen Verwerfungen auch eine Versicherung in existenzielle Schwierigkeiten geraten. Die freie Marktwirtschaft in Gänze wird sich wieder erholen – ein einzelnes Versicherungsunternehmen vielleicht nicht. Eine weltweit gestreute Kapitalmarktinvestition ist deutlich robuster als ein auf Jahrzehnte angelegtes Zahlungsversprechen einer einzelnen Versicherung.[3] Auch der Sicherungsfonds der Versicherungswirtschaft *Protektor* wird eine Systemkrise oder die Pleite einer großen Versicherung nicht auffangen können.

Gruselig wird es auch, wenn Sie sich die Rentabilität der einzelnen Versicherungen ansehen. Denn in der Auszahlphase wird es noch mal schlimmer als in der Ansparphase. Wenn Sie sich richtig fürchten wollen, rechnen Sie sich aus, wie alt Sie werden müssten, um das in Ihrer Versicherung angesparte (oder eben erst eingezahlte) Geld unverzinst wiederzubekommen. Dazu müssen Sie nur in die letzte Mitteilung Ihrer Versicherung zum Jahresende blicken und die dort versprochene »garantierte« monatliche Rente ins Verhältnis zu Ihrem angesparten Kapital setzen. Diese Kennzahl, die Sie so ermitteln, heißt Rentenfaktor. Er besagt, wie viel Euro monatliche Rente Sie für je 10 000 Euro angespartes Kapital bekommen. Standard sind da mittlerweile Zahlen zwischen 20 und 25 – auch deutlich darunter. Unser persönlicher Rekord liegt bei 14,06.[4]

Weil das relativ abstrakt klingt, schauen wir uns ein konkretes Beispiel an. Gehen wir davon aus, dass Sie 65 Jahre alt sind, (optimistisch) einen Rentenfaktor von 25 im Vertrag haben und rechnen wir nach:

1. 10 000 Euro ÷ 25 Euro/Monat = 400 Monate
2. 400 Monate ÷ 12 = 33,33 Jahre
3. 65 Jahre + 33,33 Jahre = 98,33

Nicht schlecht, Sie sind nicht mal 100 Jahre alt und schon haben Sie Ihr Geld unverzinst und ohne Inflationsausgleich zurück. Bei unserer »Rekordversicherung« mit Rentenfaktor 14,06 müssten Sie übrigens über 124 Jahre alt werden. In Deutschland hat das bisher noch niemand geschafft. Werden Sie die/der Erste sein?[5] Wenn Sie eine philanthropische Ader für die deutsche Versicherungswirtschaft haben, dann sollte Sie bei der Versicherungslösung zumindest der Gedanke trösten, dass ein großer Teil des Vermögens der Versicherung als Sterblichkeitsgewinn zugutekommt, falls Sie vorzeitig versterben. Es sei denn, Sie haben sich – Verlustaversion lässt grüßen – für eine lange sogenannte Rentengarantiezeit[6] entschieden. Für dieses Extrastück an Sicherheit wurden Sie dann noch mal über den Tisch gezogen. Für die weniger altruistisch Veranlagten unter Ihnen gilt: Denken Sie lieber an die Menschen, die Sie lieben. Wenn Sie auf Basis der morgigen Anleitung einen Kapitalverbrauch aus Ihrem ETF-Portfolio organisieren, dann wird in einem mittleren Szenario[7] noch die Hälfte Ihres Vermögens da sein, wenn Sie versterben: für Ihre Kinder, nicht für die Pfefferminzia-Versicherung.

Wenn Sie aufgrund Ihrer finanziellen Situation oder Ihrer Nerven unbedingt auf Nummer sicher gehen wollen, informieren Sie sich lieber, wie und ob Sie zusätzlich freiwillig in die viel gescholtene staatliche Rente einzahlen und sogenannte Rentenpunkte erwerben können. Das ist viel attraktiver: Wenn Sie mit Erreichen Ihres gesetzlichen Rentenalters in den Ruhestand gehen, liegt der Rentenfaktor bei knapp 40 und damit 60 Prozent bis 100 Prozent höher als bei den meisten privaten Versicherungen![8]

MITTWOCH In vier Schritten zur konkreten Entnahmestrategie: eine Gebrauchsanweisung

Wenn Ihnen nun klar ist, wie sehr Ihnen Ihre Psyche, Ihre Sozialisierung und Ihr von der Finanzindustrie nur zu gerne bedientes Bedürfnis nach Sicherheit in die Quere kommen werden, dann haben Sie jetzt eine realistische Chance auf einen rationalen Umgang mit dem Kapitalverbrauch. Nur eines vorweg: Wenn Sie sich von mir eine präzise und hyperrationale Herangehensweise erwarten, muss ich Sie enttäuschen.

1. Für eine Fragestellung, bei der es mit Lebenshaltungskosten, zukünftigen Renditen, Inflationsraten, Steuergesetzgebung und der eigenen

Lebenserwartung eine ganze Handvoll kaum einschätzbarer Variablen gibt, ist der Versuch, einen präzisen Algorithmus zu finden, schlicht Unfug.

2. Egal, wie abgebrüht Sie sind, auch Sie werden die Angst, dass das Geld Ihnen im schlimmsten Fall nicht reicht, nie ganz loswerden – ich schaffe das auch nicht. In meiner beruflichen Praxis habe ich Dutzende Male erlebt, dass Menschen, die Kapital verbrauchen, nervöser auf Kapitalmarktschwankungen reagieren als diejenigen in der Aufbauphase. Das ist auch nicht anders zu erwarten. Und deshalb werde ich Ihnen beim taktischen Organisieren Ihres Kapitalverbrauchs lieber ein Sicherheitsnetz zu viel als eines zu wenig einbauen. Nicht, weil es unglaublich rational ist, an jeder Ecke Horrorszenarien zu unterstellen, sondern weil sonst das Risiko, dass Sie die Strategie nicht durchhalten, zu hoch ist: nicht, dass Sie doch noch aus Sorge um Ihren künftigen Lebensstandard in Krisensituationen die Reißleine ziehen und sich genau dadurch einen nicht mehr gutzumachenden Vermögensschaden zufügen.

Die konkrete Kapitalentnahme organisieren Sie am besten in vier Schritten. Das ist sicher nicht die präziseste Lösung, aber sie ist für Selbstentscheider praktikabel, beherrschbar und mental relativ gut durchzuhalten.

Schritt 1: Optimistische Lebenserwartung ermitteln

Fangen wir damit an, herauszufinden, wie hoch Ihre statistische Lebenserwartung ist. Und weil Ihnen das Geld nicht ausgehen darf, nur weil Sie sich nicht an das statistische Durchschnittsalter halten (herzlichen Glückwunsch!), sollten Sie wissen, wie alt Sie werden, wenn Sie zu den 20 Prozent der Menschen gehören, die das höchste Lebensalter erreichen. Ich empfehle Ihnen dazu den Rechner des Gesamtverbands der Deutschen Versicherungswirtschaft (GdV).[9] Stimmt, der Rechner ist vermutlich im Sinne des GdV »optimiert«. Er wirft zumindest eine rund zwei Jahre höhere Lebenserwartung aus als die Zahlen des Statistischen Bundesamts.[10] Aber dass die Versicherungswirtschaft ein Interesse daran hat, Ihnen zu suggerieren, dass Sie steinalt werden, ist in unserem Kontext kein großer Nachteil: Sie bauen so neben der optimistischen Einschätzung Ihrer Lebenserwartung ein weiteres Sicherheitsnetz gegen (Ihre Angst vor der) Altersarmut ein.

Schritt 2: Kapitalbedarf ermitteln

Wenn der Beginn Ihres Kapitalverbrauchs noch in weiterer Zukunft liegt, haben Sie die Chance, sich ein Bild davon zu machen, wie viel Geld Sie später brauchen werden, um Ihren Lebensstandard zu sichern. Wenn Sie ein Haushaltsbuch führen (siehe Woche 5) und Ihre Ausgaben einigermaßen im Griff haben, dann bekommen Sie eine realistische Vorstellung davon, wie viel Geld Sie im Monat zum Leben brauchen und wie viel Sie ansparen können. Von diesem monatlichen Bedarf ziehen Sie jetzt alle Ihre laufenden Einnahmen im Alter ab: staatliche Rente, Betriebsrenten oder Mieten. Die Lücke, die vermutlich übrigbleibt, müssen Sie mit Ihrer Kapitalanlage schließen. Für eine realistischen Plan brauchen Sie belastbare Daten, kein Bauchgefühl. Also: Wenn Sie es noch nicht gemacht haben, wird es jetzt allerhöchste Zeit, mit Haushaltsbuch und Haushaltsplan anzufangen.

Rechnen wir ein konkretes Beispiel. Die fünfundsechzigjährige Angela Manz wird laut dem Rechner der Versicherungswirtschaft mit 20 Prozent Wahrscheinlichkeit 95 Jahre alt. Sie bräuchte also Geld, um ihre Versorgungslücke dreißig Jahre lang zu bedienen. Unterstellt, sie müsste Monat für Monat 500 Euro zuschießen, wären das 30 × 12 × 500 Euro = 180 000 Euro. Den Betrag könnte Frau Manz noch etwas aufrunden, um sich vor unvorhersehbaren Pflegekosten zu schützen.

Als weiteres Sicherheitsnetz und Schutz vor emotionalen Fehlentscheidungen gehen Sie davon aus, dass Sie mit Ihrer Kapitalanlage gerade einmal Ihre Kaufkraft erhalten können, sprich, dass Rendite und Inflation im Schnitt über die nächsten dreißig Jahre gleich hoch sind und Sie so kalkulatorisch mit den 500 Euro in dreißig Jahren genauso weit kommen wie heute. Das ist eine sehr vorsichtige Renditeerwartung. Sie ist mit Blick auf die historischen Zahlen des Kapitalmarkts, die Sie in Woche 8 kennengelernt haben, kaum zu erwarten.

Wenn Sie unmittelbar vor der Rente stehen, dann bleibt Ihnen nichts anderes übrig, als rückwärtszurechnen: Sie teilen Ihren Kapitalstock durch Ihre optimistische Lebenserwartung in Monaten und wissen dann, wie viel Sie monatlich ausgeben können. Daran müssen Sie Ihren Lebensstandard anpassen. Konkret: Wenn Ihre optimistische Lebenserwartung noch fünfundzwanzig Jahre beträgt und Sie 75 000 Euro angespart haben, dann sollten Sie mit zusätzlich 250 Euro [75 000 Euro : (25 × 12)] im Monat auskommen.

Schritt 3: Kapital für die nächsten fünf Jahre zurückstellen

Bevor Sie Vermögen am Kapitalmarkt anlegen, sollten Sie das Geld, das Sie in den nächsten fünf Jahren verbrauchen, auskoppeln und in einem ETF auf kurzlaufende Anleihen sehr guter Schuldner anlegen. Bei Beträgen von unter 100 000 Euro kommt auch ein Fest- oder Tagesgeld infrage. Im Beispiel von Frau Manz wären das 12 × 5 × 500 Euro = 30 000 Euro. Davon leiten Sie monatlich 500 Euro als Dauerauftrag auf Ihr laufendes Konto um und schließen so Ihre Versorgungslücke.

Nach jedem positiven Kapitalmarktjahr füllen Sie dieses Fünf-Jahres-Budget aus Ihrem Depot heraus wieder auf. In schlechten Kapitalmarktphasen warten Sie ab. Dann erlaubt Ihnen der Sicherheitspuffer, Ihre Entnahmen notfalls vier weitere Jahre durchzuhalten, ohne Ihr Depot anzugreifen. Es gibt zwar keine Garantie, dass die insgesamt fünf Jahre reichen, aber insbesondere für Aktienquoten bis zu 50 Prozent ist das schon ziemlich viel Wasser unterm Kiel.

Sie verhindern so, dass Sie Positionen, die im Verlust sind, für den Verbrauch verkaufen müssen, und entschärfen damit ein Stück weit das gefürchtete Sequenzreihenrisiko. So wird das Risiko bezeichnet, dass die übelsten Jahre einer Kapitalmarktinvestition ganz am Anfang einer Investitionsphase liegen und Ihnen das Gesamtergebnis verhageln. Außerdem führt das Verfahren dazu, dass Ihre Risikoquote mit zunehmendem Alter langsam absinkt, ohne dass Sie Ihr Portfolio laufend nachjustieren müssen. Denn der Kapitalanlagetopf wird langsam kleiner, die Sollquote für den Fünf-Jahres-Topf aber bleibt gleich.

Dabei sollten Sie sich bei einer Sache keine Illusionen machen: Eine bessere erwartete Gesamtrendite bekommen Sie, wenn Sie komplett investiert sind. Aber ich schlage Ihnen dieses vorsichtigere Verfahren vor, weil es Ihnen hilft, Ihre Strategie in Krisenzeiten nervlich besser durchzuhalten. Und das ist viel wichtiger als Renditeoptimierung.

Schritt 4: Risiko Ihres Portfolios anpassen

Jetzt müssen Sie noch für den Topf, in dem sich Ihre Kapitalanlage befindet, die richtige Risikoquote finden. Hierzu kursiert jede Menge Unfug: Etwa Regeln wie »Aktienquote = 100 minus Lebensalter« oder noch schlimmer sogenannte Lebenszyklusmodelle, nach denen Sie mit Erreichen des Ruhestands Ihr Vermögen in sichere Anlagen umschichten sollte. Warum um alles in der Welt sollten Sie das tun? Wenn Sie als fünfundsechzigjährige Frau Ihr Geld mit einem Planungshorizont von dreißig Jahren anlegen?! Das ist ja oft länger als die Ansparphase! Das Vermögen für so lange Zeit kampflos der Inflation zu überlassen, ist eine Vernichtung von Gestaltungsspielraum mit Ansage. Außerdem sind Pauschallösungen blind gegenüber individuellen Lebens- und Vermögenssituationen – »100 minus Lebensalter« für eine sparsame Millionärin, die im Eigentum wohnt, genauso wie für einen Mieter, bei dem die Rechnung gerade so aufgeht?

Um die richtige Risikoquote während des Kapitalverbrauchs zu finden, gelten die gleichen Spielregeln, wie ich Sie Ihnen am Mittwoch in der achten Woche erklärt habe. Die sollten Sie sich jetzt noch mal anschauen. Im Regelfall tun Sie sich aber einen Gefallen, wenn Sie Ihre Aktienquote jetzt einen Gang – etwa um 10 Prozent – nach unten schalten. Quoten von über 70 Prozent würde ich nur dann empfehlen, wenn Sie solide Nerven, lange Kapitalmarkterfahrung und anständig finanziellen Puffer haben. Umgekehrt: Unter 40 Prozent Aktienquote riskieren Sie, auch die von mir angenommene vorsichtige Rendite in Höhe eines Inflationsausgleichs nicht mehr zu erreichen.

Rein mathematisch spricht viel dafür, das eine oder andere Sicherheitsnetz aufzuweichen: höhere Renditen und kürzere Lebenserwartungen anzunehmen, höhere Aktienquoten zu ertragen oder weniger

Sicherheitspuffer im Verbrauchstopf einzukalkulieren. Das alles würde einen höheren Verbrauch und potenziell ein besseres Leben erlauben. Wenn Sie das mit Maß und Ziel machen, sind die damit verbundenen Risiken ziemlich gering. Erinnern Sie sich aber an Woche 9: Gefährlich sind Ihre Emotionen, wenn – nein, *sobald* – es am Kapitalmarkt scheppert. Unterschätzen Sie das bloß nicht!

DONNERSTAG Haben oder Sein: Wie Ihnen kluge Konsumausgaben helfen, glücklicher zu werden

Bei Konsumausgaben, die über die unmittelbaren Bedürfnisse hinausgehen, beginnt automatisch immer ein Abwägen: Was will ich mir gönnen und was nicht? Es ist erstaunlich, dass viele Menschen beim Geldausgeben ausgesprochen unreflektiert sind. Geld ist eine der wesentlichen Ressourcen, mit denen wir unser Leben gestalten können: Sollten wir uns dann nicht ein bisschen mehr Mühe geben? Man könnte sagen: Kluges Geldausgeben ist die Königsdisziplin, wenn es darum geht, den eigenen Umgang mit Geld mit den persönlichen Werten in Einklang zu bringen. Es ist die in die Praxis umgesetzte Antwort auf die Frage: »Warum ist Geld wichtig für mich?«

In Woche 5 über die Schulden haben Sie bereits gelernt, wie Sie sich vor spontanen Belohnungs- und Frustkäufen schützen können. Sie erinnern sich an die 72-Stunden-Abkühl-Liste? Aber auch jenseits von Impulskäufen ist der Kauf hochwertiger Konsumgüter oft eine Falle. Es ist keine langfristig Erfolg versprechende Strategie, Ihr eigenes Ego über den Erwerb, Besitz und die Zurschaustellung von Markenprodukten zu definieren – auch wenn die Strategen in den Marketingabteilungen das mit einer »identitätsbasierten Markenführung« meisterhaft inszenieren.[11] Sie erinnern sich: Soziales Vergleichen ist eine Technik, um sich finanziell und seelisch unglücklich zu machen, das haben Sie doch schon in der ersten Woche für sich abgewählt.

Wenn Sie doch Geld in Luxusgüter verwandeln, sollten darauf achten, dass Sie an anderen Stellen nicht Ihren finanziellen Spielraum einbüßen, und sich auf die wenigen Dinge konzentrieren, die für Sie wirklich bedeutungsvoll sind. Klug ist es dabei, solche Güter zu erwerben, die möglichst wenig vergleichbar sind: etwa Kunst.

Da Vermögen die Fähigkeit ist, etwas zu tun, und weniger der Zustand, etwas zu haben, liegt es nahe, eher in (gemeinsame) Erlebnisse zu investieren als in Dinge. Wenn ich diese These vertrete, dann höre ich insbesondere von Leuten aus der Finanzbranche sinngemäß: »Ein Urlaub mit drei Kindern in Italien kostet mich mindestens 6 000 Euro und ist nach zwei Wochen vorbei. Wenn ich auf die Ferien verzichte, kann ich mir nach sieben Jahren einen X5 als Jahreswagen statt einen gebrauchten VW kaufen. Da freue ich mich dann zehn Jahre drüber – jeden Tag!« Völlig falsch. Die Daten sind eindeutig: Der Kauf eines Luxusautos trägt nur wenig zu einer dauerhaft gesteigerten Lebenszufriedenheit bei. Sie erinnern sich: Es ist derselbe Gewöhnungseffekt wie nach einer Gehaltserhöhung oder nach dem Erwerb eines Eigenheims. Auch unter Statusgesichtspunkten ist die Ausgabe kontraproduktiv: Wen wollen Sie damit beeindrucken? Der Median beim Preis eines Autos unter Multimillionären weltweit lag 2021 bei gerade mal bei 46 000 US-Dollar; die in den USA von Millionären am häufigsten gekauften Marken sind: Ford, Honda und Toyota. Weist ein Luxusauto da beim Status nicht eher auf das Gegenteil hin: »Big hat – no cattle?«[12]

Im Gegensatz dazu: Sieben Jahre lang jährlich vierzehn Tage mit Freunden und Kindern am Strand, abends beim Grillen, gute Gespräche, kleine Dramen, Ausflüge, Kultur und Sonne … Das nehmen Sie Ihr Leben lang in Ihrem Herzen mit und freuen sich am Ende des Urlaubs vermutlich schon aufs nächste Mal. Und nicht nur Sie, sondern auch die Menschen, die Ihnen am Herzen liegen. Da es am Ende nicht Statussymbole, sondern bedeutungsvolle Beziehungen sind, die uns glücklicher machen, ist die Investition in Erinnerungen statt Güter auch keine irrationale emotionale Entscheidung, sondern sehr rational.[13] Ich zumindest hoffe, unsere Kinder werden uns nachsehen, dass wir verglichen mit den Eltern ihrer Freunde immer das schäbigste Auto hatten, aber immer am meisten Ferien gemacht haben.

Das Umtauschen von Geld in Erinnerungen muss nicht nur konsumgetrieben sein. So lässt sich Geld in Kultur oder Bildung konvertieren und damit auch in die Entwicklung der eigenen Persönlichkeit: Theaterbesuche, Opernausflüge, Kulturreisen. Ich kenne Menschen, die mit über fünfzig angefangen haben, eine Sprache zu lernen, Gold zu schmieden oder eine Hobby-Imkerei zu starten. Das funktioniert nicht nur für Sie selbst, sondern auch für die Menschen, die Sie lieben und für die Sie (finanzielle) Verantwortung tragen. Ein Jahr Schüleraustausch oder ein Studium in einem anderen Land, ein berufsbegleitendes Aufbaustudium – das alles kann erst mal viel Geld verschlingen. Aber Sie können damit Ihr eigenes Leben immens bereichern: nicht nur durch bessere Karrierechance, sondern weil Sie Ihren Denkhorizont deutlich erweitern. Und noch eine »Konsumausgabe« gibt es, die nachweislich glücklich macht: Geld verschenken oder spenden. Probieren Sie es aus.[14]

FREITAG Denkpause

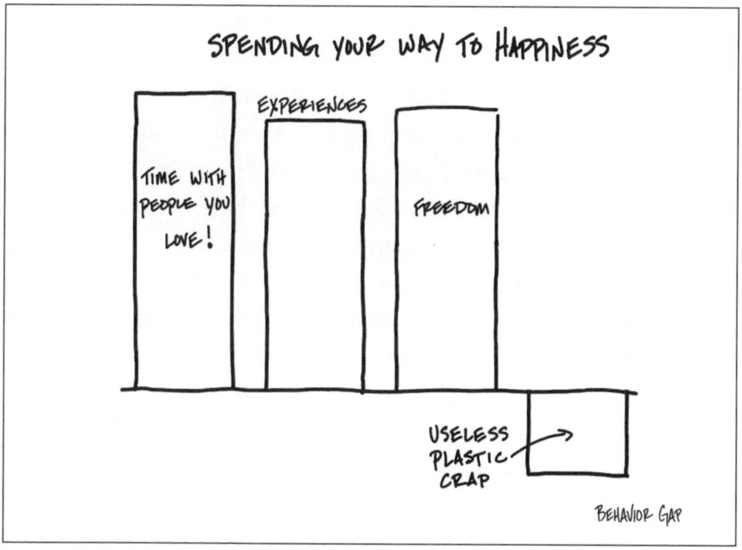

SAMSTAG Georg auf dem Holzweg: Warum der Wunsch nach hundertprozentiger Sicherheit jede Menge Lebensqualität kosten kann

Die Geschichte von Georg ist ein Musterbeispiel, wie schwer sich manche Menschen mit dem Kapitalverbrauch tun. Und um die Pointe vorwegzunehmen: Am Ende waren es nicht nur Verständnis, Empathie und »Financial Therapy«, mit denen ich ihm geholfen habe, seine mentalen Blockaden ein Stück zu überwinden, sondern eine schlichte mathematische Überlegung.

Georg stammt aus einem Beamtenhaushalt aus München: die Mutter Lehrerin, der Vater im höheren Dienst. Es war entsprechend immer genug Geld da und finanzielle Sorgen gab es ebenso wenig wie große finanzielle Perspektiven – also beste Voraussetzungen für einen gelassenen Umgang mit Geld, auch im Alter. Dazu kam, dass Georg als erfolgreicher Partner einer Anwaltssozietät nach allem menschlichen Ermessen »gesettelt« war, zumal er mit seiner Lebensgefährtin Michaela zwar ein komfortables, aber nicht luxuriöses Leben führte. Die Simulationen aus unserer Finanzplanung ergaben allerdings, dass er, wenn er Ende des Jahres wie geplant mit achtundsechzig aufhören wird zu arbeiten, an einem schrittweisen Kapitalverbrauch nicht vorbeikommen würde. Aber auch in einem negativen Szenario würde er sein liquides Vermögen von rund 1,5 Millionen Euro nur zur Hälfte verbrauchen. Am Ende ergab eine sogenannte Monte-Carlo-Simulation, mit der wir mittels Zufallsgenerator 10 000 denkbare Verläufe am Kapitalmarkt simuliert haben, dass zu 95 Prozent Wahrscheinlichkeit sein Kapital bis zu seinem dreiundneunzigsten Lebensjahr reichen würde. Dann hätte Georg als letzten Notnagel immer noch sein selbstgenutztes Haus in München-Pasing. Im Grunde hat Georg viel mehr Geld, als er braucht. Realistisch gesehen würde sein Vermögen bis zum Ende seines Lebens vermutlich nur minimal abschmelzen.

Und obwohl wir in die Planung jede Menge »Was wäre, wenn« eingebaut hatten, um Georgs Sorgen gerecht zu werden, lief in seinem Kopf ein kaum kontrollierbarer Film ab: Die nötig scheinenden Beträge, um sich vor allen erdenklichen Risiken und Unwägbarkeiten *gleichzeitig* zu schützen, addierten, nein, multiplizierten sich in seinem Kopf zu horrenden Summen. Je länger er sich damit beschäftigte, desto mehr Sicherheitsnetze schienen ihm nötig – und mit immer mehr Geld versuchte er, dem Schreckgespenst Altersarmut zu Leibe zu rücken: Was ist, wenn ich hundert Jahre alt werde, meine Lebensgefährtin und ich für acht Jahre ins Pflegeheim müssen, wenn die Kapitalanlage über Jahre hinweg konstant negative Renditen erwirtschaftet, sich die Inflation verdreifacht?

Zwei Dinge sind besonders erstaunlich. Erstens: Die Angst, es könne nicht reichen, koppelt sich oft von den realen Vermögensverhältnissen ab. Georg ist nicht mal ein extremes Beispiel. Zweitens: Kognitiv wusste Georg ganz genau, dass seine Angst, im Alter nicht genug zu haben, bis auf ein minimales Restrisiko unbegründet war. Und auch damit ist er nicht allein – das ist der absolute Normalfall.

Jetzt bin ich kein Zauberer und es steht mir auch nicht zu, Menschen in Bezug auf ihre Werte im Umgang mit Geld umzuerziehen. Gleichwohl ist es meine Aufgabe, Menschen Denkmöglichkeiten außerhalb ihrer Glaubenssätze anzubieten und sie dabei zu unterstützen, mit ihren Ängsten besser umzugehen. Daher habe ich versucht, Georg mit einem Gedankenspiel zu helfen: »Stell dir den Gestaltungsspielraum deines Lebens als dreidimensionalen Raum mit den Achsen Geld, Zeit und Gesundheit vor. Ist es nicht offensichtlich, dass die Ausdehnung dieses Raums für dich nahe null liegt, wenn du alles Geld der Welt hast, aber kaum mehr Lebenszeit? Oder auch, wenn deine Gesundheit kollabiert ist?« Sprich: Je älter wir werden, desto geringer ist der Grenznutzen unseres Geldes für uns. Ich gebe zu, dass das nicht nett war. Aber da Angst für Georg ein so stark handlungsleitendes Motiv ist, war es den Versuch wert, seine Angst auf relevantere Aspekte seines Lebens zu lenken. Meine Verbündete: FOMO – die Angst, etwas zu verpassen. So habe ich einige der Ideen und Träume aufgenommen, die mir Georg in den letzten Jahren immer wieder erzählt hat, die er sich jetzt aber nicht mehr genehmigen wollte:

- »Wie schön wäre es, wenn du dir jetzt mit Ende sechzig mit Michaela die lang erträumte zwölfmonatige Rundreise durch Europa gönnen würdest? Wäre es nicht großartig, wenn euch eure Kinder oder Enkel dabei ab und zu für eine Woche begleiteten?«

- »Vielleicht ist dir so eine Reise in 10 oder 15 Jahren körperlich kaum mehr möglich – oder du hast schlicht keine Lust mehr. Was machst du dann mit dem jetzt ersparten Kapital samt Zins und Zinseszinseffekt, um den Verlust dieses Traums für dich und Michaela zu kompensieren?«
- »Was könnte das Geld für einen positiven Einfluss auf das Leben deiner Töchter haben? Wollte Marina nicht ein Jahr in Paris studieren? Und hast du nicht erzählt, dass Julia die Chance hat, den Laden zu übernehmen, in dem sie arbeitet, aber kein Anfangskapital hat? Was nützt es deinen Töchtern im Vergleich dazu, mit Anfang 60 noch ein bisschen mehr zu erben?«

Und weil Georg bei allen Ängsten ein intelligenter und rationaler Mensch ist, habe ich es mit einer einfachen mathematischen Überlegung versucht: »Georg, wenn du dir und den Menschen, die du liebst, heute aus (übertriebener) Angst all diese wunderbaren Dinge versagst: Die Gewissheit, dass du, Michaela und deine Töchter dadurch Lebensqualität verlieren, liegt exakt bei 100 Prozent. Lohnt es sich, darauf zu verzichten? Lass uns dazu die andere Seite der Rechnung ansehen: Deine Finanzplanung ergibt, dass dir das Geld erst mit über dreiundneunzig ausgeht – und das auch nur mit einer Wahrscheinlichkeit von unter 5 Prozent. In diesem Szenario kannst du immer noch dein Haus verkaufen. Und weißt du, wie wahrscheinlich es ist, dass du überhaupt so alt wirst? Gerade mal 20 Prozent!«[15] – »Wofür hast du dich all die Jahre beruflich so reingehängt, wenn du jetzt die Früchte deiner Arbeit nicht genießt? Nur um ein verschwindend kleines Risiko abzusichern?!«

Am Ende läuft alles auf eine einfache Rechnung hinaus:

- Wahrscheinlichkeit, das Haus 2049 verkaufen zu müssen:
  5 Prozent × 20 Prozent = 1 Prozent
- Wahrscheinlichkeit für verlorene Lebensqualität: 100 Prozent
- 1 Prozent < 100 Prozent

Weil Georg immer noch nicht ganz überzeugt war, habe ich versucht, ihn noch weiter aus der Reserve zu locken: »Brauchst du mit dreiundneunzig wirklich noch so viel Geld wie heute?« In Großbritannien, wo seit 2008 der Provisionsvertrieb verboten und Finanzplanung in der Beratung nicht die Ausnahme, sondern die Regel ist, rechnen Honorarberater systematisch mit einem *geringeren* Kapitalbedarf im Alter. »Wenn du irgendwann kaum mehr mobil bist, reichen da nicht ein Hörgerät, ein Netflix-Abo, ein Ausweis für eine digitale Bücherei und ab und zu eine Flasche Rotwein – dann halt wieder den billigen, so wie während des Studiums?«

Zugegeben, ein etwas flaches Argument, weil durch eine potenzielle Pflegebedürftigkeit zwischen dem achtzigsten und fünfundachtzigsten Lebensjahr die statistisch zu erwartenden Lebenshaltungskosten auch wieder stark ansteigen.[16] Doch auch der Horror vor den Kosten der Pflege verliert für Georg bei genauerem Hinsehen viel von seinem Schrecken: Erstens hat er ja (und auch Sie, wenn Sie sich an die Gebrauchsanweisung von Mittwoch halten) ausreichend Reserven und Sicherheitsnetze in seine Finanzplanung eingebaut. Zweitens: Wäre wirklich kein Vermögen mehr da, sprängen erst die Kinder und dann der Staat ein. Kein schöner Gedanke, aber für Scham oder Ähnliches gibt es überhaupt keinen Grund: Georg bekäme dann ja nur einen Teil des Geldes zurück, das er vorher verschenkt oder als Steuern bezahlt hat.

Bei einer Sache sollten wir uns am Ende alle keine Illusion machen: Das größte Risiko im Alter ist nicht Armut, sondern Einsamkeit. Anders ausgedrückt: Wahre Sicherheit im Alter entsteht nicht vorrangig durch Geld, sondern durch soziale Beziehungen. Auch wenn es keine Garantie für ein Gelingen gibt, sind vor dem Hintergrund für Georg die Ausgaben für gemeinsame Urlaube oder Auslandsjahre der Kinder und Enkel auch Investitionen in positive gemeinsame Erinnerungen, Beziehungsqualität und damit auch in Sicherheit im Alter.

Georg wird sich bestimmt auch den Rest seines Lebens schwer damit tun, sich »unnötige« Ausgaben zu genehmigen. Ich werde es sicher nicht schaffen, Georg in einen Menschen zu verwandeln, der über Nacht freudig Geld ausgibt. Das will ich auch gar nicht. Aber dass er jetzt die Projekte seiner Töchter unterstützt und sich einen (gebrauchten) Camper für die Europareise im nächsten Jahr gekauft hat, freut mich ausgesprochen.

SONNTAG Ergebnissicherung

Die elfte Woche liegt hinter uns. Noch eine Woche und es ist geschafft! Großartig, dass Sie drangeblieben sind. Es ist wieder Zeit, die wichtigsten Erkenntnisse festzuhalten, Ihnen ein paar Fragen zum Nachdenken und einige konkrete Aufgaben zur Umsetzung mitzugeben. Und für die, die noch mehr wissen wollen, gibt es ein paar Hinweise zu weiterführender Literatur.

1. Die wichtigsten Erkenntnisse der Woche

- Die meisten Menschen sind nach einem langen Vermögensaufbau verunsichert, wenn sie das Geld wieder schrittweise verbrauchen sollen.
- Akzeptieren Sie: Ihr Geld wird vermutlich weniger werden. Genau dafür ist es da.
- Wenn Sie Ihre Ängste vor Altersarmut über den Abschluss einer Rentenversicherung betäuben wollen, sind Sie auf einem Irrweg.
- Das Risiko, dass Ihnen das Geld im Alter nicht reichen wird, ist schwierig zu kalkulieren, da zukünftige Kosten, Renditen, Inflationsraten, Steuergesetzgebung und Ihre Lebenserwartung ungewiss sind. Gehen Sie daher in der Organisation Ihrer Altersvorsorge jeweils von vorsichtigen Annahmen aus.
- Es ist viel klüger, Geld in Erinnerungen und Beziehungen zu investieren als in Statussymbole. Davon profitieren nicht nur Sie, sondern auch die Menschen, die Sie lieben.

2. Fragen zum Nachdenken

- Was war die beste Geldausgabe der letzten Woche, des letzten Jahres, Ihres bisherigen Lebens? Was die schlechteste?
- Wären die schlechten Ausgaben vermeidbar gewesen und lassen sich die guten wiederholen, ohne ihre Bedeutung zu verlieren?
- Können Sie sich an eine Sache erinnern, die Sie unbedingt haben wollten – und als Sie sie bekommen haben, ist die Liebe dazu schnell abgekühlt?
- Wofür haben Ihre Eltern gern Geld ausgegeben und wofür nicht? Wie denken Sie heute darüber?
- Wofür geben Sie gern Geld aus und wofür nicht? Wie denken Ihre Kinder wohl darüber?

3. Ihre Aufgabe für die laufende Woche

- Wenn Sie private Altersvorsorgeverträge haben: Überprüfen Sie unbedingt den Rentenfaktor des Vertrags. Kontaktieren Sie gegebenenfalls eine Versicherungsberaterin nach § 34d Abs. 2 GewO.
- Überprüfen Sie (mit deren Hilfe), ob es sich für Sie lohnt, Rentenpunkte der staatlichen Rentenversicherung zu kaufen.
- Ermitteln Sie Ihren (zukünftigen) Kapitalbedarf und Ihre »optimistische« Lebenserwartung.
- Wenn Sie noch nicht im Ruhestand sind, überprüfen Sie, ob Ihre Sparquote ausreicht.
- Wenn Sie im Ruhestand sind, ermitteln Sie, wie viel Sie verbrauchen können. Richten Sie einen risikoarmen Topf für die nächsten fünf Jahre ein und überprüfen die Risikoquote Ihres Depots.
- Machen Sie sich eine Liste von den Dingen, die Sie sich schon immer mal gönnen oder die Sie schon immer erleben wollten, aber sich bis heute verkniffen haben. Wer außer Ihnen würde noch davon profitieren? Warum haben Sie sich das bisher nicht erlaubt? Legen Sie einen ersten Termin für die Umsetzung Ihrer Pläne fest.

4. Was Sie sich langfristig angewöhnen sollten

- Nutzen Sie Ihre 72-Stunden-Liste zum Runterbremsen von Impulskäufen noch? Dann aber los ...
- Nehmen Sie die obigen Fragen bei Ihren regelmäßigen Gesprächen über Geld auf die Agenda. Widersprechen Sie in Ihrem sozialen Umfeld, wenn Sie auf unreflektierte Aussagen von Vertrieblern der Versicherungswirtschaft stoßen, etwa, nichts sei so sicher wie eine private Rentenversicherung. Manchmal tun es da schon ein paar Nachfragen: »Könntest du mir mal das offizielle Produktinformationsblatt zeigen?« – »Wie hoch ist der Rentenfaktor des Vertrags?« – »Wie alt muss ich da werden, bis ich mein Geld wiederhabe?« – »Was verdienst du daran?« In diesem Fall wechseln Sie nicht den Raum, wenn es zu arg wird, sondern halten dagegen. Sie helfen damit nicht nur Ihren Freunden, sondern auch der Gesellschaft im Ganzen.

Weiterführende Literatur & Input

Wenn Sie tiefer in das Thema Kapitalanlage im Ruhestand einsteigen wollen:

- Gerd Kommer, *Souverän Investieren vor und im Ruhestand* (2025).
- Elisabeth Dunn, Michael Norton, *Happy Money: So verwandeln Sie Geld in Glück* (2014).

Unter neunundvierzig.com/gut-mit-geld finden Sie

- Blogartikel, Videos und Podcasts von mir und anderen Autoren zum Thema,
- Hinweise auf weitere Geschichten über Anleger und ihre emotionalen Fehlentscheidungen,
- weitere Fragen und Hinweise zum Nachdenken.
- Wie wir Geld (gelungen) ausgeben, ist individuell sehr verschieden. Wofür geben Sie gerne Geld aus? Auf unserer virtuellen Pinnwand können Sie sich von kleinen Geschichten und Beispielen anderer Leser inspirieren lassen oder Ihre eigenen Erfahrungen teilen.

WOCHE 12

Geld und Zeit: Wann Sie als Familie den maximalen Nutzen aus Ihrem Geld ziehen

»Mit einer Familienstiftung setzen Sie sich im übertragenen Sinne ein Denkmal, indem Sie langfristig Vermögen erhalten und an die nächste Generation weitergeben, ohne dass es zersplittert oder durch Erbschaftsstreitigkeiten gefährdet wird.«
Leistungsversprechen Immortality Invest

Geld ist in mehrfacher Hinsicht nichts anderes als gefrorene Zeit. Ihr Gehalt: eingetauschte Lebenszeit. Das Gleiche gilt für das, was Sie einmal erben (oder vererben): zu Geld geronnene und verronnene Lebenszeit. Die wichtigste Zutat für Ihren Erfolg am Kapitalmarkt ist Zeit. Kein Wunder, dass Menschen versuchen, aus diesem Deal auszubrechen: reich heiraten, mit Wertpapieren zocken, in die Spielbank gehen, die Erbfolge beschleunigen ... Kein Wunder, dass diese Abkürzungen moralisch zweifelhaft und finanziell wenig Erfolg versprechend sind.

Geld und Zeit sind sich also ähnlicher, als wir zunächst meinen: nicht physisch greifbare Fiktionen, endliche Ressourcen, ja, Währungen, mit denen wir unser Leben gestalten. Noch faszinierender: Die beiden Währungen sind bedingt konvertierbar. Getreu dem Motto »Time is money« tauschen die meisten von uns ihr Leben lang Zeit in Geld, um es – sei es im Urlaub oder im sogenannten Ruhestand – später wieder in Zeit zurück zu tauschen. Zeit ist durch den Zinseszinseffekt nicht nur eine Geldmaschine. Geld ist umgekehrt auch eine Zeitmaschine: ein Medium, mit dem sich finanzieller Gestaltungsspielraum als Kredit aus der Zukunft in die Gegenwart und als akkumuliertes Vermögen aus der Gegenwart in die Zukunft transportieren lässt.

Heute schauen wir uns an, wie Sie den Tausch von Zeit in Geld für sich optimieren, am Dienstag, warum der Versuch, sich über sein Vermögen ein Stück Unsterblichkeit zu sichern, eine sehr dumme Idee ist, und am Mittwoch, warum Sie versuchen sollten, pleite zu sterben. Am Donnerstag gebe ich Ihnen ein paar Hinweise, wann der richtige Moment ist, Geld an Ihre Kinder weiterzugeben, wie Sie also das Tauschen von Geld in Zeit über Generationen hinweg klug gestalten. Und am Wochenende gibt wie immer erst eine Geschichte und ein letztes Mal Ergebnissicherung.

Drei Fragen zum Warmwerden

1. Wenn Sie Ihrem Kind morgen 50 000 Euro schenken würden, was würde passieren? Was wäre, wenn es 5 Millionen Euro wären?
2. Wenn Sie morgen 250 000 Euro und ein Jahr freie Zeit zur Verfügung hätten, um es komplett zu verbrauchen – was würden Sie tun?
3. Würden Sie für 5 Millionen Euro drei Jahre ins Gefängnis gehen?

MONTAG Wie Sie richtig Zeit in Geld und Geld wieder in Zeit tauschen

Der klassische Deal beim Tausch von Zeit in Geld sieht so aus: Ein Leben lang tauschen wir unsere Arbeitszeit in Geld, um unseren Lebensunterhalt zu finanzieren – nicht nur für die Gegenwart, sondern auch fürs Alter. Weil jahrhundertelang Altersarmut der Normalfall war, ist es kein Wunder, dass dieses Programm tief in uns verwurzelt ist. Das Versprechen: nach einem arbeitsreichen Erwerbsleben irgendwann im »wohlverdienten Ruhestand« anzukommen – ein Stück irdisches Paradies des Kapitalismus. Innerhalb der Nachkriegsgeneration, der Babyboomer und der Generation X wurde dieser Deal nur von ein paar »Spinnern« und »Aussteigern« hinterfragt – kein Wunder, wenn es vor dem Hintergrund eines vom Krieg zerstörten Landes immer nur bergauf ging.

Spätestens mit der Generation Y scheint dieser Deal in der Form nicht mehr klaglos akzeptiert zu werden. Sasa (27) ist einer meiner liebsten Gesprächspartner bezüglich Sinn und Unsinn von Geld. Er hat es wie folgt auf den Punkt gebracht: »Eure Generation ist zeitverschwenderisch und geldgeizig – unsere ist geldverschwenderisch und zeitgeizig.« Natürlich ist das schematisch, aber tatsächlich scheint die Leitwährung der jüngeren Generationen – zumindest in den Industrienationen – von Geld auf Zeit zu wechseln. Ob das daran liegt, dass diese Generation in einem bisher nie da gewesenen Wohlstand aufgewachsen ist, oder daran, dass sie angesichts einer – dank moderner Medien permanent präsenten – Multikrise ein höheres Bewusstsein für die Endlichkeit unseres Lebens hat? Vermutlich beides.

Für unsere Fragestellung wäre das nicht so wichtig, wäre nicht um den Mangel an Arbeitsmoral der Gen Z eine unsägliche Diskussion ausgebrochen. Die junge Generation habe keine Lust auf Arbeit und nutze ihren Marktwert gegenüber den Unternehmen »egoistisch« aus, verhandle zu viel freie Zeit und andere teure Vergünstigungen.[1] (Mir kommen die Tränen.) Wir müssten alle mehr arbeiten, mit Work-Life-Balance ließe sich der Wohlstand des Landes nicht erhalten. Absurd wird die Diskussion, wenn sich übelgelaunte Kulturpessimisten zu der These hinreißen lassen, hinter dem Ganzen stünde ein perfider Plan zur Enteignung der Wohlhabenden. Originalton: »Der linke Lieblingsökonom Marcel Fratzscher rät der Jugend, das Geld für Luxus auszugeben. Das ist leicht zu durchschauen: Verarmte sind fantastische Druckmittel für Enteignungen der dummen Sparer.«[2] Einfallsloser geht es kaum, und so bewahrheitet sich erneut, dass sich über die mangelnde Moral der Jugend zu beschweren, seit Jahrtausenden weniger ein Symptom des Sittenverfalls ist, sondern ein Symptom der geistigen Verfettung der älteren Generation.[3]

Wenn es Ihnen darum geht, wie Sie Ihr Geld und Ihre Zeit so einsetzen, dass Sie ein Maximum an Lebensqualität gewinnen, sollten Sie sich auf diese ideologische Debatte nicht einlassen und Ihr privates Glück den (scheinbaren) Bedürfnissen der Wirtschaft, des Staats oder einer unreflektierten Arbeitsethik unterordnen. In einer kapitalistischen Marktordnung ist es ein rationales und legitimes Anliegen, den Marktwert Ihrer eigenen Arbeitskraft zu optimieren. Wenn Ihnen das wichtiger ist, nicht nur auf der Achse Geld, sondern auch auf der Achse Zeit.

Vor dem Hintergrund sollten Sie sich dringend die Frage stellen, wie Sie jetzt schon Geld in Zeit tauschen können: Freitagmittag ins Wochenende gehen, zehn Tage mehr Urlaub im Jahr oder ein Sabbatical machen, die Steuererklärung oder das Putzen der Wohnung jemand anderen erledigen lassen. Wenn Sie sich ein Ferienhaus leisten können, dann suchen Sie sich bitte jemanden, der nach Ihnen sauber macht, wenn Sie am Sonntagabend k. o. nach Hause fahren wollen. Und am besten auch jemanden, der sich um kleinteilige Reparaturen kümmert. Sonst sind die Erinnerungen, die Sie mit in die Woche nehmen, nicht die Bergtour oder das Grillen im Garten, sondern die defekte Dichtung am Dachflächenfenster oder die Diskussion zwischen Ihnen und Ihrer Partnerin, ob es denn sauber genug ist, wenn man am nächsten Samstag wiederkommt.

Den größten Gewinn an Lebenszeit haben Sie, wenn Sie sich einen Job suchen, der Ihnen (mehr) Freude macht, auch wenn dieser weniger gut bezahlt wird. Vor dem Hintergrund lohnt es sich, Ihre Ausgaben noch mal durchzugehen: Welche Dinge, für die Ihr Geld draufgeht, sind wirklich notwendig und in Linie mit Ihrer Finanzmission sowie den Zielen auf Ihrem Finanzkompass? Was macht Sie glücklicher und was ist unreflektierter Konsum? »We work jobs we hate to buy things we don't need to impress people we don't like …«[4] Da waren wir doch schon drüber hinweg – oder?

Vor einer Sache möchte ich in diesem Zusammenhang explizit warnen: Auch Zeit hat – wie Geld – einen abnehmenden Grenznutzen und wird im Überfluss potenziell gefährlich. Überlegen Sie gut, was Sie mit Ihrer Zeit anfangen wollen. Der Ruhestand kann da als eine Überdosis unstrukturierter Zeit zu einem veritablen Alptraum werden, auch wenn Sie dabei alles Geld der Welt haben.

Das richtige Verhältnis zwischen Zeit und Geld zu finden, müssen Sie selbst immer wieder neu (mit sich) aushandeln. Mir geht das nicht anders. Ich liebe meine Arbeit. Und ich muss immer wieder aufpassen, dass meine Familie, meine Freunde und Zeit für Sport und Kultur nicht zu kurz kommen. Wenn Weisheit oft nichts Tiefgründigeres ist, als sich an seine eigenen Ratschläge zu halten, dann ist es vermutlich das Beste, wenn ich genau jetzt für heute mit dem Schreiben aufhö …[5]

DIENSTAG Was Sie tun sollten, wenn Sie einmal reich und tot sind

Da die Währungen Geld und Zeit eng miteinander verknüpft sind, sollten wir uns nicht wundern, dass unsere eigene Endlichkeit und die Angst vor dem Tod unseren Umgang mit Geld stärker prägen, als uns gemeinhin bewusst ist.

Vermutlich tun sich auch deshalb so viele Menschen schwer damit, ihr Kapital zu Lebzeiten mit Freude zu verbrauchen. Liegt das nur an jahrzehntelang verinnerlichter Sparsamkeit und der Angst, das Geld könnte im Alter ausgehen? Sicherlich auch das. Aber zeigt das laufende Verrinnen unseres Geldes nicht gleichzeitig auch – wie in einem Stundenglas – das Verrinnen unserer noch verbleibenden Lebenszeit an? Wenn Geld ein Lebens-Mittel ist, liegt da nicht die Sorge nahe, dass mit dem Verbrauch dieses Mittels auch unser Leben ausgeht? Gibt es nicht einen Reflex, eine irrationale Hoffnung, dass wir, wenn wir den Kapitalverbrauch stoppen, auch die Zeit ein Stück anhalten können?

Gerade Menschen mit höheren Vermögen erliegen immer wieder dem Traum, sich mit ihrem Geld ein Stück Unsterblichkeit zu kaufen: ein Vermächtnis, eine Legacy, etwas, das sicherstellt, dass sie nicht vergessen werden, dass sie auch über ihren Tod hinaus ihre Position als »Familienoberhaupt« behalten. Das Ganze kommt natürlich in einem wesentlich rationaleren Gewand daher: Es geht vermeintlich darum, das Vermögen dauerhaft zu erhalten und so den Status und Lebensstandard der Familie über Generationen hinweg zu garantieren.

Die implizite Annahme dabei lautet, dass die nachfolgende Generation nicht in der Lage ist, Verantwortung für sich selbst zu übernehmen. Dahinter steht oft eine Art liebevolles Patriarchat – die Sorge um das Wohl der nächsten Generation. In anderen Fällen sind es Familientyrannen, die ihr Leben lang Geld als Mittel zur Machtausübung verwendet haben und auch die nächsten Generationen weiter regieren möchten – dann eben aus dem Grab heraus. Die unterschiedlichen Motive machen für die Erben *psychologisch* sicherlich einen großen Unterschied. Im *wirtschaftlichen* Ergebnis allerdings sehen die Ergebnisse häufig identisch aus.

Meist werden dazu ein oder mehrere zentrale Vermögenswerte – eine große Ankerimmobilie, ein Familienunternehmen oder auch ein größeres liquides Vermögen – in eine Familiengesellschaft oder -stiftung eingebracht. Was die Gestaltungsmöglichkeiten betrifft, ist die gute Nachricht für den Vermögensinhaber eine schlechte Nachricht für seine Erben. Denn häufig lassen sich sämtliche Wünsche und Neurosen des Patriarchen mithilfe einer veritablen »Unsterblichkeitsindustrie« bedienen: Anwälte, Steuerberaterinnen, Wirtschaftsprüfer, Testamentsvollstrecker, Vermögensverwalterinnen und Privatbanken. Sie alle leben bestens von möglichst viel Komplexität. Dagegen ist der meist fruchtlose Versuch, den Vermögensinhaber von seinen Unsterblichkeitsfantasien zu heilen und transparente Strukturen aufzusetzen, ein ökonomisch wenig attraktives Geschäftsmodell.

So entsteht ein Netz aus steuerlichen, wirtschaftlichen und juristischen Vorgaben, aus dem sich die nächste Generation kaum mehr befreien kann – mit ernüchternden Ergebnissen: Die Kosten für die laufende Beratung durch Anwälte, Steuerberater, Anlageausschuss und Vermögensverwalterinnen addieren sich, während die erwirtschafteten Erträge in Relation zum investierten Vermögen niederschmetternd sind. So geht der potenzielle Gestaltungsspielraum, den das Vermögen für die nächsten Generationen bedeutet hätte, oft weitgehend verloren. Auch eventuelle steuerliche Vorteile stehen da in keinem rationalen Verhältnis zu den finanziellen und emotionalen Kosten dieser Konstrukte.

Apropos emotionale Kosten: Auch das »ideelle« Programm hinter der Konstruktion versagt im Regelfall. Der Monolith, das gemeinsame Familienvermögen, wird weniger zum Ort der Begegnung und des frommen Gedenkens an denjenigen, der das Vermögen hinterlassen hat, als vielmehr zum Schlachtfeld unterschiedlicher Interessen, überschattet von einem postmortal dauerhaften Misstrauensvotum des ehemaligen Vermögensinhabers. Hinter diesen Konflikten liegt häufig gar kein böser Wille, sondern es geht schlicht um unterschiedliche Lebensentwürfe und Interessen. Wenn sich zwei, drei oder vier Geschwister eventuell noch irgendwie auf einen gemeinsamen Nenner bringen lassen – was sollen sieben, acht oder neun Cousinen und Cousins auf Dauer in einer unfreiwilligen finanziellen Zweckgemeinschaft? Was ist, wenn eine der

Cousinen ins Ausland auswandern, eine andere ein Unternehmen gründen und eine dritte ein Haus kaufen möchte?

Es ist nicht die Aufgabe Ihrer Kinder, Sie durch Erhalt eines Familienunternehmens, eines Immobilienimperiums oder eines anderen Familienvermögens unsterblich zu machen. Das gilt – etwa mit Blick auf den Erhalt des geliebten Eigenheims – auch für Anna Normalverbraucherin. Gewöhnen Sie sich an den Gedanken: Ihr Vermögen ist früher oder später so endlich wie Sie selbst. Solange Sie noch am Leben sind, nutzen Sie es so gut wie möglich, um Ihre Lebensqualität und diejenige der Menschen, die Sie lieben, zu optimieren. Und wenn Sie einmal reich und tot sind? Dann lassen Sie die nächste Generation ihre eigenen Wege gehen …

MITTWOCH **Warum Sie versuchen sollten, pleite zu sterben**

Schauen wir uns den Zusammenhang zwischen Geld und Zeit noch mal genauer an. Denn so ähnlich sich die beiden Währungen sind – es gibt auch einen elementaren Unterschied. Geld kann theoretisch unbegrenzt und praktisch zumindest ausreichend vorhanden sein. Unsere verbleibende Lebenszeit dagegen läuft zwangsläufig rückwärts: jeden Tag ein Tag weniger. Und während wir die Menge von Geld gut messen können, wissen wir nicht, wie hoch unser Zeitbudget noch ist. Ganz offensichtlich ist Zeit die wertvollere Ressource.

Geld hat zudem einen abnehmenden Grenznutzen. Ab einem gewissen Grad erhöht mehr Geld das persönliche Lebensglück kaum. Während am unteren Ende der Kurve mehr Geld eine massive Verbesserung von Lebensqualität bedeutet, wird mehr Geld ab einem gewissen Punkt eine stumpfe Waffe für ein besseres Leben. Geld hat jedoch nicht nur in absoluter Höhe, sondern auch über den Verlauf unserer Lebenszeit einen abnehmenden Grenznutzen. Erinnern Sie sich dazu an Georgs Geschichte aus der letzten Woche und stellen Sie sich den Gestaltungsspielraum Ihres Lebens als dreidimensionalen Raum mit den Achsen Geld, Zeit und Gesundheit vor. Dieser Raum hat eine Ausdehnung von nahe null, wenn Sie zwar alles Geld der Welt haben, aber Ihre Gesundheit ruiniert oder Ihre Lebenszeit abgelaufen ist.

Warum optimieren dann so viele Menschen permanent die Achse Geld, vernachlässigen ihre Gesundheit oder sitzen bis nachts im Büro, statt die Zeit mit Freunden und Familie zu verbringen? Ich konfrontiere meine Mandanten daher in meiner Beratung oft mit Zahlen, die sie so von einem Vermögensverwalter nicht erwarten: Etwa 34 – so viele Sommer haben Sie vermutlich noch, davon vielleicht 20 gute; oder 8 976 – in so vielen Tagen sind Sie statistisch nicht mehr am Leben. Ist die dringendste Frage wirklich, wie sich Ihr Vermögen bis dahin vermehren lässt? Oder geht es darum, wie Sie bis dahin den maximalen Nutzen aus Ihrem Vermögen ziehen? Wenn es einmal vorbei ist: Wollen Sie der reichste Mensch auf dem Friedhof sein oder ein möglichst reiches Leben geführt haben?

Je älter wir werden, desto geringer wird der Wert von Geld – und der für uns damit verbundene Gewinn an Lebensqualität, an Erinnerungsdividenden, an Nutzen aus mehr Bildung und Erfahrung, aber auch an hochwertigen Konsumgütern: Wie viel Freude haben Sie noch an dem lang erträumten 911er, wenn Sie einen Rollator brauchen, um bis zur Fahrertür kommen? Wie hoch ist der Nutzen eines Ferienhauses, das Sie sich mit fünfundsiebzig gekauft haben, im Vergleich mit einem Erwerb mit fünfundvierzig?

Wenn Sie älter sind: Denken Sie an Ihr eigenes Leben zurück. Wann hätte für Sie eine Erbschaft oder ein Geschenk von 50 000 Euro oder 500 000 Euro mehr Einfluss auf Ihre Lebensqualität gehabt? Mit 32, 52 oder mit 72? Wie viel Urlaub haben meine Frau und ich mit Anfang 20 aus 1500 D-Mark rausgequetscht – und für wie lange reicht uns dasselbe Geld heute? Und da reden wir gar nicht über die monetäre Inflation, sondern über die Inflation unserer Ansprüche und Bedürfnisse. Ein weiterer Aspekt: Was für eine gigantische Erinnerungsrendite haben wir inzwischen aus etwa fünf Wochen generiert, die wir 1991 auf einer Vespa in Nordfrankreich verbracht haben? Mal angenommen, wir hätten uns das Geld gespart und durch eine kluge Kapitalanlage bis Ende 2025 nach Inflation etwas mehr als verfünffacht[6] – was sollten wir heute mit diesem Geld anstellen, um diesen Verlust an Erfahrung, Erlebnis, Erinnerung und Beziehung zu kompensieren? Aussichtslos.

Wenn Sie sich zu sehr an Ihr Vermögen klammern, sollten Sie sich eines klarmachen: Jeder Euro, den Sie vor Ihrem Tod nicht ausgegeben haben, ist so wie einer, den Sie nie gehabt haben. Alles, was eine gewisse Sicherheitsreserve für das Alter überschreitet, *nicht* zu Lebzeiten auszugeben, ist daher reine Geldverschwendung. Das Gegenteil ist richtig: Je früher Sie Geld ausgeben, umso mehr haben Sie in der Tendenz davon.

Und fangen Sie mir bitte nicht wieder damit an, dass Sie Ihr Vermögen ja nicht für sich selbst, sondern für Ihre Kinder horten würden, und die lieben Sie schließlich über alles. Ja? Dann sollten Sie den Zeitpunkt, wann diese in den Genuss Ihres Geldes kommen, aber auch nicht dem Tod überlassen, sondern selbst entscheiden. Wann das ist, schauen wir uns morgen genauer an.

DONNERSTAG **Wann ist der richtige Zeitpunkt, Geld an seine Kinder zu verschenken?**

Wenn Menschen Geld an ihre Kinder übertragen, steht dabei häufig im Vordergrund, diesen Vorgang steuerlich und juristisch zu optimieren:

- steuerlich: um so viel Erbschaftssteuer zu sparen wie möglich;
- juristisch: um nicht die Kontrolle über das Vermögen zu verlieren.

Stichwort: Asset Protection. Verstehen Sie mich nicht falsch – ich unterstütze meine Mandanten jede Woche dabei. Die steuerlichen Freibeträge alle zehn Jahre zu nutzen, ist bei höheren Vermögen quasi Pflicht. Klug eingesetzt, auf Zeit angelegt und im Konsens mit der nächsten Generation aufgesetzt, können selbst die am Dienstag stark kritisierten Familiengesellschaften ein geeignetes Instrument des Vermögensübertrags sein. Schutz des Vermögens ist allerdings eine Hilfstechnik, kein Selbstzweck. Kategorien wie »dynastisches Vermögen«, »Kontrolle« und damit Abhängigkeiten haben wir ja schon am Dienstag verworfen. Die richtigen Prioritäten heißen: Schutz Ihres Partners, Ihrer Kinder, Ihrer Beziehungen, das Ermöglichen von Spielräumen und Entwicklungsmöglichkeiten.

Wie gestern erläutert, hat Geld in unserem Leben eine umso höhere Wirkung, je früher wir darüber verfügen können, egal, ob es sich um Urlaube, die Investition in ein Start-up oder nur um einen etwas höheren Lebensstandard handelt. Vor dem Hintergrund wäre es rational, Ihren Kindern so früh wie möglich all das Geld zu übertragen, das Sie selbst nicht mehr ausgeben wollen, Ihnen die Freiheit zu geben, selbst zu entscheiden und zu gestalten. So entgingen Sie auch selbst der Falle, Geld doch noch als Instrument zu nutzen, »um soziale Beziehungen risikoärmer zu gestalten«.

Wäre da nicht ein Widerhaken: Die Wirkung des übertragenden Geldes auf Ihre Kinder muss nicht unbedingt positiv sein. Geld ist ein machtvolles Medium, das ab einer gewissen Summe vermutlich jeden Menschen früher oder später überfordert und Angst macht – jungen Menschen in der Regel noch mehr als älteren. Das habe ich immer wieder bei jungen Erben erlebt. Im schlimmsten Fall richtet sich das Geld gegen Ihre Kinder, nimmt ihnen den inneren Antrieb, die Selbstwirksamkeit oder gar die Selbstachtung. Wenn Kinder zu früh zu viel Geld bekommen, kann sie das aus ihrem vertrauten sozialen Kontext reißen: Neid, Missgunst, falsche Freunde … Meine Leitfrage heißt daher *nicht*: »Wie schütze ich mein Vermögen vor meinen Kindern«, sondern: »Wie schütze ich meine Kinder vor meinem Vermögen?« Deshalb sollten Sie, wenn Sie ein größeres Vermögen haben, in Ihrem Testament sicherstellen, dass Ihre Kinder nicht zu früh über die gesamte Erbschaft frei verfügen können.

Vor dem Hintergrund stellt sich die Frage, wann denn nun der richtige Zeitpunkt ist, um Ihren Kindern Geld zu schenken. Was sind sinnvolle Beträge oder Vermögenswerte? Für mich ist das eine der spannendsten, aber auch schwierigsten Fragen in meiner Beratungspraxis. Es gibt hier sicher keine One-size-fits-all-Lösung. Ich kann daher im Folgenden nur einige Hinweise zur Orientierung geben, die nicht nur für Hochvermögende gelten, sondern auch bei kleineren Beträgen sinnvoll sind:

1. Reden Sie mit Ihren Kindern über Geld: Teilen und besprechen Sie mit Ihren Kindern frühzeitig, welche Werte Ihnen bezogen auf Geld wichtig sind, und leben Sie diese vor.

2. Machen Sie Ihren Kindern Ihre eigene finanzielle Situation altersgerecht (und ggf. schrittweise) transparent.

3. Ermöglichen Sie Ihren Kindern früh, (mit kleineren Beträgen autonom) über Geld zu entscheiden und Verantwortung zu übernehmen.

4. Übertragen Sie nie einfach nur Geld, sondern kommunizieren Sie, was Sie sich dabei gedacht haben. Nehmen Sie den Kindern dabei aber nicht die Gestaltungsfreiheit. Denn wichtiger als das Weitergeben von Vermögen ist das Weitergeben von Entscheidungsbefugnissen. Schenken Sie Freiheit, nicht Abhängigkeit.

5. Helfen Sie Ihren Kindern, in finanziellen Fragen kompetent zu werden – vielleicht geben Sie dieses Buch an sie weiter.

6. Ermutigen Sie Ihre Kinder, so früh wie möglich einen kleinen ETF-Sparplan mit eigenem Geld anzufangen – Sie können das ja subventionieren.

7. Wenn Sie nicht einfach Geld übertragen, sondern Geschenke machen: Bildung und (gemeinsame) Erlebnisse sind sicher sinnvoller als Statussymbole oder teure Konsumgüter. Ein Jahr an einer Uni im Ausland oder vier Monate Südamerika nach dem Schulabschluss begleiten Ihr Kind als Erinnerungsrendite sein Leben lang. Der Neuwagen vor der Tür kennzeichnet es notfalls als »Millionärssöhnchen«.

8. Wenn Sie höhere Vermögenswerte haben, dann sind eine Subventionierung der Miete, der Zuschuss zum Kauf oder der Übertrag einer selbstgenutzten Wohnung eine gute Idee. Das gibt Ihren Kindern Stabilität und nimmt ihnen weit weniger Selbstwirksamkeit als das Übertragen größerer liquider Vermögenswerte. In diesem Kontext sind die Nachteile einer Immobilie, etwa die mangelnde Flexibilität, ein Vorteil.

Schenken Sie zunächst kleinere Beträge und beobachten Sie, wie Ihre Kinder damit umgehen. Wenn Ihre Kinder mit beiden Beinen im Leben stehen und Sie ein gutes Gefühl dabei haben, gehen Sie in die Vollen: Dann geben Sie weiter, was Sie selbst nicht mehr brauchen.

Am Ende ist es offensichtlich: Ja, junge Menschen können unreif sein. Geld – vor allem viel Geld – kann sie mental überfordern, ihnen sogar Angst machen, sie entwerten oder ihnen den Antrieb nehmen. Aber umgekehrt: Kindern, denen Sie nichts zutrauen, trauen sich selbst nichts zu. Kein Wunder, dass sie dann oft nicht viel erreichen. Also: Schauen Sie, dass Sie Ihr Geld weitergeben, solange es den höchsten Nutzen für die Beschenkten hat. Wenn Zeit Geld und Geld Zeit ist und Geld in jungen Jahren einen höheren Nutzen hat als später im Leben, erzielen Sie so eine drastisch höhere Rendite für Ihr Vermögen: nicht in Prozent und Euro, sondern in Lebensqualität für die Familie.

Wenn – in George Bernard Shaws Worten – die Jugend an die Jugend verschwendet ist, ist Geld eventuell an die Alten verschwendet.

FREITAG Denkpause

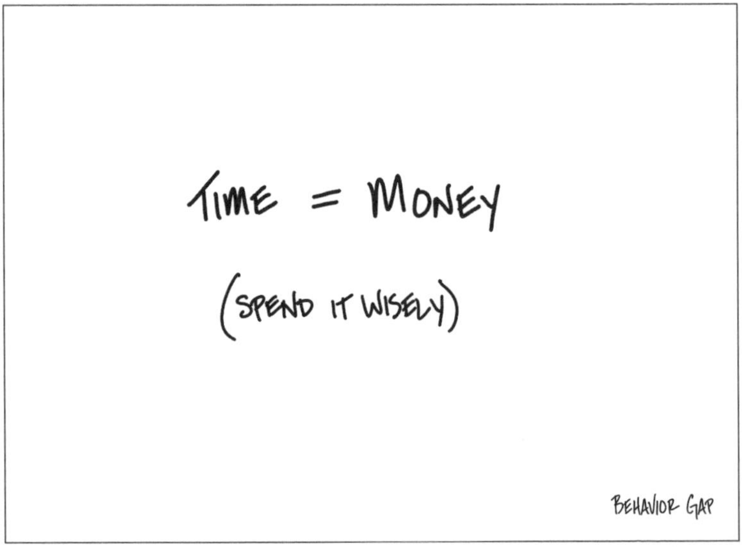

SAMSTAG Zeit oder Geld? Was ich aus einem verschwendeten Nachmittag gelernt habe

Drei Tage vor meinem Sommerurlaub habe ich mich mit meinem Bruder Christopher verabredet, um das Büro meines verstorbenen Vaters auszuräumen. Mein Vater hat trotz seiner 88 Jahre bis kurz vor seinem Tod mit Freude gearbeitet, und weil er insgeheim davon ausging, unsterblich zu sein, sah er keine Notwendigkeit, das Büro schon vor der Zeit aufzulösen.

Nach Rücksprache mit Frau Dorsch, der langjährigen Mitarbeiterin meines Vaters, sah die Situation ungefähr so aus: Im Büro stünden drei Sideboards (alle waren irgendwann vor vierzig Jahren einmal schick gewesen), dazu ein »relativ großer« Schreibtisch, ein paar Bilder und ein größeres Regal voller Akten. Die Akten, so Frau Dorsch, könnten wir vermutlich erst mal im Keller im Archiv lagern. Das Regal – so unsere Hoffnung – würden wir in Anerkennung der langen Zusammenarbeit der Kanzlei überlassen. Nach einer Stunde spätestens hätten wir alles erledigt. Und so verabredeten wir uns um 16:30 Uhr vor dem ehemaligen Büro meines Vaters.

Als ich mich am Montag um 15 Uhr auf den Weg machte, um mir einen ausreichend großen Sprinter zu mieten, wurde mir halb schlecht: Auf meinem Schreibtisch stapelte sich die Arbeit und mir war klar, dass ich die beiden nächsten Abende – entgegen aller guten Vorsätze – spät nach Hause kommen würde, um irgendwie mit reinem Gewissen in den Urlaub fahren zu können. Aber was soll's … ausgemacht ist ausgemacht.

Im Büro meines Vaters angekommen, waren wir bestens vorbereitet: kaum Werkzeug, keine Umzugskartons, dafür die erfreuliche Nachricht, dass der Aufzug defekt sei. Das Büro lag im dritten Stock. Außerdem sei es leider nicht möglich, die Akten ins Archiv zu bringen. Wir mögen sie doch bitte selbst mitnehmen. Volltreffer. Der nächste Volltreffer: Der Schreibtisch meines Vaters hätte jedem Konzernvorstand aus den Sechzigerjahren zur Ehre gereicht: riesengroß und mindestens 120 Kilo schwer. Allein den ohne geeignetes Werkzeug zu demontieren, kostete uns eine Dreiviertelstunde. Als ich schließlich genervt bei meiner Frau anrief, um zu erklären, dass ich heute sicher nicht vor Mitternacht daheim sein würde, bekam ich eine leicht irritierte Rückfrage: »Warum macht das nicht ein Umzugsdienst?« Ja, warum nicht? Wie konnte ich nur so blöd gewesen sein! Wie konnte mein Bruder so blöd gewesen sein? Bei dem stapelte sich die Arbeit erst recht. Finanziell ist er in einer ausgesprochen behaglichen Situation, nur Zeit hat er – kurz vor den Ferien – nicht im Überfluss. Meine Güte, war das so schwer durchzurechnen? Zwei gut bezahlte Akademiker machen einen Job, bei dem sie sich, gelinde gesagt, ausgesprochen dilettantisch anstellen und den Profis in der Hälfte der Zeit für einen deutlich günstigeren Stundensatz machen könnten, nur um am nächsten Tag Rückenschmerzen und wunde Füße zu haben?

Nach drei Stunden hatten wir das Ganze in den Sprinter gestapelt, aber auch nur, weil Frau Dorsch irgendwann das Elend nicht mehr mitansehen konnte und uns ungefragt unterstützt hat. Vermutlich sind wir 60 Stockwerke gelaufen. An die Tischplatte, die wir bei der ganzen Aktion auch noch beschädigt haben, werde ich mich vermutlich in 20 Jahren noch erinnern. Nachdem wir einen Teil des Mobiliars und die Akten im Büro meines Bruders untergebracht hatten, standen wir schließlich um 22:30 Uhr bei meinem Bruder Tobias vor der Tür, der netterweise angeboten hatte, dass wir die restlichen Möbel in seine Garage stellen könnten. Als meine Mutter wenig später vorbeischaute und fragte: »Und was passiert jetzt mit dem ganzen Zeug? Wer braucht das noch mal?«, war meine Antwort: »Das werfen Tobias' Kinder in 40 Jahren weg, wenn der mal gestorben ist.« Wofür dann jetzt der ganze Aufwand gut sei, wäre eine berechtigte Frage gewesen – *bevor* wir mit der ganzen Aktion angefangen haben.

Nachts um 23:30 Uhr stand ich schließlich wieder vor der Autovermietung. Hätte ich wenigstens den (wesentlich teureren) Sprinter direkt vor meiner Haustür genommen, wäre ich jetzt längst daheim. Zu Hause kam ich kurz nach Mitternacht an – mit Kreuzschmerzen, hungrig und völlig erledigt – und das alles, um sich vielleicht 500 Euro für ein Umzugsunternehmen zu sparen. Eine Summe, die ich mir mit meinen beiden Brüdern und meiner Mutter hätte teilen können. Alles nur aufgrund des Glaubenssatzes, dass man sich für so was nicht zu schade sein sollte und schließlich selbst Hand anlegen kann. Und das auch noch zu dem Preis, an den darauffolgenden beiden Tagen bis spät in den Abend hinein arbeiten zu müssen. Wie konnte mir das bei meinem Beruf passieren? Mein erster Lehrsatz lautet doch, Geld, wo immer möglich, in Zeit zu tauschen!

Und trotzdem habe ich – wenn auch unbeabsichtigt – dann doch alles richtig gemacht: Sechs Stunden zusammen mit meinem Bruder, den ich viel zu wenig sehe. Sich gemeinsam mit ihm über unsere Dummheit zu amüsieren. Endlich mal wieder eine Tätigkeit zu verrichten, bei der man am Ende sieht, was man wirklich erreicht hat, und vor lauter Anstrengung nicht mal zum Trauern kommt. Frau Dorsch, die wunderbare Kollegin meines Vaters, auf diese Weise doch besser kennengelernt zu haben, mit ihr gemeinsame Erinnerungen an meinen Vater ausgetauscht zu haben … Das alles war die Aktion dann doch wert gewesen.

Im Juni dieses Jahres ist mein Vater mit 88 Jahren verstorben. Von ihm habe ich gelernt, dass Arbeit etwas Schönes und Geld nichts Böses ist, dass man Geld am besten teilt, in Lebensqualität und nicht in Statussymbole tauscht und dass Nachdenken über Geld auch immer Nachdenken über Zeit sein sollte. Danke, Papa, ich vermisse dich so sehr.

SONNTAG Ergebnissicherung

Die letzte Woche liegt hinter uns. Ich freue mich sehr, dass Sie bis zum Schluss drangeblieben sind. Es ist noch einmal Zeit, die wichtigsten Erkenntnisse festzuhalten, Ihnen ein paar Fragen zum Nachdenken und einige konkrete Aufgaben zur Umsetzung mitzugeben. Und für die, die noch mehr wissen wollen, gibt es ein paar Hinweise zu weiterführender Literatur, darunter das wunderbare Buch *Die with Zero* von Bill Perkins.

1. Die wichtigsten Erkenntnisse der Woche

- Geld und Zeit sind bedingt miteinander konvertierbare Währungen. Zeit ist in der Regel die deutlich wertvollere Ressource.
- Geld hat nicht nur in seiner absoluten Höhe, sondern auch über den Zeitverlauf eines Lebens einen abnehmenden Grenznutzen: Je früher Sie es nutzen, je früher Sie es an die nächste Generation weitergeben, desto mehr Wirkung kann es entfalten.
- Zu viel Geld zu früh kann junge Menschen überfordern und ihnen die Selbstwirksamkeit nehmen. Überlegen Sie gut, wann, wie viel und in welcher Form Sie Vermögen weitergeben.

- Wenn Sie generationenübergreifend sinnvoll mit Geld umgehen wollen, denken Sie in Kategorien wie »Beschützen« und »Ermöglichen«, nicht in Kategorien wie »Kontrolle« oder »dynastisches Vermögen«.

2. Fragen zum Nachdenken

- Wie viel von meinem heutigen Vermögen werde ich vermutlich selbst nicht mehr benötigen und könnte ich heute an meine Kinder weitergeben oder spenden?
- Kennen Sie in Ihrem Umfeld ein motivierendes oder abschreckendes Beispiel, wie generationenübergreifend mit Geld umgegangen wurde?
- Wann und in welcher Form haben Sie bisher Geld geschenkt oder vererbt bekommen? Von wem und wie viel? Hätte das besser laufen können?
- Wann und in welcher Form haben Sie bisher selbst Geld verschenkt? An wen und wie viel? Hätte das besser laufen können?

3. Ihre Aufgabe für die laufende Woche

- Wenn Sie noch kein Testament haben, wird es jetzt höchste Zeit, darüber nachzudenken und einen Termin bei einer geeigneten Anwältin oder Notarin zu vereinbaren.
- Wenn Sie bereits ein Testament haben, überprüfen Sie es: Schützt es Ihre Nachfahren vor Überforderung? Lässt es Ihnen genügend Freiheit?
- Machen Sie sich mit Ihrem Partner, Ihrer Partnerin Gedanken darüber, welche Vermögenswerte Sie zu Lebzeiten noch verbrauchen wollen und was Sie über die nächste Zeit schrittweise an Ihre Kinder weitergeben wollen.

4. Was Sie sich langfristig angewöhnen sollten

- Beobachten Sie sich selbst: Wann am Tag und wo in der Woche verbringen Sie Zeit mit Dingen, die Sie belasten? Investieren Sie etwas Geld, um möglichst viel davon zu delegieren oder zu vermeiden, damit Sie Zeit für Wesentlicheres finden.

- Blicken Sie regelmäßig auf Ihren Tag, Ihre Woche oder das letzte Jahr zurück: Stimmt Ihre Balance zwischen Arbeit und freier Zeit?
- Behalten Sie bei Beratung durch Steuerberater und Juristinnen stets im Blick, dass eine eventuell fachlich brillante Lösung nicht automatisch auch Ihren Werten und Zielen entspricht.
- Reden Sie mit Ihren Kindern regelmäßig über Geld, erfragen Sie deren Perspektiven, Werte und Vorstellungen und machen sich ein Bild von deren finanzieller Allgemeinbildung.
- Wenn Sie Vermögen weitergeben: Sprechen Sie über Ihre Intentionen, Ängste und Ziele, nicht nur über den Betrag. Trauen Sie dann Ihren Nachfahren zu, ihre eigenen Entscheidungen zu treffen.
- Widersprechen Sie in Ihrem sozialen Umfeld, wenn Sie auf unreflektierte Aussagen stoßen, etwa die junge Generation habe keinen Drive mehr und denke nur egoistisch an ihr eigenes Vergnügen. Manchmal tun es da schon ein paar Nachfragen. »Woher weißt du das?« – »Gibt es nicht mehr, was einen Menschen ausmacht, als seinen Beitrag zum Bruttosozialprodukt?« – »Sehen das deine Frau und deine Kinder auch so?« Oder gehen Sie notfalls in einen anderen Raum.

Weiterführende Literatur & Input

- Bill Perkins, *Die with Zero* (2020). Auch auf Deutsch erhältlich.
- Oliver Burkeman, *Four Thousand Weeks: Time Management for Mortals* (2021).
- James Grubman, *Strangers in Paradise* (2013).

Unter neunundvierzig.com/gut-mit-geld finden Sie

- Blogartikel und Podcasts von mir und anderen Autoren zum Thema,
- Hinweise auf weitere Geschichten zu Geld und Zeit sowie
- weitere Fragen und Hinweise zum Nachdenken.

Geld, Glück und erfülltes Leben

Darüber, was ein glückliches und erfülltes Leben ausmacht, zerbrechen sich seit der Antike Philosophen, Psychologinnen und andere kluge Menschen den Kopf. Geld als eine wesentliche Ressource unseres Lebens kann deshalb klug eingesetzt entscheidend zu einem gelungenen Leben beitragen.

Blicken wir daher zum Schluss auf die wichtigsten Bereiche eines guten Lebens sowie darauf, welche (konstruktive) Rolle Geld dabei spielen kann: Leistung, Sinn und Spiritualität, Selbstbestimmung, positive Gefühle und soziale Beziehungen.[1] Für verschiedene Menschen – und auch für denselben Menschen in unterschiedlichen Lebensphasen – können die Schwerpunkte sehr unterschiedlich liegen. Insofern erhebe ich keinen Anspruch auf Vollständigkeit oder gar auf eine allgemeingültige Rangordnung. Verstehen Sie es als Einladung, *Ihre* Antwort auf die Frage nach einem glücklichen und erfüllten Leben zu finden. Und auch Sie sollten dabei stets im Blick behalten, dass wir über Geld nur dann sinnvoll nachdenken und entscheiden können, wenn wir Zeit und Gesundheit mitdenken.

Leistung und Flow (Woche 1, 6)

Der traditionelle Zusammenhang zwischen Geld und Leistung ist einigermaßen niederschmetternd. Vereinfacht lautet der verbreitete Irrweg in etwa so: »Vorwärts, Bürschchen, sonst wird nie was aus dir. Leiste was, dann verdienst du ordentlich Geld und stellst ordentlich was dar und musst im Alter nicht darben.« Die Folge: Wir empfinden den Job als Tretmühle – und sind mittendrin im Loser's Game des sozialen Vergleichens.

Ich möchte Ihnen eine positivere Perspektive anbieten: Denn in einer Sache richtig gut zu sein, in ihr aufzugehen, Zeit und Anstrengungen zu vergessen, kann eine Quelle tiefer Befriedigung sein. Sie kennen diesen *Flow* vielleicht vom Sport, bei Hobbys, beim Lesen oder Musikmachen. Warum dann nicht auch aus Ihrem Beruf?

Ich rate Ihnen also dringend, Geld nicht primär als extrinsische Motivation, sondern als Folge einer Tätigkeit zu betrachten, die Sie intrinsisch motiviert – sprich: erfüllt. Das ist kein naiver »Lebe deinen Traum«-Quatsch. Und schon gar keine Aufforderung, beim ersten Gegenwind wegzulaufen. Wie es Seth Godin auf den Punkt gebracht hat: »Amateure machen, was sie lieben. Profis lieben, was Sie tun.«[2] Zufriedenheit mit der eigenen Arbeit hängt also nicht nur von äußeren Umständen ab, sondern ist immer auch eine Frage der Professionalität und der eigenen Haltung. Aber wenn Sie Ihr Beruf bei aller Anstrengung, etwas daran zu ändern, unglücklich macht – dann suchen Sie sich einen anderen. Das Leben ist zu kurz, um täglich acht Stunden oder mehr einfach nur zu erdulden. Das ist genau der Moment, wo Ihnen Ihr Notfalltopf ein Stück Sicherheit und damit Glück und Freiheit erkaufen kann. Am Ende ist der Wechsel dann auch häufig finanziell die bessere Entscheidung: Denn je motivierter Sie sind, desto höher sind vermutlich auch die finanziellen Erfolge Ihrer Arbeit.

Im besten Fall finden Sie das, was man in Japan *Ikigai* nennt: einen Sweet Spot, in dem sich vier Dinge überschneiden: eine Tätigkeit, die Sie lieben, in der Sie richtig gut sind, mit der Sie Ihr Geld verdienen und die aus Ihrer Sicht einen positiven Beitrag für andere Menschen leistet.[3]

Sinn und Spiritualität (Woche 1, 2, 5, 6, 11)

Sie erinnern sich an die erste Woche: »Man kann nicht gleichzeitig Gott dienen und dem Mammon.« Obwohl wir die sprichwörtliche Verteufelung von Geld verworfen haben, so bleibt eines offensichtlich:

Geld *als solches* ist kein sinnstiftendes Ziel eines erfüllten Lebens und macht auch nicht glücklich. Wenn die einzige Frage, die uns zu Geld einfällt, »Wie viel?«, und die einzige Antwort »Mehr!« lautet, müssen wir uns nicht wundern, dass wir in Bezug auf Geld (und unser Leben) Versager bleiben. Zumal dann ja fast automatisch ein sinnvoller Umgang mit Ihrer Zeit und vermutlich auch Ihrer Gesundheit auf der Strecke bleibt.

Wie Sie in den ersten beiden Wochen gelernt haben: Nicht Sie dürfen dem Mammon, also Ihrem Geld dienen. Sie müssen sich Ihr Geld untertan machen. Das kann sehr schwierig sein, gerade, wenn Sie sehr viel (oder sehr wenig) Geld haben und so Gefahr laufen, von Ihrem (vielen oder fehlenden) Geld in Besitz genommen zu werden. Darum haben wir uns in den ersten zwei Wochen so intensiv damit beschäftigt, was Geld mit Ihrer Identität zu tun hat, wie Sie die Glaubenssätze Ihrer Kindheit gegen eine selbstbestimmte Finanzmission austauschen können und wie Sie so den Umgang mit Geld auf Linie mit Ihren Werten bringen. Damit Geld Ihnen nicht nur ein Optimum an Lebensqualität verschafft, sondern Mittel eines sinnerfüllten Lebens wird und einer Suche nach Spiritualität zumindest nicht in die Quere kommt.

Viele Menschen haben das Bedürfnis, Teil einer Sache zu sein, die größer ist als sie selbst. Nicht nur dort, wo Sie im Sinne Ihres *Ikigai* Ihr Geld mit einer sinnstiftenden Tätigkeit verdienen, sondern auch, wenn Sie Geld verschenken, spenden oder Ihre Zeit und Ressourcen für eine NGO einsetzen – überall zeigt sich der direkte Zusammenhang zwischen Geld und Sinn.

Selbstbestimmung und Kontrolle (Woche 4, 5, 6, 7, 8, 9, 11)

Kontrolle über seine Finanzen zu haben, vermeidbare Katastrophen zu verhindern und sich über liquide Reserven einen finanziellen Gestaltungsspielraum für autonome Entscheidungen zu ermöglichen, ist ein wesentlicher Teil eines selbstbestimmten und glücklichen Lebens.

Denn alle Suche nach einem sinnerfüllten Leben findet in einem luftleeren Raum statt, wenn Sie keine konkreten Schritte unternehmen. Dafür brauchen Sie Ihren Finanzkompass, der Ihre Werte – also Ihre Finanzmission – geleitet durch konkrete Ziele in konkret umsetzbare Maßnahmen überführt. Sie laufen sonst Gefahr, dass Ihr Leben fremdbestimmt wird oder ganz außer Kontrolle gerät. Deshalb ist es zunächst essenziell, dass Ihre Verteidigung steht: Dazu gehört, dass Sie die wichtigsten Schutzschilde für Ihre finanzielle Lebensplanung sauber aufgestellt haben – Versicherungen wie Haftpflicht und im Regelfall Berufsunfähigkeits- und Risikolebensversicherung sowie eine Vorsorgevollmacht und ein Testament. Ebenso essenziell ist, dass Sie Ihre Ausgaben unter Kontrolle bringen, zügig Schulden abbauen und den Topf für Ihr Notfallbudget befüllen. Ja, das ist zum Teil mit Mühen, Kosten und Einschränkungen verbunden, aber im Resultat hat es sehr wenig mit Zwang und sehr viel mit Freiheit und Selbstbestimmung zu tun. Denn mehr noch als die Reichen knechtet Geld die Armen, wenn Gedanken an Geld(-sorgen) Menschen Tag und Nacht beherrschen.

Sobald Ihre Defensive steht, können Sie beginnen, Ihre weiteren Spartöpfe zu befüllen: Das gilt für mittelfristige Ausgaben, lustvollen Konsum und langfristigen Vermögensaufbau gleichermaßen. *Theoretisch* gilt, dass mit zunehmendem Vermögen die damit verbundene Selbstbestimmung immer weiter ansteigt. *Praktisch* tritt meist das Gegenteil ein, sodass mit zunehmender Sorge um das Vermögen die gefühlte Freiheit wieder abnimmt und Sie doch noch Untertan Ihres Vermögens werden. Umso wichtiger ist es also, Ihre Vermögensverhältnisse so einfach und beherrschbar zu halten wie möglich und sich nicht in Komplexität zu verheddern.

Wenn Sie kein Geld mehr verdienen, bekommt das Thema Kontrolle noch einmal mehr Gewicht: Denn Sie müssen den Verbrauch Ihrer finanziellen Reserven so planen, dass es Ihnen im Alter nicht ausgeht. Auch deshalb habe ich Ihnen in Ihren Entnahmeplan aus Ihrem Portfolio lieber ein Sicherheitsnetz zu viel als zu wenig eingebaut.

Wenn es um Ihr Bedürfnis nach Kontrolle geht, sollten Sie sich bei einer Sache keine Illusionen machen: Die Beherrschbarkeit hat insbesondere bei der Kapitalanlage ihre Grenzen. Umso wichtiger ist es daher, alle vermeidbaren Risiken auszuschließen und sich auf die wenigen Dinge zu konzentrieren, die beherrschbar sind: weltweit diversifizieren, dauerhaft investiert bleiben, günstige ETFs nutzen. Und noch wichtiger: das Risiko Ihres Portfolios an Ihrem Leben und nicht am vermeintlichen weiteren Verlauf des Kapitalmarkts auszurichten.

Positive Emotionen und Vergnügen (Woche 5, 9, 10, 11, 12)

Positive Emotionen sind eine unmittelbare Form von Glücksempfinden. Dabei ist nach der hedonistischen Philosophie des antiken Griechenlands die Grundlage jeder Form von Vergnügen erst einmal die Abwesenheit von körperlichem und seelischem Schmerz. Konkret heißt das: Da (Über-)Verschuldung seelisch und körperlich krank macht, sind die Rücklagen in Ihrem Notfalltopf nicht einfach eine Frage wirtschaftlicher Vernunft, sondern ein essenzieller Bestandteil eines glücklichen, schmerzfreien Lebens. Dabei hilft Ihnen ein rationaler Umgang mit Einbrüchen und Schwankungen in Ihrem ETF-Portfolio nicht nur, konstruktiv mit Angstgefühlen umzugehen. Er trägt auch zu wesentlich besseren finanziellen Ergebnissen bei.

Wenn Sie sich mit Geld positive Emotionen erkaufen, sollten Sie ein paar Dinge beachten. Zunächst führt jede Form von durch Geld erkauftem Lustgewinn mittelfristig zu einer psychischen Anpassungsreaktion. Derselbe Impuls löst mit der Zeit ein immer kleineres Glücksgefühl aus. Das gilt insbesondere für größere Anschaffungen wie Statussymbole, (luxuriöse) Autos oder eine eigene Immobilie. Auch bei der Investition in Erlebnisse wie Konzerte, Urlaube, Ausflüge und Sportveranstaltungen findet über die Zeit ein Anpassungsprozess statt. Da Erlebnisse aber jedes Mal ein Stück anders sind, während Dinge statisch bleiben, erfolgt die Anpassungsreaktion bei Erlebnissen langsamer. Dazu kommt: Gemessen an teuren Anschaffungen, sind Erlebnisse oftmals für deutlich geringere Summen zu haben. Außerdem lässt sich das mit dem Kauf verbundene ideelle Ziel bei Erlebnissen häufig wesentlich günstiger realisieren, etwa wenn Sie Ihre Freunde daheim bekochen, statt mit ihnen ins Sterne-Restaurant zu gehen, oder wenn Sie sich statt im Parkett zu sitzen, das nächste Mal in der Oper auf die Galerie stellen, wo ohnehin die bessere Atmosphäre herrscht.

In zweierlei Hinsicht ist beim Tauschen von Geld in Vergnügen Vorsicht geboten: Zum einen müssen Sie aufpassen, dass Ihnen Ihre Ausgaben nicht aus dem Ruder laufen. Dann laufen Sie nämlich Gefahr, dass andere Ziele auf Ihrem Finanzkompass unerreichbar werden und Sie erneut Selbstbestimmung und Kontrolle über Ihr Leben verlieren. Zum anderen sollten Sie vermeiden, zu wenig auszugeben – etwa indem Sie Ihren Topf für lustvollen Konsum zu klein ansetzen oder ihn zwar befüllen, den Inhalt aber später in Ihren langfristigen Vermögensaufbau umleiten. Sie erinnern sich: Je früher Sie (oder gegebenenfalls Ihre Kinder) das Geld in Erlebnisse und Beziehungen tauschen, desto länger ernten Sie Ihre Erinnerungsrendite. Denn Freude haben Sie an den Erlebnissen nicht nur im flüchtigen Moment des Erlebens, sondern auch in der Rückschau.

Soziale Beziehungen (Woche 3, 10, 11, 12)

Der Mensch zeichnet sich dadurch aus, dass er – in den Worten Aristoteles – von Natur aus ein soziales Lebewesen ist. Und so sind es soziale Beziehungen, die für die meisten Menschen eine, wenn nicht vielleicht *die* wesentliche Quelle für ein glückliches und gelungenes Leben sind. Die bekannte Harvard Study of Adult Development hat dazu die Lebensläufe von 268 Studenten und weiteren 456 Jugendlichen aus wirtschaftlich benachteiligten Wohnvierteln in Boston verfolgt, die in den Vierzigerjahren Anfang zwanzig waren.[4] Ihr eindeutiges Ergebnis: Nicht Geld, Ruhm und Erfolg, sondern soziale Beziehungen – genauer: enge menschliche Beziehungen – sind entscheidend für ein gelungenes, glückliches sowie körperlich und seelisch gesundes Leben.

Geld kommt dabei in zweierlei Hinsicht ins Spiel: einmal in negativer Hinsicht, etwa wenn Geldsorgen eine Beziehung belasten. Am gravierendsten wird es, wenn Geld innerhalb von Beziehungen und Familien ungleich verteilt als Machtinstrument eingesetzt wird, indem es Wohlverhalten belohnt und Fehlverhalten sanktionier. Dazu kommt, dass Geld – gerade wenn es sich um ein hohes Vermögen handelt – zwar unabhängig von anderen Menschen, damit aber auch potenziell einsam macht. Auch Statussymbole und Luxusgüter können hier als Instrument der persönlichen Aufwertung gleichzeitig zur Abgrenzung von anderen Menschen führen und sich damit kontraproduktiv auf soziale Beziehungen auswirken.

Ins Positive gewendet, kann Geld aber auch Beziehungen fördern und unterstützen: Denn all das, was wir unter den Aspekten Sinn, Selbstbestimmung und positive Emotionen aufgezählt haben, gewinnt deutlich an Bedeutung und Qualität für Ihr Leben, wenn Sie es auch den Menschen, die Sie lieben, ermöglichen – idealerweise gemeinsam mit ihnen erleben. Sei es bei gemeinsamen Reisen, bei Projekten, einer gemeinsamen Finanzmission oder beim Verfolgen gemeinsamer Ziele auf Ihrem Finanzkompass.

Zeit und Gesundheit (Woche 1, 10, 11, 12)

Seine eigentliche Bedeutung erhält Geld erst, wenn wir es im Zusammenhang mit Zeit und Gesundheit begreifen.

Da ist zunächst die Tatsache, dass Gesundheit sich ganz unmittelbar auf unsere Handlungsfähigkeit, unsere Leistung und damit auch unser Einkommen auswirkt. Währenddessen stellt eine instabile körperliche oder psychische Gesundheit ein erhebliches Risiko für Überschuldung und sozialen Abstieg dar. Umso bedrohlicher ist, dass es hier eine fatale Wechselwirkung gibt, wenn Überschuldung zu körperlichen und seelischen Krankheiten beiträgt.

Umso wichtiger ist es, dass Sie Ihr Geld nutzen, um Ihre Gesundheit zu unterstützen: Welche Geldausgaben wirken sich positiv auf Ihre Gesundheit aus? Bessere Ernährung, ein Yoga- oder Fitness-Kurs oder einfach nur ein deutlich bequemeres Bett? Welche Erlebnisse, die Sie sich schon immer gewünscht haben, werden ab einem gewissen Alter immer beschwerlicher? Sollten Sie die dann nicht durchführen, solange noch Zeit ist?

Wie wir unsere Zeit verbringen, ist wesentlich entscheidender für unser Glück als die Art, wie wir unser Geld verwenden. Daher sollten wir sehr genau darüber nachdenken, wie sich unsere finanziellen Ausgaben darauf auswirken, was wir mit dieser Zeit tun: Führt ein Eigenheim im Vorort zu längeren Pendelzeiten oder zu mehr Familienausflügen in der Natur? Welche Optionen ermöglicht ein neues Auto im Vergleich zu einer Parkmöglichkeit vor der Haustür, die die Parkplatzsuche in der Großstadt obsolet macht? Wo könnte Ihnen Geld Zeit erkaufen, Zeit für Wichtigeres, Schöneres, für Dinge, die Sie glücklicher machen?

Warten Sie deshalb nicht zu lange mit dem Geldausgeben. Denken Sie an George Kinders Fragen aus der ersten Woche des Kurses zurück: Stellen Sie sich vor, Ihr Leben wäre morgen vorbei: »Welche Träume werden unerfüllt bleiben? Was hätte ich gern noch zu Ende gebracht? Und wer wäre ich lieber gewesen? Was hätte ich mir gewünscht, getan zu haben? Habe ich etwas verpasst?« Und: Wo hätte Geld helfen können, all das zu realisieren, solange noch (Lebens-)Zeit war? Es ist Ihr Geld, und es ist völlig in Ordnung, nein, rational, wenn Sie versuchen, pleite zu sterben. Das heißt ja nicht, dass Ihre Kinder deshalb leer ausgehen. Im Gegenteil: Wenn eine Familie im besten Fall eine solidarische Schicksalsgemeinschaft ist, dann sollten wir unser Geld so nutzen, dass es für diese Gemeinschaft über den Zeitverlauf den maximalen Nutzen entfaltet. Wir sollten also das Geld, das wir selbst nicht benötigen, so schnell wie möglich (und so spät wie nötig) in die Hände der nächsten Generation legen. In einer Welt, in der Siebzigjährige ihre fünfundneunzigjährigen Eltern beerben, bis dahin aber einen finanziell unnötig eingeschränkten Gestaltungsspielraum haben, liegt auch bei großen Vermögen faktisch das meiste Kapital einer Familie dauerhaft brach. Ihr Geld und Ihr Leben und das Ihrer Familie haben Besseres verdient.

Zum Schluss noch ein letzter Hinweis: Kein Mensch wird alle diese Empfehlungen umsetzen. Ich auch nicht, obwohl ich es mir manchmal wünsche. Haben Sie den Mut, es nicht perfekt zu machen. Haben Sie den Mut, anzufangen. Und vergessen Sie nicht: Die Fragen der inneren Haltung, die Fähigkeit, sich selbst zu hinterfragen, der Versuch, immer besser dabei zu werden, ohne Angst und Schuld über Geld nachzudenken und zu reden, sind viel wichtiger als eine präzise fachliche Umsetzung. Die großen Fehler zu vermeiden und die Grundlagen sauber umzusetzen, genügt völlig. Perfekt ist weder möglich noch erstrebenswert. Gut ist gut genug. Ich möchte, dass Sie gut mit Geld werden – und das genügt.

Anmerkungen

Woche 1
Wer bin ich und was hat das mit Geld zu tun?

1 George Kinder (2000), S. 2 f. (Übersetzung durch den Autor).
2 Oliver Hämmig, Joanna Herzig (2022); Botha et al. (2022).
3 Lukas, 16, 13; Matthäus, 6, 24.
4 Bradley T. Klontz et al. (2015).
5 https://www.destatis.de/DE/Themen/Laender-Regionen/Internationales/Thema/landwirtschaft-fischerei/Unterernaehrung/; https://www.businessinsider.de/leben/international-panorama/superyacht-von-mark-zuckerberg-hat-er-sich-diese-gekauft.
6 James Duesenberry (1949).
7 Die Credits für die Geschichte gehen – wie so oft – an Carl Richards, https://behaviorgap.com/wondering-how-much-so-and-so-makes-dont/.
8 Angus Deaton, Daniel Kahneman (2010); Andrew E. Clark, Claudia Senik (2010).
9 Erstmals: Richard A. Easterlin (1974); erneut: Richard A. Easterlin (2010); siehe auch: https://de.wikipedia.org/wiki/Easterlin-Paradox.

Woche 2
Wie Sie Ihren Umgang mit Geld in Einklang mit Ihren Werten bringen

1 Ich orientiere mich im Wesentlichen an Russ Alan Prince, David A. Geracioti (2005); Ken Honda (2020) und einem Artikel aus der *Süddeutschen Zeitung*, an dem ich selbst als Gesprächspartner mitgewirkt habe https://www.sueddeutsche.de/projekte/artikel/wirtschaft/der-sparfuchs-oder-der-resignierte-welcher-geldtyp-bin-ich-e515724/; siehe auch: https://www.zeit.de/entdecken/2024-12/geld-sparen-finanzen-typen-andreas-hackethal/; https://www.finanztip.de/daily/welcher-dieser-4-geldtypen-bist-du/.
2 Bill Bachrach (2000), S. 3–22.
3 Benjamin Felix (2022).
4 Zur hohen Korrelation zwischen Spielsucht und Suizidalität: https://www.lsgbayern.de/fileadmin/user_upload/lsg/BAS_Materialien/Literaturreferate/190928_Suizid.pdf.

Woche 3
Wie Sie verhindern, dass Geld Ihre Beziehungen gefährdet

1 Steven Pinker (2018), S. 39.
2 Henning Jauernig (2020), S. 235.
3 https://de.statista.com/statistik/daten/studie/1220561/umfrage/bereinigter-gender-pay-gap-in-deutschland/.
4 https://www.destatis.de/DE/Presse/Pressemitteilungen/2024/04/PD24_N016_12_63.html.
5 https://www.destatis.de/DE/Themen/Arbeit/Verdienste/Verdienste-GenderPayGap/_inhalt.html.
6 Julia Groiß et al. (2017).
7 Studie Bankenverband (2023): https://bankenverband.de/verbraucher/frauen-und-geld-repraesentative-daten-zu-female-finance-2023 (u. a. 56 Prozent aller Frauen wussten nicht, was ein Investmentfonds ist).
8 Bill Bachrach (2000), S. 3–22.
9 Interview Carl Richards und Ron Lieber im Rahmen des Workshops *Talking about Money.*

Woche 4
Wie Sie essenzielle Lebensrisiken absichern

1 https://www.dieversicherer.de/versicherer/beruf/news/berufsunfaehigkeit-ursachen-143186.
2 Produkt: Allianz Kapital-UnfallSchutz, Stand: 11.06.2025.
3 Ich habe mich an den Kosten einer Direktversicherung orientiert. Die Kosten im stationären Vertrieb sind sicher höher.
4 Produkt Allianz Unfallschutz, Stand: 11.06.2025; bei Wettbewerbern gibt es ähnliche Produkte deutlich günstiger.
5 https://www.destatis.de/DE/Presse/Pressemitteilungen/Zahl-der-Woche/2024/PD24_32_p002.html; https://www.aerzteblatt.de/archiv/psychische-stoerungen-bei-kindern-und-jugendlichen-im-schulischen-umfeld/; https://www.bundesgesundheitsministerium.de/service/publikationen/details/praediktoren-verlauf-und-folgen-psychischer-auffaelligkeiten-bei-kindern-jugendlichen-und-jungen-erwachsenen-in-deutschland-1.
6 Nachversicherungsrecht: Recht, die Versicherungssumme ohne weitere Gesundheitsprüfung erhöhen zu dürfen.
7 https://www.vzhh.de/themen/versicherungen/probleme-der-versicherung/versicherer-zahlen-bei-handy-diebstahl-meistens-nicht.
8 https://www.bmjv.de/SharedDocs/Downloads/DE/Formular/Vorsorgevollmacht.pdf?__blob=publicationFile&v=8

Woche 5
Warum Schulden so gefährlich sind

1 https://de.statista.com/statistik/daten/studie/166338/umfrage/anzahl-der-schuldner-in-deutschland-seit-2004/ Ein Grund dafür ist, dass offenbar die Regelungen zur Privatinsolvenz seit Januar 1999 (mit deutlichen Erleichterungen seit Oktober 2020) Menschen wieder aus der Schuldenfalle helfen.
2 Peter Zwegat (2008), S. 29; https://www.creditreform.de/aktuelles-wissen/pressemeldungen-fachbeitraege/news-details/show/zwangsversteigerungen-schrottimmobilien-und-kriminelle-energie.
3 Alle Zahlen nach: https://www.destatis.de/DE/Themen/Gesellschaft-Umwelt/Einkommen-Konsum-Lebensbedingungen/Vermoegen-Schulden/Tabellen/ueberschuldung.
4 Insofern sind psychische Probleme nicht nur Folge, sondern auch Ursache von Überschuldung – ein Teufelskreislauf.
5 Peter Zwegat (2008), S. 25.
6 Jairo Dote-Pardo, Pedro Severino-González (2025).
7 https://www.refinery29.com/de-de/2020/08/9974124/schulden-geldprobleme-auswirkungen-auf-mentale-gesundheit
8 »Scar-effect«, Jairo Dote-Pardo, Pedro Severino-González (2025).
9 Oliver Hämmig, Joanna Herzig (2022).
10 Eva Selenko, Bernard Batinic (2011); Daniel. J. Wen et al. (2023); Heiko Rüger et al. (2010
11 *neue caritas*, 11/2012.
12 Peter Zwegat (2008), S. 78–81.
13 Etwa die App: Finanzguru, Mein Haushaltsbuch, Outbank.
14 https://www.tagesschau.de/wirtschaft/verbraucher/ratenkredite-schufa-zuwachs-100.html.
15 https://www.destatis.de/DE/Presse/Pressemitteilungen/2024/11/PD24_N057_63511.html.
16 Carl Richards (2015), S. 120.
17 Die Datengrundlage bildet der German Real Estate Index (abrufbar unter greix.de).
18 Das dünne Argument, man müsse ja jetzt nicht verkaufen, ändert nichts an dieser wirtschaftlichen Tatsache.
19 Gerd Kommer (2021), S. 80, 88.
20 Aktien-ETF: börsengehandelter Fonds der einen Kapitalmarkt-Index, etwa den DAX oder den MSCI World abbildet.
21 300 Euro (Rentenversicherung) + 400 Euro (Bausparvertrag) + 510 Euro (ETF-Sparpläne) + 504 Euro (Autokredit) + 32,33 Euro (Dispozinsen) + 112,74 Euro (Verzinsung Bundesanleihe nach Abgeltungssteuer) = 1 859,07 Euro.
22 Für das Problem in dieser Deutlichkeit sensibilisiert hat mich erstmals Gerd Kommer (2021), S. 223–230.
23 Effektivzins: Rechengröße, die Kredite besser vergleichbar machen soll, indem sie alle Kosten eines Kredites inklusive Bearbeitungsgebühren und Provisionen, zu einer (fiktiven) jährliche Zinsszahlung zusammenfasst.
24 https://www.vzbv.de/pressemitteilungen/restschuldversicherung-verbraucherinnen-muessen-vor-unfreiwilligen-abschluessen.
25 So der Vorstandsvorsitzende der Stadtsparkasse München Ralf Fleischer: https://presse.sskm.de/pressreleases/200-jahre-stadtsparkasse-muenchen-ein-grund-zu-feiern-3294877.

Woche 6
Wie Sie richtig sparen

1 Am bekanntesten in diesem Kontext ist der Stanford Marshmallow Test, der eine Korrelation zwischen der Fähigkeit von Kleinkindern (zwischen drei und sechs Jahren), zugunsten einer späteren größeren Belohnung kurzfristig auf Süßigkeitenkonsum verzichten zu können, und späteren Karrierechancen nachgewiesen hat/haben will: https://en.wikipedia.org/wiki/Stanford_marshmallow_experiment.
2 https://thedecisionlab.com/insights/consumer-insights/how-we-can-nudge-ourselves-to-save-more.
3 https://www.bafin.de/SharedDocs/Veroeffentlichungen/DE/Fachartikel/2024/bafin_fachartikel_wohlverhalten.html.
4 https://gerd-kommer.de/kapitalbildende-lebensversicherung/.
5 Die deutsche Lebensversicherung in Zahlen 2024, GDV (2024).
6 https://www.test.de/Altersvorsorge-Finger-weg-von-Indexpolicen-Warum-wir-von-Indexpolicen-abraten-5903344-0/.
7 https://www.helvetia.com/content/dam/os/de/web/privatkunden/services/muster-produktinformationsbl%C3%A4tter-basisrente/Muster-PIB_40.pdf.
8 Grundlegend zur Steuerung seiner eigenen Gewohnheiten: James Clear (2018).
9 David Chilton (1989) machte diese Technik erstmals bei einem Massenpublikum populär.
10 https://thedecisionlab.com/insights/consumer-insights/how-we-can-nudge-ourselves-to-save-more.
11 Unter Einbezug der nicht garantierten Überschussbeteiligung sind Sie schon mit dreiundneunzig im Geschäft.

Woche 7
Wie Sie Irrwege beim Investieren vermeiden

1 John Bogle (2017), S. 112.
2 https://de.statista.com/statistik/daten/studie/1203648/umfrage/anzahl-der-boersennotierten-unternehmen-weltweit/; https://de.statista.com/statistik/daten/studie/319185/umfrage/anzahl-der-aktienfonds-weltweit/.
3 https://www.boerse.de/boersen-prognosen-2024/; seit 2012 liegen die prognostizierten Ergebnisse im Schnitt über alle Banken um fast Faktor 2 daneben.
4 Quant: quantitativer Analyst, der die Aufgabe hat, anhand mathematischer Methoden Gesetzmäßigkeiten in Finanzdaten zu entdecken.
5 Raymond Kerzérho, Hamza Bin Arif (2025).
6 https://www.private-banking-magazin.de/bafin-prueft-zertifikate-sparkasse-neue-regulierung/

Woche 8
Wie Sie richtig investieren

1 https://www.marketwatch.com/story/check-out-this-graphic-and-sleep-tight-on-your-retirement-account-2019-03-12.
2 Morgan Stanley Capital International All Country World Investable Market Index.
3 Gerd Kommer (2025), S. 17.
4 https://www.bundesbank.de/de/presse/pressenotizen/geldvermoegensbildung-und-aussenfinanzierung-in-deutschland-im-vierten-quartal-2024-956202.
5 https://hartmutwalz.de/deep-risk-diese-5-risiken-gefaehrden-ihre-langfristanlage-und-vorsorge/.
6 Die Geschichte von Lukas erschien in ähnlicher Form am 29.01.2024 als Kolumne auf spiegel.de unter dem Titel »Plötzlich Millionär – was nun?«.

Woche 9
Wie Sie trotz Kursschwankungen gelassen bleiben

1 https://www.destatis.de/Europa/DE/Thema/Bevoelkerung-Arbeit-Soziales/Gesundheit/Uebergewicht.html
2 Jeffery Ptak, (2025).
3 Berechnung unterstellt Besteuerung mit der heutigen Abgeltungssteuer.
4 Daniel Kahneman (2012), S. 348. Ein unterhaltsamer Einstieg in die Materie kognitiver Verzerrungen: Rolf Dobelli (2011) und Rolf Dobelli (2012).
5 https://www.podcast.de/episode/624727956/050-vergiss-die-boerse-und-fang-an-zu-meditieren.
6 So würden aus 10 000 Euro bei 3 Prozent im Monat nach zwanzig Jahren über 12 Millionen Euro.
7 Tagesdaten-Berechnungen mithilfe von Datenbank Kenneth French: https://mba.tuck.dartmouth.edu/pages/faculty/ken.french/data_library.html bis 08/ 2022 auf USD; Monats- und Jahresdaten mithilfe von https://curvo.eu/backtest/de/markt-index/msci-world?currency=eur auf Euro; rollierende Zeiträume Dimensional Fund Advisors, Matrix Book (2025) auf Euro.
8 Portfolio 60 MSCI World/40 FTSE World Government Bond – Developed Markets (EUR hedged); Value at Risk 1 Jahr, Konfidenzniveau 95 %. Eigene Berechnung mithilfe des Tools https://curvo.eu. Einen Link zur konkreten Berechnung finden Sie unter neunundvierzig.com/gut-mit-geld.

Woche 10
Wie Geld ein Zuhause schaffen kann

1 https://gerd-kommer.de/blog/mieten-oder-kaufen/.
2 Gerd Kommer (2021), S. 39–58.
3 Ibd., S. 61; dabei ist es unwesentlich, ob Sie die Miete als Vermieter einnehmen oder sich als Eigenheimbesitzer wirtschaftlich ersparen.
4 Kosten inklusive Kauf und Verkauf, unterstellte hälftige Maklerkosten. Gerd Kommer (2021), S. 41.
5 Gerd Kommer (2021), S. 75–77.
6 Ibd., S. 30–32.
7 Gerd Kommer (2021), S. 136–141.
8 Mit Wertpapiervermögen geht das bedingt auch, nämlich über ein sogenanntes Nießbrauchsdepot.
9 Gerd Kommer (2021), S. 103–111.
10 Benjamin Felix (2022); Eric Morris (2017); Reto Odermatt, Alois Stutzer (2020). Zum Unterschied des Glücksempfindens des erlebenden und des reflektierenden Ichs siehe: Daniel Kahneman (2012), S. 465–503.
11 Auf Immobilienverrentungen und Umkehrhypotheken kann hier nicht näher eingegangen werden. Nur so viel: ganz schlechte Idee.
12 Susanne Gerstenberg, Anne Marit Wöhrmann (2018); Benjamin Felix (2022); Meni Koslowsky (1995).
13 https://zendepot.de/zehn-wege-mit-einer-immobilie-ungluecklich-zu-werden/.
14 Gerd Kommer (2021), S. 230–232.
15 https://de.wikipedia.org/wiki/Versunkene_Kosten.
16 »Was tun mit dem geerbten Elternhaus?«, Kolumne vom 11.12.2023 auf spiegel.de

Woche 11
Wie Sie Geldausgeben zufriedener macht

1 Grundlegend: Bill Perkins (2020).
2 Daniel Kahneman, Amos Tversky (1979).
3 https://hartmutwalz.de/deep-risk-diese-5-risiken-gefaehrden-ihre-langfristanlage-und-vorsorge/.
4 Etwa: https://www.wuerttembergische.de/zukunft/produktinformationsblaetter-altersvorsorge/muster-produktinformationsblaetter/?p=003024+++340514; https://www.helvetia.com/de/web/de/privatkunden/services/informationen/muster-produktinformationsblaetter.html.
5 https://www.neunundvierzig.com/blog/der-kleine-horrorladen-der-rentenfaktor.
6 Rentengarantiezeit = rechnerische Dauer, bis zu der auch nach Ihrem Tod eine Rente an Ihre Hinterbliebenen bezahlt wird.
7 Bei gleich hohen Entnahmen von 25 Euro pro 10 000 Euro, durchschnittlicher Kapitalmarktentwicklung in Höhe der Inflation und Erreichen Ihrer durchschnittlichen Lebenserwartung.
8 https://www.finanztip.de/gesetzliche-rentenversicherung/rentenpunkte-kaufen/.

9 https://www.7jahrelaenger.de/7jl/unsere-rechner/lebenserwartungsrechner.
10 https://www.destatis.de/DE/Themen/Gesellschaft-Umwelt/Bevoelkerung/Sterbefaelle-Lebenserwartung/_inhalt.html#243320.
11 https://fashionlawjournal.com/case-study-psychological-insights-into-louis-vuittons-consumer-behavior/.
12 Benjamin Felix (2022).
13 Und ich bin froh, heute endlich eine rationale Erklärung für ein Verhalten gefunden haben, das auch mir lange einigermaßen unvernünftig vorkam.
14 Elisabeth Dunn, Michael Norton (2014), S. 135–138.
15 Da ist sie wieder, die optimistische Lebenserwartung.
16 David Blanchett (2014).

Woche 12
Geld und Zeit: Wann Sie als Familie den maximalen Nutzen aus Ihrem Geld ziehen

1 https://www.capital.de/karriere/generation-z-keine-lust-auf-arbeit-34650862.html.
2 https://www.welt.de/kultur/stuetzen-der-gesellschaft/plus255446702/Geldausgeben-mit-Marcel-Fratzscher-Der-Hofoeconomicus-und-die-Spaetdekadenz-der-Rest-Ampel.html.
3 Eine schöne Übersicht finden sich in: https://bildungswissenschaftler.de/5000-jahre-kritik-an-jugendlichen-eine-sichere-konstante-in-der-gesellschaft-und-arbeitswelt/.
4 Tyler Durden in *Fight Club*.
5 https://www.samharris.org/podcasts/making-sense-episodes/chapter-one.
6 Bei der unterstellten langfristen *realen* Aktienrendite von real 5,1 Prozent hätte sich das Geld inflationsbereinigt mit Faktor 5,4 entwickelt.

Geld, Glück und erfülltes Leben

1 Ich beziehe mich hier unter anderem auf das von Benjamin Felix (2022) vorgestellte und um die Kategorie Vitalität erweiterte PERMA-Modell von Martin Seligman (2011) sowie das 4-C-Modell von Brian Portnoy (2018).
2 Seth Godin (2020). S. 22.
3 https://positivepsychology.com/ikigai/.
4 George Vaillant et al. (2025); Robert Waldinger (2015).

Literaturverzeichnis

Bachrach, Bill. Values-Based Financial Planning: The Art of Creating an Inspiring Financial Strategy. Aim High, 2000.

Barber, Brad M. und Odean, Terrance. »Trading is Hazardous to your Wealth: The Common Stock Investment Performance of Individual Investors«. *The Journal of Finance,* 2000: 773–806.

Beck, Andreas und Enkelmann, Wolf-Dieter. *Wahnsinnig reich. Das Buch über Geld, die Krise und die moderne Gesellschaft.* Context Verlag, 2010.

Beck, Andreas. *Erfolgreich wissenschaftlich investieren.* Eulogia, 2022.

Bhattacharya, Uptal, Hackethal, Andreas und Kaesler, Simon. »Is Unbiased Financial Advice To Retail Investors Sufficent? Answers from a Large Field Study«. *Review of Financial Studies,* 2011: 975–1032.

Biller, Maxim. *Wenn ich einmal reich und tot bin.* dtv, 1990.

Blanchett, David. »Exploring the Retirement Consumption Puzzle«. *Journal of Financial Planning* 27 (5), 2014: 34–42.

Bogle, John C. *The Little Book of Common Sense Investing.* Little Books. Big Profits, 2017.

Botha, Ferdi, Butterworth, Peter und Wilkins, Roger. »Protecting mental health during periods of financial stress: Evidence from the Australian Coronavirus Supplement income support payment«. *Social Science & Medicine,* Vol. 306 (August 2022): 115158.

Braun, Nikolaus. *Über Geld nachdenken. Klug entscheiden, gelassen bleiben, Lebensqualität gewinnen.* 2. Auflage. Campus, 2024.

Braun, Nikolaus. *Geld oder Leben. Wie Sie aufhören, Unsinn mit Ihrem Vermögen zu treiben.* Campus, 2023.

Buck, Simon, *Stecknadel oder Heuhaufen. Einfach investieren in einer unübersichtlichen Welt.* Campus, 2025.

Burkeman, Oliver. *Four Thousand Weeks: Time Management for Mortals.* Farrar, Straus and Giroux, 2021.

Chilton, David. *The Wealthy Barber: Everyone's Common-Sense Guide to Becoming Financially Independent.* Soddart Publishing, 1989.

Chilton, David. *The Wealthy Barber Returns: Dramatically Older and Marginally Wiser, David Chilton Offers His Unique Perspectives on the World of Money.* Financial Awareness Corporation, 2011.

Clark, Andrew E. und Senik, Claudia. »Who Compares to Whom? The Anatomy of Income Comparisons in Europe«. *Economic Journal,* 2010: 573–594.

Clear, James. *Atomic Habits. An Easy and Proven Way to Build Good Habits and Break Bad Ones.* Cornerstone Press, 2018.

Deaton, Angus und Kahneman, Daniel. »High income improves evaluation of life but not emotional well-being«. *Proceedings of the National Academy of Sciences of the United States of America,* 2010: 16489–16493.

Dobelli, Rolf. *Die Kunst des klaren Denkens: 52 Denkfehler, die Sie besser anderen überlassen.* dtv, 2011.

Dobelli, Rolf. *Die Kunst des klugen Handelns: 52 Irrwege, die Sie besser anderen überlassen.* dtv, 2012.

Dote-Pardo, Jairo und Severino-González, Pedro. »The weight of debt: Unraveling the psychological burden of financial obligations – a systematic review.« *Mental Health and Social Inclusion*, 2025.

Dunn, Elizabeth und Norton, Michael. *Happy Money: So verwandeln Sie Geld in Glück.* Books4Success, 2014.

Dunn, Elizabeth und Gilbert, Daniel. *If Money Doesn't Make You Happy You Probably Aren't Spending It Rightly.* University of Virginia, 2011.

Duesenberry, James S. *Income, Saving and the Theory of Consumer Behaviour.* Harvard University Press, 1949.

Easterlin, Richard A. »Does Economic Growth Improve the Human Lot?«, in: David, Paul A., Reder, Melvin W. (Hrsg.): *Nations and Households in Economic Growth: Essays in Honor of Moses Abramovitz.* Academic Press, 1974: 89–125.

Easterlin, Richard A., Angelescu McVey, Laura, Switek, Malgorzata, Sawangfa, Onnicha und Smith Zweig, Jacqueline. »The happiness-income paradox revisited«. *Proceedings of the National Academy of Sciences,* 2010.

Felix, Benjamin. *Finding and Funding a Good Life.* Whitepaper PWL Capital, 2022.

Gaines, Jeffrey. *The Philosophy of Ikigai: 3 Examples About Finding Purpose.* positivepsychology.com, 2020.

Gerstenberg, Susanne und Wöhrmann, Anne Marit. *Pendeln und gesundheitliche Beschwerden.* Baua, 2018.

Godin, Seth. *The Practice. Shipping Creative Work*. Portfolio, 2020.

Graham, Benjamin, Buffett, Warren E. und Zweig, Jason. *The Intelligent Investor: The Definite Book on Value Investing.* HarperCollings e-books, 2009.

Groiß, Julia, Schneebaum, Alyssa und Schuster, Barbara. »Vermögensunterschiede nach Geschlecht in Österreich und Deutschland: Eine Analyse auf der Personenebene.« Kammer für Arbeiter und Angestellte für Wien, *Materialien zu Wirtschaft und Gesellschaft 168,* 2017.

Grubman, James. *Strangers in Paradise: How Families Adapt to Wealth Across Generations.* Familywealth Consulting, 2013.

Hämmig, Oliver und Herzig, Joanna. »Over-indebtedness, mastery and mental health: a cross-sectional study among over-indebted adults in Switzerland«. *Swiss Medical Weekly,* Vol. 152, No. 1314, 2022.

Honda, Ken. *Happy Money. The Japanese Art of Making Peace with your Money*. John Murray Learning, 2020.

Jauernig, Henning. *Young Money Guide: Richtig mit Geld umgehen und mehr vom Leben haben*. Penguin, 2020.

Jebb, Andrew T., Tay, Louis, Diener, Ed und Oishi, Shigehiro. »Happiness, Income Satiation, and Turning Points Around the World«. *Nature Human Behavior,* 2018: 33–38.

Kahneman, Daniel. *Schnelles Denken, langsames Denken.* Siedler Verlag, 2012.

Kahneman, Daniel, Sibony, Oliver und Sunstein, Cass R. Noise: *Was unsere Entscheidungen verzerrt – und wie wir sie verbessern können*. Sieder Verlag, 2021.

Kahneman, Daniel und Tversky, Amos. Prospect Theory. An Analysis of Decisions under Risk. *Econometirca* Vol. 47, No. 2, 1979. 263–291.

Kerzéro, Raymon und Bin Arif, Hamza. *Financial Planning Assumptions (Market Capitalization Weighted Portfolio)*. PWL Capital, 2025.

Kinder, George. *Seven Stages of Money Maturity: Understanding the Spirit and Value of Money in Your Life*. Dell, 2000.

Klontz, Bradley T., Archuleta, Kristy und Britt-Lutter, Sonya L. *Financial therapy: Theory, research, and practice.* Springer, 2015.

Kommer, Gerd. *Kaufen oder Mieten? Wie Sie für sich die richtige Entscheidung treffen.* 3. Auflage. Campus Verlag, 2021.
Kommer, Gerd. *Immobilienfinanzierung für Selbstnutzer: Geld sparen und Fehler vermeiden beim Kauf der eigenen vier Wände*. Campus Verlag, 2017.
Kommer, Gerd. *Souverän Investieren mit Indexfonds und ETFs. Ein Investmentbuch für fortgeschrittene Privatanleger.* 7. Auflage. Campus Verlag, 2025.
Kommer, Gerd. *Souverän Investieren vor und im Ruhestand: Mit ETFs Ihren Lebensstandard und Ihre Vermögensziele sichern.* Campus Verlag, 2025.
Koslowsky, Meni, Kluger, Avraham N. und Reich, Mordechai. *Commuting Stress: Causes, Effects, and Methods of Coping.* Plenum Press, 1995.
Krüger, Malte, Alexander Schmidt und Wallraff, Günter. *Undercover in der Finanzindustrie: Wie Banken, Versicherungen und Vermögensverwalter Ihre Rente ruinieren und was Sie dagegen tun können*. FinanzBuch Verlag, 2018.
Kuhn, Peter, Kooreman, Peter, Soetevent, Adriaan und Kapteyn, Arie. »The Effects of Lottery Prizes on Winners and their Neighbors: Evidence from the Dutch Postcode Lottery«. *American Economic Review,* 2011: 2226–2247.
Kuschel, Svea und Hintze, Constanze. *Geld steht jeder Frau: Ein Wegbegleiter für eine reiche und sichere Zukunft*. Allenburg Verlag, 2007.
Loipfinger, Stefan. *Achtung Anlegerfallen! Wie Sie teure Fehler vermeiden und Chancen nutzen*. FinanzBuch Verlag, 2018.
Malkiel, Burton G. *A Random Walk Down Wall Street: The Time-Tested Strategy for Successful Investing*. Norton & Company, 2019.
Matson, Mark. *Main Street Money: How to Outwit, Outsmart, and Out-invest Wallstreet's Biggest Bullies*. McGriff Video Productions, 2013.
Mondello, Enzo. *Finance: Theorie und Anwendungsbeispiele*. Gabler Verlag, 2017.
Mondello, Enzo. *Finance: Angewandte Grundlagen*. Gabler Verlag, 2018.
Morris, Eric A. »Is a Fixer-Upper Actually a Downer? Homeownership, Gender, Work on the Home, and Subjective Well-being«. *Housing Policy Debate,* Vol. 28, No. 3, 2017: 342–367.
Nakazato, Schimmack, Naoki, Ulrich und Oishi, Shighiro. »Effect of Changes in Living Conditions on Well-Being: A Prospective Top-Down Bottom-Up Model«. *Social Indicators Research: An International and Interdisciplinary Journal for Quality-of-Life Measurement,* 2011: 115–135.
Odermatt, Reto und Stutzer, Alois. »Does the Dream of Home Ownership Rest Upon Biased Beliefs? A Test Based on Predicted and Realized Life Satisfaction«. *IZA Discussion Paper* No. 13510, 2020.
Parisse, Alan und Richman, David. *Questions Great Financial Advisors Ask … and Investors Need to Know*. Kaplan Publishing, 2006.
Parthum, Dani. *Frauen können Finanzen. So gestaltest du mit Geld dein Leben: selbstbestimmt, sorgenfrei und sicher*. Haufe, 2025.
Pinker, Steven. *Enlightenment Now: The Case for Reason, Science, Humanism, and Progress.* Penguin 2018.
Perkins, Bill. *Die with Zero: Getting All You Can from Your Money and Your Life*. Houghton Mifflin Harcourt, 2020.
Portnoy, Brian. *The Geometry of Wealth: How to shape a life of money and meaning*. Harriman House, 2018.
Prince, Russ Alan und Geracioti, David A. *Cultivating the Middle-Class Millionaire: Why Financial Advisors are Failing their Wealthy Clients and What they can do about it*. Penton Media, 2005.

Ptak, Jeffery. Mind the Gap 2025. The more investors traded, the less they made. *Morning Star*, 2025.

Richards, Carl. *The Behaviour Gap: Simple Ways to Stop Doing Dumb Things with Money.* Portfolio, 2012.

Richards, Carl. *The One Page Financial Plan: A Simple Way to Be Smart About Your Money.* Penguin, 2015.

Rosling, Hans. *Factfulness: Wie wir lernen, die Welt so zu sehen, wie sie wirklich ist.* Ullstein, 2018.

Rüger, Heiko, Löffler, Isabel, Ochsmann, Elke, Alsmann, Christine, Letzel, Stephan und Münster, Eva. »Psychische Erkrankung und Überschuldung. Psychische Erkrankung, soziale Netzwerke und finanzielle Notsituation bei Überschuldung«. *Psychotherapie. Psychosomatik. Medizinische Psychologie,* Vol. 60, No. 7, 2010: 250–254.

Schkade, David, Schwarz, Norbert, Stone, Arthur A., Krueger, Alan B. und Kahneman, Daniel. »A Survey Method for Characterizing Daily Life Experience: The Day Reconstruction Method«. *Science,* 2004: 1776-1780.

Schwartz, Barry. *Anleitung zur Unzufriedenheit: Warum weniger glücklicher macht.* Econ, 2004.

Schwed, Fred. *Where are the Customers' Yachts? Or, A Good Hard Look at Wall Street.* Wiley, 2005.

Selenko, Eva und Batinic, Bernad. »Beyond debt. A moderator analysis of the relationship between perceived financial strain and mental health«. *Social Science & Medicine,* Vol. 73, No. 12, Dezember 2011: 1725–1732.

Seligman, Martin. *Flourish: A Visionary New Understanding of Happiness and Well-being.* Free Press, 2011.

Sick, Helma und Schmidt, Renate. *Ein Mann ist keine Altersvorsorge: Warum finanzielle Unabhängigkeit für Frauen so wichtig ist.* Penguin Verlag, 2019.

Sullivan, Dan. *The Good That Financial Advisors Do.* The Strategic Coach Inc., 2010.

Taleb, Nassim Nicolas. *The Black Swan: The Impact of the Highly Improbable.* Penguin Verlag, 2008.

Vailant, George, McArthur, Charles und Bock, Arlie. »Grant Study of Adult Development, 1938–2000«. Harvard Dataverse, 2025.

Vohs, Kathleen. »The Psychological Consequences of Money«. *Science,* 2006: 1154-1156.

Waldinger, Robert. »What makes a good life? Lessons from the longest study on happiness«. TEDxBeaconStreet, 2015.

Walz, Hartmut und Bosetti, Ulrich. *Beraten statt Verraten. So wehren Sie Manipulationen in der Finanzberatung souverän ab.* Frankfurter Allgemeine Buch, 2022.

Walz, Hartmut. *Einfach genial entscheiden im Falle einer Finanzkrise.* Haufe Verlag, 2020.

Walz, Hartmut. *Einfach genial entscheiden in Geld- und Finanzfragen.* 4. Auflage. Haufe Verlag, 2024.

Weber, Martin, Jacobs, Heiko, Laudenbach, Christiane, Müller, Sebastian und Schreiber, Philipp. *Die genial einfache Vermögensstrategie: So gelingt die finanzielle Unabhängigkeit.* Campus Verlag, 2020.

Wen, Daniel J., Goh, Ester C. L. und De Mol, Jan. »Trajectories of perceived economic hardship: Relations with mother's and child's mental health and the role of self-esteem«. *Current Psychology,* Vol. 42, 2023: 21565–21577.

Zwegat, Peter. *Raus aus der Schuldenfalle.* rororo, 2008.

Über den Autor

© Thomas Dashuber

Dr. Nikolaus Braun hat in München und Dublin Geschichte studiert. Nach Stationen bei einer Großbank und einem Honorarberatungsunternehmen ist er heute Vermögensverwalter sowie Mitinhaber und Mitgründer der Neunundvierzig Honorarberatung in München. Er ist Autor einer dreiwöchentlich erscheinenden Kolumne auf spiegel.de und der Finanzratgeber *Über Geld nachdenken* sowie *Geld oder Leben.*